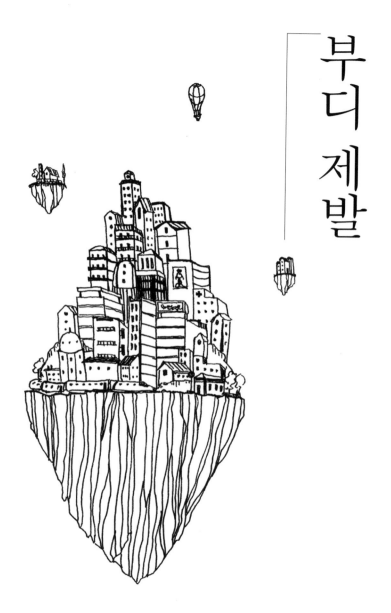

부디
제발

표지 그림 설명 : 속표지(앞면)의 그림은
김정건의 〈섬이 된 기억들〉임. 겉표지의 그림은
이 그림에 색을 입힌 후 뒤집은 것임.

자본의 경쟁 논리에 맞설 '생명의 철학'으로

"강 교수님은 경영학자가 아니라 철학자인 것 같아요." 1998년 초로 기억한다. 어느 TV 토론에서 사회자가 나에게 칭찬인지 비판인지 잘 모를, 묘한 느낌의 코멘트를 했다. 당시는 'IMF 외환 위기'로 인한 구조 조정 회오리가 불어 닥치기 직전의 '폭풍 전야'와도 같은 시기였다. 아마도 경영학 교수는 정부나 자본이 계획 중인 구조 조정을 지지할 것이라 기대했으리라.

그러나 나는 일관되게 "사람 자르는 구조 조정이 아니라 '삶의 질'을 드높이는 구조조정을 해야 한다"고 주장했다. 사회자는 물론 다른 토론자들도 대체로 경쟁력을 향상시키려면 인력 구조 조정이 불가피하다고 했다. 완고한 경우는 "민주 노조가 국가 경쟁력에 해롭다"거나 "근로 윤리가 해이해졌다"고 했다. 그나마 온건한 경우는 고용 조정이 필요하지만, 당사자들의 충격을 최소화하도록 완충 장치를 잘 만들어야 한다고 했다. 이런 분위기 속에서 내가 줄곧 경쟁력 중심이 아닌, '삶의 질' 중심의 구조 조정을 주창하니 사회자의 눈엔 내가 마치 출제자 의도를 잘못 파악한 수험생처럼 보였을

터! 그러나 나는 출제자 의도를 알았기에 오히려 부드럽지만 비타협적인 입장을 견지했다. 나의 부드럽지만 비타협적인 입장은 헨리 데이빗 소로의 '시민 불복종'이나 마하트마 간디의 '비폭력 불복종' 철학과 통한다. 나는 '사람의 철학' 또는 '생명의 철학'으로 '자본의 철학' 또는 '기계의 철학'에 맞서고자 했던 것이다. 나의 이런 생각은 지금도 변함이 없다.

"대학에서 무슨 공부를 하건, 그 바탕엔 철학이 깔려야 한다." 내가 25년간 대학생들을 가르치면서 일관되게 견지한 입장이다. 특히 신입생들에게는 전공 공부나 취업 준비보다 더 중요한 것이, 동아리 활동과 친구 사귀기, 그리고 문학·역사학·철학 등 인문학적 소양을 탄탄히 하는 것이라고 강조했다.

인문학적 소양을 강조한 까닭은 간단하다. 이것은 학문을 계속하건 취업을 하건, 자기가 원하는 분야에서 '철학 있는' 전문가가 돼야 자기 삶의 주인공이 되기 때문이다. 역으로 '철학 없는' 전문가가 되면 자기 분야만 알지 인간이나 사회, 역사에 대해서는 뼛속 깊이 무지한 일종의 '전문가 백치'가 되고 만다. 그렇게 되면 사회와 역사에 무책임한 행위를 하게 되고, 결국 자기 자신에게도 무책임한 결과를 낳는다. 불행의 지름길이다. 이런 불행을 예방하려면 철학을 비롯한 인문학적 소양을 바탕에 깔고 전공 학문이나 전문 기인문학적 소양을 강조한 까닭은 간단하다.
'철학 없는' 전문가가 되면 자기 분야만 알지
인간이나 사회, 역사에 대해서는
뼛속 깊이 무지한 일종의 '전문가 백치'가 되고 만다.

술을 갈고 닦아야 한다. 경영이나 경제 분야를 예로 들면, 사람, 사회, 역사를 보는 눈이 제대로 정립돼야 시장 맹신주의나 생산력 제일주의의 덫에서 자유(自由)롭다. 또 공학 분야나 에너지 분야를 예로 들면, '좋은 삶'에 대한 가치관이 올바로 서야 생명 파괴적이거나 인간성에 반하는 연구나 기술을 멀리하게 된다. 또 사회과학, 자연과학, 공학, 의학을 불문하고 인문학적 사고가 탄탄해야 '돈' 되는 프로젝트만 찾는 우를 범하지 않는다.

이 책의 철학은 이렇다. "보통사람들도 철학을 갖고 살면 좋겠다." "가난해지려 하면 오히려 부자가 된다." "보이는 가치(돈)보다 보이지 않는 가치(삶)를 봐야 '좋은 삶'이 가능하다." 한마디로 "가치 너머의 가치관(values beyond value)이 절실하다." 얼마 안 되는 인생, 하루를 살아도 후회 없이 살기를 바라서다. 그간 ≪가톨릭평론≫, ≪경향신문≫, ≪녹색평론≫, ≪씨알의소리≫, ≪오마이뉴스≫, ≪인권≫ 등에 실었던 글들을 대폭 보완하고, 철학적 성찰을 더했다. 투박한 원고를 멋진 책으로 엮어낸 '뜻있는도서출판'에 감사드린다. 이 책의 독자들과 철학적으로 '열린 대화'를 두루 나누고 싶다.

——— 2022년 6월,
고려대학교 명예교수 강수돌

〈오가닉 꽃밭〉 김경진

1장

사람은 원래부터
이기적인 존재인가?

자본주의는,
가장 이기적인 우리의 행동이
가장 이타적인 결과를
낳을 것이라고 말한다.

과연 그런가?

과연 우리의 사악한 행동이
선(善)한 결과를 낳는가?

책 속에 깃든 다이너마이트

—— 피터 모린의 <다이너마이트 터뜨리기> 다시 읽기

"아무도 부유해지려 하지 않으면 모두가 부유해질 것이며, 모두가 가난해지려 하면 아무도 가난해지지 않는다." 이 말은 사회 운동가 피터 모린(Peter Maurin 1877-1949)● 이 한 말인데, 나는 이 말을 늘 가슴에 품고 산다. 오늘날 우리가 직면한 수많은 문제들을 해결하는 데 상당한 실마리를 제공해 주기 때문이다.

프랑스에서 태어나 미국으로 이주해 살았던 그는 정착민이라기보다는 유랑인이었다. 불교식으로 말하면, '물같이 바람같이' 살다 갔다. 이 연장선에서 그는 '자발적 가난'의 선구자이기도 했다. 비록 피터 모린이 약 100년 전 미국에 살며 사회 운동을 했다 해도, 오늘날 그의 삶과 글을 잘 새겨 보면 우리가 당면한 위기와 도전을 어떻게 풀 수 있을지 그 단서를 찾을 수 있다. 물론 당장 써먹을 수 있는 실용적인 해법이나 정책 대안이 있다는 말은 아니다. 하지만 세상과 인생을 바라보는 눈, 그리고 특히 경제 문제를 근본적으로 이해하는 데 큰 통찰을 준다.

● **피터 모린(Peter Maurin) 1877-1949** : '가톨릭 일꾼 운동' 공동 창립자이다. 가톨릭 교회에는 곤궁한 이들을 맞이할 준비가 갖추어진 '환대의 집'이 있어야 한다고 주장했고, 실제로 노숙인이나 실업자가 찾아와 식사와 휴식을 제공받을 수 있는 '환대의 집'을 만들었다. 또한 자발적 가난을 주장했다. 1877년 프랑스에서 태어나 1908년 캐나다로 이주했고 이후 미국에서 주로 활동하다가 1949년 숨을 거두었다.

자본주의 사회를 성찰하고 비판해야 할 자들의 침묵

모린이 남긴 글 중에 〈다이너마이트 터뜨리기〉라는 것이 있다. 기이하고도 흥미로운 이 제목이 탄생한 과정은 이렇다. 그 이전에 어느 예리한 작가가 로마 가톨릭교회에 대해 따끔한 충고를 했다. "얌전히 기다리는 게임만 하지 말고 그 이상을 좀 했으면 좋겠다. 말하자면, 로마 가톨릭교회가 자기들 메시지 안에 깃든 다이너마이트를 조금이라도 잘 활용했으면 좋겠다." 이 말을 깊이 성찰한 모린은 여기에 재치를 보탰다. "어떤 메시지 안에 깃든 다이너마이트(dynamite)를 터뜨리는 것이야말로 그 메시지를 진짜 다이내믹(dynamic)하게 만드는 유일한 길이다."

그리고 피터 모린은 여기서 한 걸음 더 나아갔다. "만일 로마 가톨릭교회가 오늘날 지배적인 사회 동력으로 자리 잡지 못했다면, 이는 가톨릭 이론가들이 교회가 지닌 다이너마이트를 터뜨리는 데 실패했기 때문이다. 가톨릭 이론가들은 교회가 지닌 다이너마이트를 조심스레 끄집어낸 다음 이것을 멋진 문구들로 잘 감싸 밀폐된 통에 집어넣은 뒤 뚜껑을 닫고 철저히 봉해 버렸다." 그래서 모린은 외쳤다. "그러니 이제 이 뚜껑을 가차 없이 터뜨려 버려야 한다. 그래야 비로소 가톨릭교회가 지배적인 사회 동력이 될 수 있을 것이다."

여기서 모린이 로마 가톨릭교회에 대해 느꼈던 갑갑한 심정이 어디서 기인했는지 추론해보자. 우선 그가 이 글을 쓸 당시의 분위기는 이미 1920년경부터 이탈리아와 독일에서 파시즘 세력이 창궐하던 중이었고, 1922년엔 이탈리아의 베니토 무솔리니(Benito Mussolini ; 1883-1945)가, 또 1933년엔 독일의 히틀러(Adolf Hitler ; 1889-1945)가 총리로 등극했다.

파시즘(fascism)이란 무엇인가? 이것은 기본적으로 이성과 토론을 불신하는 군사주의의 바탕 위에, 대내적으로는 감시와 처벌을 원리로 삼고, 대외적으로는 침략과 전쟁을 표방하는 극우파 정치 성향이다. 이 파시즘이 성장하고 뿌리를 내린 토대는 제일차세계대전 이후의 사회적, 경제적 혼란이었다. 이 상황에서 사회주의 또는 아나키즘이 민초들 사이에서 큰 호응을 얻었다. 이에 지주나 자본가들은 큰 위협을 느꼈는데, 마침 '위대한 조국 재건' 따위의 구호를 내건 파시즘 세력이 등장하자 드디어 혼란을 수습하고 부국강병을 이룰 대안이 나타났다며 반기게 되었다.

이를 자본주의 관점에서 다시 살펴보면 이렇다. 자본주의 시스템은 효율 경쟁과 이윤 추구를 핵심으로 한다. 이 자본주의 시스템의 입장에서는 사람들이 앞을 다투어 '노동력 상품화'에 동참하고 '경쟁의 내면화'를 바탕으로 삼아 열심히 일할 때, 국가의 '법과 질서'가 잘 잡혔다고 본다. 높은 학구열, 뜨거운 취업열, 성실한 근로 윤리야말로 자연스럽고 당연한 것이다. 그런데 만일 사람들이 이 열기와 윤리에 적응하지 못하거나 오히려 여기에 예삿일로 저항한다면, 자본주의 시스템은 '법과 질서'가 무너졌다고 본다. 이럴 때 자본은 법과 질서를 바로잡기 위해 공권력을 투입한다. 국가와 자본이 한 몸이 되어 공권력이라는 이름의 폭력으로 법과 질서를 바로잡을 때 이것은 곧 파시즘으로 발전한다. 1920-1930년대에 스페인, 이탈리아, 독일에서 파시즘이 등장한 일 역시 바로 이런 자본의 필요성을 배경에 두고 있었다. 그 뒤 일본의 군국주의, 대한민국의 군사 독재 역시 같은 맥락에서 출현했다.

그러나 노동자들이 자발적으로 노동 능력을 향상시키고 노동 의욕이 충만하다면, 그리하여 대다수가 자본주의의 법과 질서에 잘 적응하고 성실히 산다면 더 이상 폭력적인 공권력은 필요하지 않다. 이른바 '민주화 시대'란 바로 이런 맥락으로 파악해야 옳다. 사태를 이렇게 이해할 때 비로소 우리는 "민주화 이후에도 왜 민주주의는 여전히 비틀거리고 지지부진한가?"라는 질문에 대한 답을 얻을 수 있다.

피터 모린이 살았던 시대의 자본주의에는 군사 독재나 파시즘 같은 게 필요했다. 원래 삶이 척박하고 사회가 혼란할수록 대학, 언론, 예술, 종교의 역할과 소명이 커진다. 즉, 진리, 정의, 자유, 연대, 사랑, 생명, 평화 등을 기본 가치로 갖는 학자, 언론가, 예술가 성직자 등이 세상을 비판적으로 성찰하고 세상을 밝히는 등불을 제시해야 마땅하다. 그런데도 당시의 가톨릭교회는 너무 조용했다. 오히려 교회가 촛불 역할을 방기하고 마치 조용히 '기다리기만 하는 게임'을 하는 듯하니 정말 답답했을 것이다.

　바로 이런 심정으로 모린은 가톨릭교회가 평소에 설교 등으로 전하는 메시지 속에 엄청난 위력이 있는데도 어떻게 '침묵을 통한 동조'를 하는지, 대체 누가 먼저 나서야 할지 등을 고민했다. 그래서 은유적으로 이를 비판했다. "이론가들이 교회로부터 다이너마이트를 *끄*집어낸 다음 그걸 멋진 문구로 잘 감싸 밀폐된 통에 집어넣고 뚜껑을 닫아 철저히 봉해 버렸다."

자본의 무한 욕망과는 화합할 수 없는 영성, 사랑과 자비

여기서 이론가들이란 단순히 대학의 학자들만 말하는 게 아니다. 공부를 많이 한 신부, 수녀, 신자 역시 이론가들이다. 중요한 것은 세상의 빛과 소금이 돼야 한다는 메시지, 가장 낮은 곳에 임해야 한다는 메시지, 잘못된 사회를 바로잡는 데 유용한 메시지, 다이너마이트 같은 폭발력을 가진 메시지들을 제대로 터뜨려 혼돈 속의 사회를 바로 잡는 것이다. 한마디로 침묵을 깨라는 것! 용기를 내라는 것! 그래서 피터 모린은 이렇게 말했다. "이제 그 뚜껑을 가차 없이 터뜨려 버려야 한다. 그래야 비로소 가톨릭교회가 지배적인 사회 동력이 될 수 있다."

　피터 모린이 이 짧은 글을 쓴 지도 이미 약 80년의 세월이 흘렀다. 그럼에도 이 글의 메시지는 아주 분명하다. "예수의 삶이나 성경 속에 깃든 메시지를 제대로 공부하라. 그 메시지 속에 깃든 다이너마이트 같은 요소를 잘 추려내라. 교회 울타리 안에만 조용히 있지 말고 그 다이너마이트 같은 이야기를 온 사회로 퍼뜨려라. 그리하여 길 잃은 대중과 함께 바른길로 가라." 물론 모린의 이와 같은 메시지는 다른 종교나 학문에도 적용된다.

　또 다른 다이너마이트 같은 얘기도 있다. 모린은 말했다. "예수 그리스도는 환전상을 교회에서 쫓아냈다. 그러나 오늘날은 그 누구도 사채업자나 은행가를 교회에서 추방하지 않는다." 왜 그럴까? "오늘날은 교회를 지을 때

금융업자로부터 큰돈을 빌려 교회 건물 자체를 저당 잡히고 매월 얼마씩 갚기로 약속하기 때문"이다. 이렇게 해서 교회는 금융업자의 명예를 사회적으로 고양시켜 주었다. 그러나 금융업자의 명예를 고양함이 곧 교회의 명예를 고양함은 아니다. 오히려 금융업의 비중 확대는 종교계의 비중 추락을 초래하고 만다. "우리는 금융계의 독재자들이 겁도 없이 아무렇게나 행동하도록 만든 것에 대해 책임을 져야 한다. 오늘날 그들은 수많은 사람들의 목을 조르는 문어발이 되었다."

생각건대 사랑, 자비, 영성을 추구하는 종교는 자본의 무한 증식을 추구하는 금융과 상극이다. 그러나 오늘날 많은 종교 기관들은 자기 번영을 위해서라도 대출을 통해 금융업에 신세를 진다. 이들 종교 기관은 주말마다 헌금을 내는 신도들의 죄를 용서해줌으로써 그 신도들이 월요일부터 또다시 돈벌이를 하게, 그것도 별 죄책감도 없이 하게 돕는다. 근본적 상극 관계를 현실에서 상생 관계로 만드는 것, 과연 이는 마법사의 예술인가? 이미 돈의 가치에 매몰된 '내부자들'끼리의 공범 행위인가?

피터 모린은 또 이렇게 말했다. "사업가들은 흔히 사람들이 이기적이라서 비즈니스 역시 이기심에 기초해 돌아갈 수밖에 없다고 한다. 하지만 각종 사업이 이기심을 기초로 운영된다면 오히려 사람들이 이기적으로 된다. 나아가 사람들이 이기적으로 변할수록 전체 사회는 계급(classes)으로 나뉠 것이고 마침내 계급 간 충돌(clashes)까지 온다. 그리하여 사업은 자신의 집을 제대로 정돈할 수 없게 된다. 왜냐하면 사업가들은 일관되게 이기적 동기에 따라 움직이기 때문이다. 말하자면 사업가들은 문제를 해결하기보다 오히려 문제를 만들어 낸다."

상품과 화폐를 마음속 주인으로
숭배하는 우리들

미국의 의사이자 작가인 말로 모건(Marlo Morgan ; 1937-)이 쓴 ≪무탄트 메시지≫에도 비슷한 내용이 나온다. '무탄트 메시지'란 호주의 원주민 참사

아무도 더
부유해지려고 하지 않으면
모두가
부유해진다.

모두가 가장
가난해지려고 하면
아무도
가난해지지 않는다.

피터 모린(Peter Maurin),
<쉬운 글(Easy Essay)>

람 부족이 무탄트(돌연변이) 족속인 현대인들에게 간절히 전하는 이야기다. 참사람 부족의 말이다. "원래 비즈니스란 사람들이 자신의 힘으로 얻을 수 있는 것보다 더 나은 물건을 손쉽게 얻도록 하고자 시작된 건데, 이제는 그것이 일종의 도박이 됐다. 오늘날 사업의 목표는 무엇보다 사업을 계속 유지하는 일 그 자체다." 이 말은 '사업을 위한 사업', '기업을 위한 기업', '판매를 위한 판매', '상품을 위한 상품', '화폐를 위한 화폐' 등이 곧 자본주의의 기본 원리임을 알린다. 달리 말해 '돈 놓고 돈 먹는' 게임, '돈이 돈 버는' 사회가 곧 자본주의다.

오늘날 우리는 누군가 집이나 땅에 투자를 잘해 1년에 몇 천만원 또는 몇 억원을 벌었다고 하면 대개 "나도 좀 그렇게 하자"며 귀를 쫑긋 세운다. 자식들에게 공부를 열심히 하라고 하는 일 역시 자녀들이 자신의 잠재력을 잘 살려 실력을 키운 뒤 세상을 위해 헌신하라는 뜻보다는 '인적 자원 개발'에 투자를 잘해 나중에 값비싼 노동력 상품이 되어 돈을 잘 벌길 바라는 마음에서다. 이런 식으로 우리는 자본의 이윤 추구를 당연시하며 동시에 우리도 자본을 닮아간다. 물신주의(fetishism)●란 바로 이런 세태를 두고 말하는 것이다.

금융 자본주의가 온 세상을 뒤덮은 오늘날은 교회나 사찰도 자본주의 돈놀이를 한다. (진리 탐구의 장이어야 할 대학 역시 마찬가지다.) 피터 모린이 "비즈니스가 문제를 해결하기보다는 오히려 만들어 낸다"고 고발한 것도 바로 이런 세태를 꼬집은 것이다. 교회가 강조하는 사랑과 자비, 영성은 동양에서 강조하던 경천애인(敬天愛人) 사상과 통한다. 하늘을 경외하고 사람을 사랑하라! 그런데 이런 경외의 정신과 자본의 무한 증식 욕망은 결코 화합할 수 없다. 철학이 다르다. '자본의 철학'과 '생명의 철학'은 상극이다. 따

● **물신주의(fetishism)** : 물질을 신처럼 숭배하는 현상을 말한다. 인간에게 종속적이어야 할 상품이나 화폐 따위가 오히려 주체가 되어 인간을 종속시키는 것이다. 이러한 물신주의의 관점에서 인간은 영혼이나 정신이 없는 존재로 왜곡된다. 즉 사람과 사람의 친밀한 관계가 사물과 사물의 관계로 변질된 것이 물신주의이다.

라서 근본적으로 생명의 철학을 복원해야 한다.

　이 관점을 오늘의 상황에 적용하면 어떤가? 최근의 코로나19 감염병 사태도, 초미세먼지도, 또 미세 플라스틱이나 기후 위기 같은 문제도 그 뿌리를 찾아 근본을 다스려야 한다. 응급조치나 대증요법으로 만족하기보다는 근본 요법이 절실하다. 바로 그 근본을 제대로 찾아 정직하게 통찰하고 성실하게 실천하는 것이 곧 피터 모린이 말한 '다이너마이트 터뜨리기'가 아닐까?

상품과 화폐를 위해 희생당한 경제

우리가 언론이나 학교에서 배우는 경제란 무엇일까? 오늘날 학교나 언론에서 말하는 경제는 '돈벌이'를 말한다. 개인은 취업해서 임금을 잘 받고, 기업은 상품을 팔아 이윤을 많이 얻으며, 나라 전체는 수출을 많이 해 외화를 많이 벌어들이는 것, 이것이 곧 돈벌이 경제다. 이 돈벌이 경제란 결국 상품, 화폐, 노동, 이윤, 시장 등의 범주 안에서 돌아간다. 즉 자본주의 경제가 곧 돈벌이 경제다. 이걸 우리는 흔히 '경제'라 부른다.

그러나 원래는 이렇지 않았다. 경제(經濟)란 경세제민(經世濟民)이라는 말에서 왔다. 이 말은 "세상을 잘 다스려 백성을 구제한다"는 뜻이다. 다스리고 구제한다는 것은 사실상 오늘날 우리가 말하는 정치다. 결국 정치의 목적 또는 내용이 백성이 잘 먹고 잘 살 수 있도록 돕는 것이다. 그리고 이것은 내용적으로 '살림살이' 경제다. 달리 말해 본연의 의미에서 경제란 백성의 살림살이를 잘 돌보는 것일 뿐이다. 영어의 이코노미(economy) 또한 다르지 않다. 이코노미(economy)의 어원은 고대 그리스어의 오이코노미아(oikonomia)인데 이 말은 오이코스(oikos)와 노모스(nomos)의 합성어이다. 오이코스는 '가정'이라는 의미고 노모스는 '규범, 관리'라는 의미다. 곧 경제는 규범을 가지고 가정을 관리하는 일이고 이것은 곧 살림살이다. 동양이건 서양이건 원래 경제란 말은 '살림살이'이고, 좋은 경제란 사람들의 살림살이가 평온하게 잘 돌아가도록 하는 일이다. 이 살림살이에서 가장 기본적인 규범은 절약(economical)이다. 절약은 인색과 달리 절제의 연장선이며, 동시에 만물에 대한 존중과 감사, 나눔을 내포한 경제 행위다.

서민은 늘 쪼들리고,
나라도 빚더미에 올라앉는데

경제가 원래 이런 것인데도 오늘날 우리는 눈만 뜨면 '돈, 돈, 돈' 한다. 무슨 말인가? 이는 자본주의 사회가 도래하면서 사람들의 살림살이보다는 자본의 돈벌이가 사회를 압도적으로 지배함을 뜻한다. 원래는 행복한 살림살이를 위해 상품과 화폐가 존재했으나, 이제는 상품과 화폐를 위해 살림살이가 희생당한다. 따라서 이제 우리의 과제는 마치 정기적으로 요가를 하듯 이렇게 뒤틀린 관계를 바로잡는 것이다.

"요즘 살림살이 좀 어떠세요?" "살림살이 좀 나아졌습니까?" 이런 말이 일시적으로나마 국민적 인사말이던 때가 있었다. 일부 정치가들이 이 같은 인사말을 건네다 보니 이것이 나라 전체로 퍼졌다. 그러나 따지고 보면 서민들 입장에서는 살림살이가 편했던 적은 별로 없다. 늘 부족했고 늘 쪼들렸다. 게다가 언론은 거의 언제나 '나라 경제가 위기'라고 했다. 어쩌다 조금 형편이 좋아진다 싶으면 이번에는 '과소비'라는 비판이 쏟아졌다. 그런데 요즘은 이런 인사조차 나누기가 민망할 정도다. 코로나19 상황까지 겹쳐 대다수가 형편이 어려운데, 해고자나 노동자들은 예전처럼 힘차게 투쟁하기도 버겁기 때문이다. 길거리마다 가게들이 썰렁하고 장사 잘 되는 집이 별로 없다. (실은 영역을 불문하고 독과점만 늘어난다. 되는 집만 된다는 말이다. 돈이 돈을 번다. 자본주의니까!) 직장 분위기도 뭔가 푸석푸석하다. 모두 내심 앞날에 대한 걱정이 태산이고 앞으로 어떻게 될지 불안하기만 하다.

이 와중에도 재벌들은 어김없는 수익을 올리고 있다. 그렇잖아도 우울한데 경제적 양극화가 숫자로 확인되니 더 씁쓸하다. 일례로 삼성전자는 2021년 매출 279조원, 영업이익 51조원, 순이익 39조원의 실적을 기록했다. 전년 대비 각각 18%, 43%, 51% 증가한 수치다. 삼성전자라는 한 재벌 계열사의 매출액이 대한민국 예산(2021년 기준 604조원)의 절반에 가까운 규모다. 이 정도니 삼성이 나라 자체를 깔보는 것도 무리가 아니다. 중국이나 동남아시아의 삼성 공장에 들어서면 삼성 깃발과 태극기가 나란히 휘날린다. 깃발 자체는 나란히 걸려 있으나, 삼성맨들은 삼성 깃발이 태극기보다 더 높이 솟아 있다고 느낄지 모른다. 김용철 변호사의 ≪삼성을 말한다≫에도 나오지만, 삼성 재벌은 수많은 판검사, 정치가, 언론인 들에게 로비를 하고 뇌물로 관리한다. '관리의 삼성'이라 않던가? 낮의 정치는 대통령, 국회, 정당 들이 하지만, 밤의 정치는 재벌이 한다. 우리나라가 '삼성 공화국'이 된 건 결코 우연이 아니다.

한편 대한민국 국민의 대다수를 이루는 서민들은 늘 아침부터 저녁까지 부지런히 일해 왔다. 행여 해고라도 당할까 봐 허리띠를 졸라매며 좋은 평가를 받으려고 스스로를 닦달한다. 그러나 서민들 살림살이는 늘 쪼들리기만 한다. 동시에 별로 말은 않지만 나라 전체의 살림살이 역시 쪼들린다.

나라 살림살이 규모나 나라 빚이 얼마인지 따져 보자. 우리나라 경제 규모는 지난 50년 동안 엄청나게 증가했다. 우리나라 GDP(Gross Domestic Product, 국내총생산) 규모는 1970년 2조 7,966억원 규모였는데 1986년 102조 9,858억원으로 100조원을 돌파했고 2006년에는 1,005조원으로 1,000조원을 돌파했다. 그리고 2013년의 1,500조원을 거쳐 2021년에는 2,057조원을 기록, 마침내 2,000조원을 넘어섰다. 그런데 빚 또한 기하급수적으로 증가했다. 우리나라 국가 채무는 1970년 3,500억원, 1980년 7조 4,700억원, 1990년 24조 4,500억원, 2000년 111조원, 2010년 392조원, 2020년 846조원, 2021년 965조원을 각각 기록했다.●

정리해 보면 1970년부터 2021년까지 50년 동안 GDP는 무려 700배 이상 늘어났고, 같은 기간 동안 국가 채무는 약 3,000배가 늘어났다. GDP에 비

● GDP는 한국은행 〈국민 소득〉 자료이다. 국가 채무는 기획재정부 〈2010-2014년 국가 채무 관리 계획〉, 통계청 국가통계포털(KOSIS), 기획재정부 자료이다.

해 나라 빚이 훨씬 빨리 늘어났다. 이는 GDP 대비 국가 채무 규모를 살펴보아도 확인할 수 있다. GDP 대비 국가 채무 비율은 1970년 12.4%였는데 이후 1980년 19.1%, 1990년 12.8%, 2000년 17.1%, 2010년 29.7%를 기록했다. 2011년에는 30.3%로 30%를 넘어선 후 2020년에는 43.8%로 더욱 늘어났고, 2021년에는 47.3%까지 치솟았다.● 국가 예산과 나라 빚을 비교해 보아도 그 규모는 만만치 않다. 우리나라 예산은 2000년 154조원, 2010년 292조원, 2020년 554조원이었고, 2021년에는 604조원에 달했다.●●예산 대비 국가 채무 비율은 2000년 72%, 2010년 133%, 2020년 153%로 그 비중이 급속도로 늘고 있다.

'돈의 철학'에서 '삶의 철학'으로
경제의 방향을 전환해야

이 정도면 우리나라를 '빚더미 공화국'이라 불러도 할 말이 없을 정도다. 우리나라의 인구는 5,161만 명(2022년 3월 기준)이고 이 가운데 경제 활동 인구는 2,695만 명(2022년 1월 기준)이다. 국민의 절반 이상이 날이면 날마다 열심히 일하는데 이처럼 빚이 많다는 게 이해가 되는가? 도대체 국가 채무가 GDP의 절반, 국가 예산의 1.5배에 이른다니 이 얼마나 이상한 살림살이 구조인가?

너나 할 것 없이 살림살이 전체가 방만해졌다. 이것은 많이 일하고 많이 벌어 많이 소비하는 게 잘 사는 것이라는 철학에 기인한다. 물론 이 와중에 소유나 소비의 양극화가 생기고 갈수록 그 격차도 벌어진다. 하지만 개인,

---

● GDP 대비 국가 채무 비율은 기획재정부 〈2010-2014년 국가 채무 관리 계획〉, 통계청 국가통계포털(KOSIS), 기획재정부 자료이다.
●●2000년 예산은 기획재정부(기획예산처) 〈2002년도 예산 개요 참조 자료〉 자료이며 일반 회계와 특별 회계의 합계 금액이다. 2010년, 2020년, 2021년 예산은 국회예산정책처 재정경제통계시스템 및 기획재정부 자료이며, 일반 회계, 특별 회계, 기금의 합계인 총지출 금액이다.

기업, 단체, 정부 등 나라 살림살이 구조가 갈수록 방만해진 것도 사실이다. 이제라도 '밑 빠진 독에 물 붓기'식 살림살이를 근본적으로 되돌아보고 방향 전환을 해야 한다. 이것은 무엇보다 '돈의 철학'에서 '삶의 철학'으로, '양의 철학'에서 '질의 철학'으로 이행해야 한다는 말이다.

　개인의 살림살이를 생각하면 적자가 쌓일 경우 꼭 필요하고 긴급한 게 아니라면 과감히 줄이거나 없앤다. 갈수록 더 많은 돈과 자원을 투입하기만 하고 살림살이 구조 자체에 대한 근본 성찰이 없다면, 우리는 당장 풍요를 구가하는 듯 살지 모르나 서서히 가라앉는 배처럼 침몰한다. 개인 살림살이 구조는 물론 나라 살림살이 구조를 보다 심각하게 들여다볼 때다. 고생은 고생대로 하고 '헛살지' 않기 위해서다.

우리는 '호모 이코노미쿠스'가 아니다

이 무슨 운명의 날인가? 2022년 1월 11일, 광주시 서구 '화정아이파크' 아파트 건설 현장에서는 한창 건설 중이던 39층 아파트 외벽이 후루룩 흘러내렸다. 현장에서 일하던 노동자 6명이 순식간에 이 세상에서 사라졌다. 설상가상, 1월 29일엔 경기도 양주시의 레미콘업체 '삼표산업'의 채석장에서 토사가 무너져 내리면서 노동자 3명이 매몰돼 희생됐다. 날벼락의 반복이다. 참사도 반복되고 비판도 반복되며, 망각도 반복된다. 악순환이다.

나는 이런 참사들이 단순히 산업 현장에 만연한 '안전 불감증' 때문만은 아니라고 본다. 보다 근본적으로, 건물 붕괴, 토사 매몰, 싱크홀 등 온갖 참사들은 지난 200년 이상 자본주의 돈벌이 경제에서 "더 빨리, 더 높이, 더 많이"를 외쳐 온, '호모 이코노미쿠스' 모델의 붕괴에 다름 아니기 때문이다. 호모 이코노미쿠스(homo economicus)란 무엇인가? 호모(homo)가 사람을 뜻하고 이코노미(economy)가 경제를 뜻하니, 결국 호모 이코노미쿠스란 '경제적 인간'이라 할 수 있다. 줄여서 말하면 '경제인(economic man)'이다.

물론 이 경제인은 재벌들 연합체인 '전국경제인연합회'에서 말하는 경제인과는 다르다. 전국경제인연합회의 경제인은 사실상 재벌과 같은 거물을 뜻한다. 호모 이코노미쿠스라고 말할 때의 경제인이란 자신의 경제적 이익(이해관계)을 우선시하는 인간상이다. 곧 이기적인 인간을 의미한다. 고대 그리스 철학자 아리스토텔레스(Aristoteles)는 인간을 '사회적 동물'이라고 말한 바 있다. 이와 같은 방식으로 말하면 경제인이란 말 속에는 인간을 '경제적 동물'로 보는 시각이 담겨있다고 할 수 있다.

보다 구체적으로 말해 보면 이렇다. 경제적 동물인 인간은 합리적 계산, 즉 자신의 이익에 따라 생각하고 행동한다. 강력한 이기심이 행동의 출발점이고 철저한 손익 계산이 선택의 방법론이다. 감성보다 이성이 중요하고 즉흥성보다 합리성이 우위에 선다.

이 말을 듣고 우리 현실을 보면 그리 틀린 말은 아닌 듯하다. 예를 들어 시장에서 물건을 거래한다고 하면 서로 더 많은 이득을 보려고 이래저래 따지지 않던가? 길거리를 걷다가 우연히 돈이라도 발견했다고 하면 한번쯤 그냥 주워 가려는 마음이 생기지 않던가? 날마다 여덟 시간 이상 일하는 회사는 어떤가? 사장이나 경영진은 가능한 한 직원들에게 일을 더 많이 시키려 하고, 직원들은 가능한 한 더 많은 임금을 받으려 한다. 정치인들은 더 심하다. 정당 간 경쟁이나 선거 후보자 간 경쟁에서도 누가 더 많은 권력과 이권을 취할지를 놓고 싸운다. 언론이나 검찰 역시 공익이나 진실보다 각자 자기 이익을 추구하느라 바쁘다. 심지어 하나님의 나라를 만든다는 교회조차 목회에 대한 권리를 만들어 이를 자녀에게 세습하려 한다. 실제 현실이 이러니 '호모 이코노미쿠스', 즉 인간은 '경제적 동물'이란 말에 반박하기 쉽지 않다.

유대감, 상부상조, 나눔과 감사로 이루어진 우리 공동체

그러나 우리의 이러한 모습이 정말 '원래'부터 그런 걸까? 또 우리는 '언제나' 자신의 경제적 이익을 우선시하기만 할까? 좀더 생각해 보면 경제인이란 일종의 가설에 불과할 뿐이다. 장구한 세월 동안 인류가 살아온 모습, 현재의 우리가 일상생활을 영위하는 모습을 찬찬히 살펴보면 경제인 모형과는 전혀 다른 그림이 나온다.

가족을 예로 들어 보자. 부모가 자녀를 낳아 기르는 일 자체가 이기심이 아닌 사랑에서 출발한다. 만일 이기심만이라면 아이를 낳지 않거나 낳아서 길러도 언젠가 양육비 이상의 보상을 하라고 아이에게 요구할 것이다. 아이가 태어나면 사실상 온 식구들이 사랑을 베푼다. 주변 이웃들까지 관심을 가지고 호의를 베푼다. "아이 하나 키우려면 온 마을이 필요하다"는 말까지 있지 않던가? 부모는 온 시간을 쏟아붓는다. 시간뿐이랴? 온 정성을 다한다. 이기심은 아이를 죽이지만 사랑은 아이를 살린다. 친구 관계는 어떤가? 참된 친구 관계일수록 우리는 그 친구에게 도움을 주거나 마음의 선물을 나누며 우정과 기쁨을 느낀다. 그 누가 자기 이익만 챙기면서 좋은 관계를 유지할 수 있는가? 연인 또는 부부 관계도 마찬가지다. 자기 이익보다 상호 이해와 공감이야말로 좋은 인간관계를 지속하는 비결이다. '호모 이코노미쿠스'는 인간 본연의 모습이 아닌 셈이다.

이제 부모가 연로해 몸도 불편하고 치매까지 왔다고 하자. 자녀들은 없는 시간이나 돈을 내서라도 부모님을 잘 모시려 한다. 물론 언론에는 가끔 반인륜적인 사례들이 나온다. 하지만 이런 것은 예외적인 일일 뿐이다. (물신주의가 팽배해지면서 이런 예외들이 더 자주 많아지는 것이 우리 현실인 것도 부정할 순 없다.) 그러나 그렇다고 예외들이 인간 본연의 모습인 것은 아니다. 또 주변의 누군가가 돌아가시면 우리는 유족을 위로하고 고인의 명복을 빌며 조의금도 건네고 장례를 잘 마무리하길 소망한다. 만일 내 이익대로 행동한다면 전혀 불필요한 일이 되고 말 것이다.

한두 세대 전까지만 해도 우리 시골 마을에는 인정스런 공동체가 살아 있었다. 수백 년 동안 이어져 온 마을들에서는 부침개 하나라도 나눠먹는 이웃들이 많았다. 옆집 아이나 어른이 아파도 온 동네 사람들이 걱정해주고 약초 뿌리 하나라도 나눴다. 이런 은혜와 고마움을 아는 이웃들이 많을수록 온 마을이 하나가 되었다. 감사와 상부상조, 유대감이 이 인정스런 마을 공동체 문화의 핵심이었다.

오늘의 눈으로 보면 당시는 '프라이버시(사생활)'가 없었다고 생각할 수도 있다. 하지만 대신 이웃과 공동체가 살아 있었기에 '자기만 아는' 이기적 인간 즉 '호모 이코노미쿠스'는 별로 없었다. 농번기에는 두레나 품앗이가 있어 남녀노소를 불문하고 마을 사람들이 모두 협력했다. 더불어 잘 사는 것이 제대로 사는 것이라 믿었다. 달리 말해 호모 이코노미쿠스에서 말하는 경제인, 즉 이기적 인간이란 이 시골 마을 공동체에서는 꿈도 꾸지 못하는 가상의 존재에 불과했다. 요컨대 호모 이코노미쿠스는 자본주의가 만들어 가는 억지 인간상에 불과하다.

공동체를 지탱하는 건 이기심이 아니라 이타심(利他心)

그렇다면 정반대로 인간은 이타적 동물인가? 늘 그렇다고 말하기도 어렵다. 인간은 이기심도 있고 이타심도 있다. 문제는 어떤 상황, 어떤 맥락, 어떤 관계 속에서 이기심이나 이타심이 더 많이 발휘되는가 하는 것이다. 만일 내 생명이 위험한 상황이라면 우리는 오로지 살아남기 위해 행동할 것이다. 다른 사람과 협동하는 게 생존에 유리하면 살기 위해서라도 협동할 것이다. 그러나 입시와 같은 상대적 경쟁이 치열한 상황에서는 그 누구든 자기 점수를 높이고자 집중할 것이다. 좀더 깊이 생각해 보자. 마음에 상처가 많고 심리적으로 불안한 사람들, 그러면서도 자기 삶에 만족이 덜한 이들은 아마 이타심보다 이기심을 더 많이 보일 것이다. 그러나 이들 중에도 좀더 멀리 보는 이들은 장기적인 자기 이익을 위해서라도 당장 자기가 만나는 이들에게 친절하고 관대한 태도를 취할 수 있다.

　이런 면에서 우리가 이기적이냐 이타적이냐 하는 것은 결코 칼로 자르듯이 이분법적 논리로 설명할 수 없다. 이것은 크게 보아 두 가지 요인에 따라 달라진다. 하나는 상황, 맥락, 관계이다. 다른 하나는 개인의 성장 과정, 특히 조건 없는 사랑을 많이 받았는지 아니면 상처 덩어리인지, 그리고 개인의 대응 방식 등 주체적 요인이다. 같은 사람이라도 상황, 맥락, 관계에 따라 달리 행동할 수 있다. 또 비슷한 상황이라도 성장 과정이나 대응 방식에 따라 다른 모습을 보일 수 있다.

우리가 도로 위에서 자동차 운전을 할 때 나는 규칙대로 잘 가고 있는데 누군가 예의 없이 깜빡이등도 켜지 않고 갑자기 끼어들었다고 하자. 그 이전이나 지금이나 나는 똑같은 사람인데 상황과 맥락이 변했다. 이 경우에 "이 괘씸한…"이라고 화를 내며 더 빨리 그 무례한 차 앞으로 추월해 가서 똑같은 방식으로 끼어들기를 할 수 있다. 서로 이렇게 반복하다가 결국은 사고가 나기도 한다. 나는 규칙을 늘 잘 지키는 사람이지만 상황과 맥락에 따라 나 역시 얼마든지 규칙을 어기며 위험을 만드는 일에 동참할 수 있다. 일단 작은 사고라도 나면 시간, 돈, 기분 등 여러 측면에서 손실이 난다. 게다가 자동차가 많은 도로 상황이라면 사회적 비용은 더욱 늘어난다.

반면 동일한 끼어들기 상황에서도 "아이고, 저 차는 정말 사정이 급한 모양이군"이라고 생각하며 웃어넘길 수 있다. "사고가 나지 않아 정말 다행이군"이라고 하며 예전처럼 차분하게 운전을 계속할 수도 있다. 이렇게 하면 굳이 내 혈압을 올릴 이유도 없고 사고 위험이나 막대한 사회적 비용 또한 막을 수 있다. 이런 식으로 대처하는 사람들이 많아질수록 도로 위의 평화는 높아진다. 세상의 평화 역시 마찬가지다.

바로 이런 면에서 우리는 차라리 인간을 '호모 소시우스(homo socius)'라고 보는 게 더 나을 것이다. '인간은 사회적 동물'이라고 본 아리스토텔레스의 통찰이 좀더 의미 있다고 본다. 간단히 말해 우리는 모두 '사회인'이다. 그렇다. 나 자신이 태어난 것도 부모가 있기 때문이고, 부모 역시 사회 속에 산다. 물론 사회 자체나 사회 구성원들은 지구라는 대자연 안에서 물, 공기, 빛, 흙의 은혜로 산다. 이런 면에서 우리는 결코 세상과 동떨어져 나 홀로 존재할 수 없다. 넓게는 우주 속의 먼지 같은 존재, 좁게는 지구 위의 한 시민, 이 중에서도 대한민국의 한 구성원이다. 대한민국 안에서도 지역이나 마을이 있고 우리는 수많은 관계를 맺으며 산다. 따라서 21세기를 사는 우리는 공간적으로, 시간적으로, 관계적으로 규정되는 '사회인'이다. 호모 소시우스!

게다가 우리는 철저한 계산이나 합리적 이성으로만 살진 않는다. 우리는 더 많은 경우 감성의 동물이고 느낌의 존재다. 다른 사람을 처음 만날 때 우리는 결코 계산으로 따져 호불호를 가리지 않는다. 첫인상이 중요하다. 이는 표정, 몸짓, 말투 등 전반적 분위기에서 오는 느낌이다. 만일 이 첫인상이 변함없이 지속되면 그 사람과 좋은 관계가 이어진다. 이 경우 서로 만나 대화만 나누어도 행복하다.

인적 자원이란 말은
사람을 원료나 부품으로 보는 것

그렇다면 호모 소시우스와 호모 이코노미쿠스의 관계는 어떤가? 결론부터 말하면 기껏해야 호모 이코노미쿠스는 호모 소시우스의 부분 집합에 불과하다. 인간은 여태 호모 소시우스로 살아왔다. 하지만 인류의 긴 역사 중 지극히 최근에 불과한 자본주의 시대에 와서 유독 호모 이코노미쿠스 측면이 과잉 강조되고, 우리는 여기에 적응해 살도록 교육받고 또 그렇게 살려고 발버둥친다. 우리는 자본주의라는 상황과 맥락 안에서 호모 이코노미쿠스로 살도록 '만들어진다.' 그렇다. 이 통찰은 매우 중요하다.

왜 그런가? 우리네 삶은 늘 구체적인 관계 안에서 이루어지기 때문이다. 그렇다면 현재 우리를 둘러싸고 있는 관계의 본질은 무엇인가? 우리는 어떤 사회에 살고 있는가?

초등학생도 알겠지만 우리 현실은 돈 없이 못 산다. 자본주의 사회라서 그렇다. 돈 놓고 돈 먹는 세상이라서 그렇다. 여기서 '돈 놓고'라는 말은 곧 돈을 투자한다는 얘기다. 사업을 하려는 사업주(자본가, 투자자 등)는 자기 돈이건 대출이건 사채건 돈을 마련해 땅도 구하고 건물도 짓고 한다. 건물은 기계, 설비, 원료, 장비, 사무 집기 등으로 채운다. 그러나 이것만으로는 사업이 안된다. 사업을 하려면 돈 되는 상품을 만들어 팔아야 하는데, 원료나 부품, 기계와 설비만 갖춘다고 상품이 나오는 게 아니다. 사람(!)이 있어야 한다. 경영이나 경제 분야에서는 이 사람을 노동력 또는 인적 자원이라고 한다. 즉 '일 잘하고 말 잘 듣는' 노동력을 써서 상품을 만든다. 이들 인적 자원을 마치 원료나 부품, 기계와 설비처럼 채용, 조직, 관리, 통제하는 이들이 경영관리자다. 사람을 기준으로 보면 노동자와 관리자가 잘 협력해야 경쟁력 있는 상품을 만들 수 있다. 이렇게 상품을 만든 후 이 상품을 시장에 내다 팔면 사업주는 비로소 투자금 이상의 수익(이윤)을 얻는다.

그렇다면 사업을 하지 않는 보통사람들은 어떤가? 이들은 대개 자신의 노동력을 팔아 살아간다. 이것이 취업, 즉 '노동력의 상품화'다. 이들은 사업주 아래에서 '일 잘하고 말 잘 듣는 인적 자원'으로서 월급도 받고 승진도 한다.

바로 이 관계의 총체가 '돈 놓고 돈 먹는' 자본주의다. 그러므로 사업하는 이들은 늘 투자 대비 수익성을 생각한다. 경제 뉴스 등에 단골처럼 등장하는 화폐, 상품, 노동, 자본, 이윤, 경쟁, 시장 개념 등이 모두 여기서 나온다. 이런 맥락과 상황에서는 자기 이익을 추구하는 호모 이코노미쿠스로 사는 경향이 있다.

여기서 사업주와 노동력을 좀더 살펴보자. 사업주에겐 투자 대비 수익을 많이 거두는 일이 최우선이다. 이 경우 사업주는 전형적인 호모 이코노미쿠스다. 철저히 자기 이익을 위해 움직인다. 이렇게 움직이지 않으면 사업주가 될 수 없다. 사업주가 노동자의 생명이나 생활에 진심으로 관심을 가지기 어려운 까닭이다. 인간성이 아니라 계산이 지배한 결과다.

한편 이 사업주가 임금을 주겠다며 일을 시키는 노동력은 어떤가? 이 노동력을 팔아 생계를 유지하는 이가 노동자다. 흔히 막노동을 하거나 육체노동을 하는 사람만 노동자라 부르고 천시하기도 하지만, 실은 교육자건, 공무원이건, 임금을 받고 일하면 모두 노동자다. 그런데 이 노동자 역시 노동력이 아니라 하나의 인격체로서 인간답게 살 권리가 있다. 이들이 임금을 받고 파는 노동력 상품은 인격체의 일부분일 뿐! 그래서 노동 시장이나 노동 과정에서 인격 침해가 일어나지 않도록 노동법으로 규제한다. 어쨌거나 이 노동자는 가능하면 자기 노동력의 값을 높게 받고 싶다. 그래서 노조에 가입해 단체 협상에 힘을 보태기도 한다. 개인이 기업을 상대로 하면 아무 힘도 없지만 노조의 일원이 되면 힘이 강해진다. 나아가 노동자도 자기가 만든 상품이 시장에서 잘 팔려야 다음 달 월급도 받으며 일자리도 지킨다. 이걸 고용 안정이라고 한다. 이런 면에서 회사에 고용된 노동자 역시 사업주와 마찬가지로 자기 이익에 따라 호모 이코노미쿠스로 행동한다.

문제는 과연 이들이 원래부터 호모 이코노미쿠스인가 하는 점이다. 이들은 회사 또는 기업체라는, 자본주의 상품 생산과 소비를 기본으로 하는 시스템 속에 살기에 호모 이코노미쿠스가 된 것일 수 있다는 말이다. 우리는 평소에 호모 소시우스로서의 삶을 산다. 그러나 우리가 사는 시대와 삶의 구조가 자본주의로 편성되었기에 회사, 또는 시장이라는 맥락 안에서 호모 이코노미쿠스로 살지 않으면 안된다는 것이다. 즉 우리는 이렇게 '만들어졌다.'

그렇다면 우리는 호모 이코노미쿠스로서의 삶을 거부하고 대신 호모 소시우스로만 살 수 있을까? 우리 대다수는 그렇게만 할 수 있다면 세상이 정말 좋아지겠다고 생각할 것이다. 하지만 이 문제에는 역사와 사회 구조, 그리고 우리 자신의 가치관 문제 등이 얽히고설켜 있다. 빠른 답을 찾기 쉽지 않다. 그렇다고 해서 계속 이대로 살 수도 없다. 왜냐하면 이미 세계적 차원의 경제 위기, 사회 경제 불평등과 양극화, 코로나19 감염병 사태, 초미세먼지, 끝없는 쓰레기 더미, 미세 플라스틱, 핵 위험과 전쟁, 대지진이나 화산 폭발, 물 부족, 기후 위기 등 다양한 재앙들이 우리 삶을 위협하고 있기 때문이다.

호모 소시우스로 거듭나기 위한
집합적 노력이 필요할 때

이 지구적 차원의 위기는 결코 일시적으로 지나가는 것이 아니다. 이런 위험들은 이제 '일상'이 되었다. 위험은 끝나지 않을 수도 있고 조만간 파국이 올 수도 있다. 기후학자들은 기후 위기 하나만으로도 2050년 무렵 지구에 사람이 살 수 없을 것이라는 우울한 경고까지 한다.● 이런 경고를 마치 양치기 소년의 외침처럼 예사로 여기면 안된다. 진정 우리 아이들 미래를 생각

우리는 평소에
호모 소시우스로서의
삶을 산다.

그러나 우리가 사는
시대와 삶의 구조가
자본주의로 편성되었기에
회사, 또는 시장이라는
맥락 안에서
호모 이코노미쿠스로
살지 않으면 안된다.

즉 우리는 이렇게
'만들어졌다.'

한다면 말이다. 아니 우리 자신의 내일을 생각해서라도, 이런 경고는 잘 따져보아야 한다.

돌이켜 보면, 지난 수백 년의 자본주의 역사 속에서 우리가 이웃이나 자연을 배려하지 않고 오직 우리만 잘 살고자 이기적으로 행동했기 때문에 이제 지구 전체가 사람이 살기 어려운 곳으로 변했다. 그래서 나는 지금을 '성찰의 시기'라고 본다. 인류가 그간의 삶의 방식을 제대로 성찰하면 미래가 있겠지만, 그렇지 못하면 미래는 참혹할 것이다. 이런 면에서 우리는 더 이상 호모 이코노미쿠스로서의 역할극을 지속할 수 없다. 그리하여 진정 더불어 사는 호모 소시우스로 거듭나고자, 아니 그런 세상을 만들고자 집합적 노력을 해야 한다. 이 맥락에서 독서와 토론, 사회 운동이 절실하다.

우리는 자본주의 시스템 안에 살고 있기에 이성에 기초해 철저한 계산을 하고 그 결과 장단점과 손익을 잘 따져 무엇이 합리적 선택인지 고심한다. 최종적으로는 그것이 '나' 자신에게 어떤 손익을 가져다주는지 잘 따져 보기도 한다. 누군가 무슨 판단을 할 때, 통계나 숫자를 가지고 이야기하면 마치 과학적인 것처럼 보인다. 만일 이런 합리적 계산이나 비교의 절차 없이 느낌이나 직관, 감성이나 관계를 근거로 판단하고 실행한다면 많은 경우 '어리석은 바보'로 내몰린다.

그러나 아무리 자본주의라 하더라도 우리를 보다 인간답게 하는 것은 다소 손해를 입더라도 기꺼이 타인을 돕거나 연대하는 모습이다. 헌신적인 어머니의 모습이나 깊은 우정을 나누는 친구의 모습을 보라. 이들은 결코 합

● 세계적인 환경 저널리스트 마크 라이너스(Mark Lynas)는 ≪최종 경고 : 6도의 멸종(Our Final Warning)≫(2020년 출간)에서 2050년의 지구 기온은 3℃ 상승할 것이라고 99.9% 과학자들의 연구를 반영하여 말한다. 그리고 3℃ 상승한 지구에서는 북극해에 얼음이 없어지고 런던, 워싱턴, 방콕 등의 도시가 바다에 잠길 것이라고 예고한다. 미국 싱크탱크 기관 '뉴아메리카' 연구원인 데이비드 월리스 웰스(David Wallace-Wells)는 ≪2050 거주 불능 지구≫(2019년 출간)에서 "이미 재난은 닥쳐왔고" "상황은 생각보다 훨씬 심각하다"고 말한다. 2050년에는 전 세계 대부분의 주요 도시가 생존 불가능한 환경으로 변할 것이라는 예측이다.

리적 계산으로 움직이진 않는다. 또 잘 생각해 보면 내 주변 사람들이 행복할 때 나 자신도 진정 행복해진다. 나아가 지구, 즉 모든 생명의 어머니인 대자연이 건강할 때 진정 나 자신의 심신도 건강해진다.

남의 땅의 들꽃은 '아니' 아름다운가?

—— 내 인생의 책, 에리히 프롬의 ≪소유냐 존재냐≫

누군가 내게 나의 학문과 삶에 상당한 영향을 준 책을 한 권만 말하라고 하면 나는 단연코 ≪소유냐 존재냐≫를 꼽겠다. ≪소유냐 존재냐≫는 사회심리학자 에리히 프롬(Erich Fromm ; 1900-1980)●의 대표작이다. 이 책에 따르면 사람이 살아가는 방식은 크게 소유 양식과 존재 양식으로 나뉜다. 소유 양식의 삶이란 뭐든지 많이 쌓으려고만 하는 삶이다. 재물, 권력, 학력, 명예, 인기 등이 모두 소유와 축적의 대상이다. 반면 존재 양식의 삶이란 사람, 무생물, 동식물을 가리지 않고 모든 존재에 대해 이 존재 자체를 존중하며 이 존재와 좋은 관계를 맺는 삶이다.

많은 장소를 찾는 여행과
많은 감동(感動)을 찾는 여행

명품 가방 구매를 예로 들어 보자. 누군가 특정 명품 가방을 강박적으로 가지려 하거나 그것도 하나가 아니라 둘, 셋 이상 가지려 한다면 이것은 소유

● 에리히 프롬(Erich Fromm) 1900-1980 : 미국 신프로이트학파를 대표하는 사회심리학자이다. 독일 태생으로 프랑크푸르트 사회조사연구소에서 일했다. 1933년 나치의 박해를 피해 미국으로 이주했고 예일대학교, 컬럼비아대학교 등에서 강의했다. '근대인에게서의 자유의 의미'를 탐구하는 데 몰두했으며 이를 통해, 자본주의야말로 인간을 소외로 몰고 가는 틀이라고 주장했다.

양식의 구매이다. 반면 명품 브랜드는 아니지만 튼실한 가방 하나라도 소중히 사용한다면 이것은 존재 양식의 구매이다. 다른 예로, 우리가 여행을 가는 경우 짧은 시간에 좀더 많은 곳을 구경하고 사진도 많이 찍으려 한다면 소유 양식의 여행이다. 반면 한두 곳만 가더라도 그 지역을 좀더 깊이 만나고 느끼고자 한다면 이는 존재 양식의 여행이다. 피아노를 배울 때도 가능한 한 진도를 빨리 나가려는 게 전자라면, 천천히 가더라도 스스로 느끼면서 치는 게 후자다. 또 집을 짓더라도 공사 기간, 비용에 초점을 맞추는 방식과 좀 천천히 지어도 일꾼들과 교감하며 건강한 집을 짓는 방식은 크게 다르다.

친구 사귀기도 마찬가지다. 페이스북 같은 SNS로 상징되듯, 친구가 많을수록 인기도 많고 타인의 인정도 많이 받는다고 생각하고 '좋아요'나 친구의 숫자에 초점을 둔다면 소유 양식의 사귐이다. 반면 한두 명이라도 속마음을 나누고 서로 배우고 성장하는 우애의 관계를 지속하면 이것은 존재 양식의 사귐이다. 사랑 역시 마찬가지다. 가능한 한 많은 상대방과 사랑의 관계를 맺거나 상대를 자기 방식으로 통제하려 한다면 이는 소유 양식의 사랑이다. 하지만 한 사람이라도 상대의 인격을 존중하며 깊이 있는 관계를 지속한다면 이는 존재 양식의 사랑이다.

같은 맥락에서 부자에 대한 철학은 어떨까? 소유 양식 개념의 부자란 당연히 더 많은 재물을 갖는 것이다. 소유 양식의 부자가 되려는 이들에게는 어떤 물품이나 돈의 사용 가치 그 자체보다는 '교환 가치'로 표현되는 돈의 액수가 중요하다. 사업체, 주식, 부동산 역시 이들에게는 돈으로만 보인다. 이런 걸 많이 갖거나 교환 가치가 올라갈수록 부자가 된다고 믿는다. 자본주의에서는 돈 가치, 즉 교환 가치가 곧 가치(value)로 통한다. 따라서 대다수 사람들은 이 가치가 오르기를 강박적으로 빌고, 행여 이 가치가 폭락하지는 않을까 불안해한다. 만일 기대나 예상과는 달리 가치가 폭락하면 매우 좌절하며 때로는 '자살 충동'마저 느낀다. 최근의 주가 폭락이나 가상 화폐 폭락 사태가 그 실례다.

그러나 부자 개념을 존재 양식으로 본다면, 이들은 좀더 많은 풍요로움 갖고자 한다. 쾌적한 자연의 품에 살면서 심신이 건강하고 친구나 가족 관계가 좋은 경우, 나아가 마을이나 지역에서 마음이 잘 통하는 동료나 선후배가 넉넉한 경우, 이들은 스스로를 부자라 느낀다. 이 존재 양식의 부자 개념에서는 설사 자기 땅이 아니라도 남의 땅에서 자라는 들꽃 또한 소중하다. 남의 땅에서 자라는 나무 한 그루나 작은 숲 또한 정말 고맙다. 이런 개념으로 날마다 뜨고 지는 해를 보면 일출도 일몰도 모두 아름답다. 봄 여름 가을 겨울 이 사계절마다 다양하게 변하는 하늘과 땅은 얼마나 풍성한가? 변화무쌍한 자연을 보면서 겸손해지기도 관대해지기도 한다. 또 춘하추동의 원리, 생로병사의 원리, 만물 변화의 원리를 이해하면 나이가 드는 것도 그리 두려워할 일이 아님을 깨닫는다. 가치(value) 너머의 가치관(values)이다.

우리는 늘 '잘 먹고 잘 살기'를 바라지만, 사실 잘 산다는 게 별 건가? 사랑하는 가족이나 친구들과 함께 된장국에 밥 한 그릇만 나눠도 행복하다. 이런 느낌으로 살수록 우리는 존재 양식의 부자가 된다. '풍요의 철학'이다.

사업, 부동산, 상속으로 얻은 부(富)가
오히려 빈곤함이라면

한때 "부자 되세요!"라는 말이 국민적 인사말로 통하던 시절이 있었다. 특히 이명박 정부 시절(2008-2012)에 그랬다. 그런데 그 대통령은 2020년 10월 29일 대법원에서 유죄(뇌물 등) 판결로 17년 형을 선고받았다. 미국식으로 합리적 계산을 하면 수백 년 형이 마땅하나, 우리나라 법원은 이런 경우에 의외로 관대하다. (아마도 양심이나 법리보다 다른 요인들에 대한 고려가 컸을 것이다.) 그러나 이 17년조차 사실상 종신형이기에 꼭 미국식으로 계산하고 따질 필요는 없겠다. 문제는 수단과 방법을 가리지 않고 부자 되기에 강박적으로 매달린 결과가 곧 종신형이란 형벌로 귀결되었다는 것이다. '철학의 빈곤'이 낳은 산물이다.

얼마 전 KB금융이 10억원 이상의 금융 자산을 가진 우리나라의 부자

400명을 대상으로 설문 조사를 실시한 결과, 우리나라에서 부자가 되는 왕도 1위는 사업(이윤 추구)으로 나타났다. 이밖에 부동산 투자(투기)가 2위, 상속(대물림)이 3위였다.● 하기야 이명박 같은 사업가가 민주주의, 정의와 평등에 대한 철학도 없이 승승장구하여 대통령까지 되었으니, 사업이야말로 부자가 되는 지름길이다.

그러나 사업을 한다고 해서 모두가 부자가 될 수 있는 것은 아니다. 통계청 〈전국 사업체 조사〉 자료에 따르면 우리나라에는 모두 417만 개(2019년 기준)의 사업체가 공식 등록되어 있다. 그런데 이 중 진짜 부자인 이들은 과연 얼마나 될까? 10대 재벌 외에 진짜 잘 나가는 사업체는 과연 몇이나 될까? 또 잘 나가는 사업체 중 노동 인권이나 환경 차원에서 문제가 없는 곳은 과연 몇이나 될까? 나아가 부자는 부자이되 진정한 삶의 행복을 느끼는 이, 즉 소유가 아니라 존재의 차원에서 진정한 부자라 할 수 있는 이는 과연 얼마나 될까?

부자들 중에서도 그 부의 축적 과정이 건강하고 또 그 축적된 부를 주변의 힘든 이들과 잘 나누는 경우는 상대적으로 행복하다. 그러나 많은 경우 부가 너무나 지나쳐 가족이나 형제자매 간 갈등이 크고, 또 가난한 사람들을 멸시하기도 한다. 심한 경우 술, 마약, 섹스, 놀음 등에 빠져 헤어나지 못하기도 한다. 이런 경우는 오히려 부자이기 때문에 불행한 경우다. 모두 잘 살려고 달려왔는데, 이렇게 되면 잘 사는 게 아니다. 결국 부와 건강한 관계를 맺는 것, 부의 크기와 관계없이 존재 양식으로 사는 것, 바로 이것이 답이다. 소유 양식이 아닌, 존재 양식의 삶! 즉 가치 너머의 가치관(values beyond value)!

또 앞서 인용한 KB금융 조사에서 부자의 왕도 2위는 부동산으로 나타났

● KB금융 〈2021 한국 부자 보고서〉 자료이다. 10억 원 이상의 금융 자산 보유자 400명을 대상으로 한 설문 조사에서, 응답자의 41.8%는 사업 소득이 부를 축적한 방법이라고 대답했다. 그리고 21.3%는 부동산 투자, 17.8%는 상속과 증여, 12.3%는 금융 투자를 꼽았다.

다. 이는 자본주의 돈벌이 경제의 또 다른 측면을 드러낸다. 생명을 두려워하고 조심하는 삶의 관점으로 보면, 집과 땅을 '부동산'이라고 부르는 것 자체가 이미 모독적이다. 그러나 우리나라 자본주의에서는 부동산이야말로 돈벌이의 지름길이다. "땅은 거짓말을 하지 않는다!"는 어느 공인중개사무소의 구호는 구호만이 아니다. 실제로도 그렇게 되기 일쑤다. 부동산에서는 투자와 투기가 더 구분되지 않는다. 실제 거주나 경작을 위해 땅을 구입하는 건 필요의 경제이지만, 돈을 불리기 위해 투자하는 것은 곧 투기다.

누차 강조하지만 부동산 경제는 거품 경제이자 투기 경제다. 이것은 척결 대상이지 결코 허용 대상이 아니다. 실로 갈 길이 멀다.

일례로, 정부 주도의 행정 수도 이전 주장과 더불어 세종시 집값이 폭발적으로 치솟았는데, 국토의 균형 발전이나 지방 분권이라는 정치적 구호와 달리 투기에 대한 대응은 거의 전무한 형편이다. 가령, 세종시에서 특별 공급 아파트를 분양받은 공무원들은 '특별한' 투기 소득을 얻었다. 경실련(경제정의실천시민연합)이 밝힌 바에 따르면, 세종시에서는 2010년부터 2021년 5월까지 모두 2만 5,852명의 공무원이 아파트 특별 공급을 받았다. 이들 아파트의 평균 분양가는 평당 940만원이었는데 2021년 5월 기준 시세는 평당 2,480만원에 달했다. 33평을 기준으로 1채당 5억원이 넘는 차익을 얻은 것이다. 흥미로운 부분은 세종시 아파트를 보유한 고위 공무원의 상당수가 서울시 '강남 2구'에 '똑똑한 아파트'를 한 채 이상 보유하고 있다는 점이다. 공무원들이 이런 상황이니 일반인들의 투기는 말하지 않아도 짐작할 수 있는 일이다. 그러므로 일반인들은 "국가 공무원들이 세종시에 집을 갖고 있는데 설마 자기들 집값 내리는 정책을 펴겠나?"라고 생각한다.

소유 양식의 삶이 검은 바이러스처럼
온 세상에 번지고

이와 유사한 맥락에서, 2021년 공인중개사 시험에 무려 40만 명 이상의 수험생이 몰려들었다는 사실은 흥미롭다.● 응시자 수는 1983년 공인중개사 시험 도입 이후 최다 기록이다. 그리고 '노후 대비' 차원으로 공인중개사를 하겠다는 것도 옛말인 듯하다. 상대적으로 젊은 이삼십 대 수험생 비율이 39%에 달했다. 이는 무엇을 뜻하는가? 중장년은 물론, 젊은이조차 미래 전망이나 생존 가능성이 밝지 않기에 비교적 쉽게 접근할 수 있는 부동산 경제, 투기 경제로 몰린다는 얘기다. 부동산 경제가 부자 되는 지름길로 인식되고 이 분야에 일반인들, 그것도 젊은이들이 대거 몰리는 것 자체가 실은 매우 우울하다. 소유 방식의 삶이 마치 바이러스처럼 온 세상에 번지고 있다.

앞서 인용한 KB금융 조사에서 부자의 왕도 3위가 상속이나 증여와 같은 부의 대물림이었는데, 이는 우리나라 최고 부자들 1%에만 해당한다. 범위를 넓혀 잡아도 10% 수준을 넘지 않는다. 그렇다면 99-90%의 대다수 사람들에게 부자의 왕도는 1위 사업을 빼면 (이것도 기본 자본금이나 경영 능력을 요하고, 자칫 '폭망'하기 쉽기에), 2위로 발표된 부동산을 통한 돈벌이 경제가 가장 현실적인 대안으로 떠오른 것이다. 이러니 온 나라가 자연스럽게 부동산 투기 공화국으로 가는 것 아닌가?

그러나 부동산 거품 경제는 건강한 삶의 필요나 인간적 욕구를 충족하는 게 아니라 돈 놓고 돈 먹기 식의 투기판만 촉진한다. 누구는 뼈 빠지게 일하고 노동 운동까지 해가면서 1년에 겨우 몇천만원 저축할까 말까 하는데, 그 이웃집은 부동산 잘 해서 그 사이에 이삼억원을 벌었다고 하면 완전 의욕 상실이다. 물론 '상대적 박탈감'은 소유 양식의 삶에서 부단히 남들과 비교하기에 생기므로, 이런 식으로는 건강한 해법이 나오지 않는다. 상대적 박탈감이라는 속박을 넘어 인간적 필요를 기준으로 살아야 한다. 하지만 우리 사회에 부동산이나 로또, 주식 투기처럼 한탕주의가 만연하면 결국은 온 사회가 마치 코로나19 감염병이 확산하듯 순식간에 병들게 된다.

실제로 최근 집값이 수십억원 수준으로 오른 뒤 조금 내린다 해도 여전

● 2021년 공인중개사 시험 응시자 수는 40만 8,592명으로 역대 최고를 기록했다. 이는 2020년에 비해 4만 5,728명 늘어난 것이었다.

우리는 사랑을 소유할 수 있는가?
그런데 사실은 사랑이라고 하는
사물은 없다.

실제로는 '사랑한다'는
행위만이 존재한다.
사랑하는 것은 생산적인 능동성이다.
그것은 인물·나무·그림·관념을
존중하고 알고 반응하고
긍정하고 향유하는 것을 뜻한다.

그것은 생명을 주는 것을 의미하며,
그의(그녀의, 그것의)
생명력을 증대시키는 것을 의미한다.

에리히 프롬(Erich Fromm),
≪소유냐 존재냐≫

히 수십억원대다. 도대체 이게 말이나 되는가? 나는 집값이 1억원이라 해도 '억' 소리가 난다. 하물며 수십억원 수준이라니? 그러니 금수저나 은수저가 아닌 보통의 젊은 청년들이 무슨 미래를 구상하겠는가? 고작 100년도 못 살 존재들이 이런 식으로 돈벌이 경제에 빠져들면 어찌 되겠는가? 현실이 이 러하니 눈치 빠른 이들은 부동산 투기로 몰린다. 한편 이것도 어려운 보통 사람들의 전략은 오로지 열심히 일하거나 최소한 자식만큼은 더 많이 벌 수 있게 가능하면 더 많이 공부시키는 것으로 나타난다.

이런 세태 속에 차분히 책을 읽고 성찰하는 일, 이웃과 깊이 있는 대화나 토론을 나누는 일, 달리 말해 진정으로 인간답게 사는 일은 우리 생활에서 상상조차 할 수 없는 것으로 변해 버리는 것이다. 아니나 다를까, 문화체육 관광부가 2021년 국민 독서 실태를 조사한 결과, 우리나라 성인의 절반 이 상은 1년에 책을 한 권도 읽지 않는다고 한다.● 너도나도 대학에 가는 나라 이니 세계적으로도 국민 전체의 학력은 매우 높지만 독서 수준은 꼴찌다. 오로지 많이 소유하고 소비하는 것을 잘 사는 것이라 착각하고 '더 빨리, 더 높이, 더 많이' 가지려는 소유 양식의 삶을 사는 과정에서는, 성공하건 실패 하건 거의 모든 사람들이 내면의 공허감, 우울감, 무력감에 빠져든다. 이게 우리 현실의 진상이다. 가치 너머의 가치관이 절실한 까닭이다.

중산층이라면 약자의 편에 서서 불의에 저항해야

독일의 위대한 작가 괴테(Johann Wolfgang von Goethe, 1749–1832)는 ≪빌헬름 마이스터의 수업 시대≫에서 인간답게 살기 위해 매일 실천해야 할 것에 대해 이렇게 말했다. "매일 좋은 음악을 듣고 좋은 시 한 편을 낭독

● 책을 한 권 이상 읽는 사람의 비율인 독서율은 47.5%에 불과했고 1년 동안 읽은 책 권수인 연간 종합 독서량은 평균 4.5권이었다. 이는 2019년 조사 때에 비해 독서율은 8.2%, 독서량은 3권 줄어든 것이었다.

하고 훌륭한 그림 하나를 보고, 그리고 가능하면 '이치에 맞는 말 몇 마디'를 한다." 프랑스 대통령을 지낸 조르주 퐁피두(Georges Pompidou, 1911-1974)가 '삶의 질'을 기준으로 설정한 중산층의 기준은 이렇다. 그것은 외국어를 하나 정도 하고, 직접 즐기는 스포츠가 있으며, 악기를 하나 정도는 다룰 줄 아는 것, 또 특별한 요리를 할 수 있고, 불의에 저항할 줄 알며, 약자를 도우며 봉사 활동을 꾸준히 하는 것이다. 대체로 유럽 사회는 이런 식이다. 미국 학교도 이렇게 가르친다. 중산층이라면 자신의 주장에 떳떳하고, 약자를 도울 줄 알며, 부정과 불의에 저항하고, 자기 책상 위에 정기적으로 보는 비평지가 놓여 있어야 한다.

반면 대한민국에서는 30평 이상의 아파트에 살면서 중형 이상 자동차를 굴리며, 가끔 해외여행도 다녀오는 사람들을 중산층이라 여긴다. 서양이 존재 양식의 삶과 '삶의 질'을 중시한다면 대한민국은 소유 양식의 삶과 '삶의 양'을 중시하는 셈이다. 이러니 우리나라 사람들의 삶의 질은 열악하다. 이는 한국인의 행복도가 전반적으로 낮은 배경이기도 하다. 지금보다 조금이라도 더 행복하게 사는 방법은 무엇일까? 하루를 살아도 소유 양식이 아니라 존재 양식의 삶을 살면서 깊은 행복을 느끼려면 모든 걸 근본에서부터 다시 출발해야 한다.

흙(humus)이란 말과 겸손(humility)이란 말은 뿌리가 같다. '호모 소시우스'라고 할 때의 호모(homo)란 말 역시 흙(humus)에서 유래했다. 우리는 모두 어차피 흙으로 돌아갈 존재다. 우리 모두 좀더 겸손하고 소박하게 살다가 조용히 낮은 곳으로 돌아가면 어떨까? 이런 자세로 살면 하루를 살아도 바로 지금 이 순간 삶의 느낌이 달라진다. 바로 여기서 초기 가톨릭 사회 운동가 피터 모린(Peter Maurin ; 1877-1949)의 경구를 되새긴다. "아무도 부유해지려 하지 않으면 모두가 부유해질 것이며, 모두가 가난해지려 하면 아무도 가난해지지 않는다." 어차피 우리는 더불어 사는 '호모 소시우스'이니 빈부 역시 타인과의 관계 속에서 규정된다. 모두가 검소하게 살고자 하면 모두가 풍요로워진다. 가난과 불편을 두려워하지 않고 기꺼이 껴안으면 오히려 훨씬 건강하고 여유로워진다는 역설!

오늘날 같은 살벌한 경쟁 사회에서 우리는 비교와 평가, 질투와 증오, 불안과 두려움으로부터 자유롭기 어렵다. 그러나 여기에 짓눌릴 일이 아니라 오히려 이런 얽매임의 경계를 시원하게 넘어 하늘의 햇살, 땅의 나무와 풀, 그리고 얼굴을 스치는 바람을 느껴 보라. 마음이 통하는 친구와 이 느낌을 나눠 보라. 작은 모임을 만들고 둘러앉아 좋은 책을 읽고 속마음을 털어 놓아 보라. 무엇이 잘 사는 것인지, 서로 고충을 나누는 가운데 소록소록 작은 행복감이 몰려올 것이다. 가치 너머의 가치관(values beyond value)이 중요한 이유다.

지금 여기서부터 더 이상 소유 양식의 굴레가 아니라 존재 양식의 삶을 중심 잣대로 삼아 보자. 이렇게 더불어 소박하고 건강하게, 즐겁게 사는 꿈을 함께 꾸기 시작하면, 우리의 두려움과 불안감은 줄어들고 삶은 풍성하고 여유로워질 것이다.

봄날 풀빛이
명품보다 빛나는 경제

부자가 되고자 안달하거나 가난의 두려움에 벌벌 떠는 것이 아닌, 인간 본연의 삶이란 게 있다면 이건 과연 어떤 삶일까?

먼저 '개인(individual)'이란 영어 단어에 대해 생각해 보자. 개인이란 '쪼개기(divide)'가 더 이상 '불가능한(in-)' 존재로 정의된다. 즉 개인이란 말 속에는 개인보다 훨씬 더 큰 덩어리가 이미 암시되어 있다. 이 큰 덩어리를 나누고 나누다 마지막에 더 이상 나누지 못하는 최후의 단위가 개인이다. 여기서 큰 덩어리는 공동체(community)라고 할 만한 것이다. 즉 개인 속에는 공동체가 이미 지양(止揚)되어 있다. 달리 말해 개인은 공동체의 산물이다. 일례로 '우리 엄마'라고 할 때, '우리'는 실은 '나'다. '나의 엄마'다. 그런데도 우리는 '우리 엄마'라 한다. '우리 남편'이나 '우리 아내'가 되면 좀 더 이상한데, 서양에서는 '내 남편' 또는 '내 아내'라 부른다. 즉 서양의 '나'는 '우리'에서 나온 것이다. 아직 개인주의가 서양만큼 강하지 않은 우리말에서 분명하게 드러나듯, '나'라는 개인이 독립하기 이전에 '우리'가 있었다. 앞에서 개인 속에는 공동체가 이미 지양(止揚)되어 있다고 한 것도 바로 이런 뜻이다.

따라서 나, 즉 개인은 늘 '공동체 속의 존재'다. '나 홀로' 순전히 고립적으로 생성되고 존재하는 개인은 없다는 말이다. '공동체 속의 개인', 이것이 곧 '나'의 실체다. 이런 면에서 '나'는 있기도 하고 없기도 하다.

성장 논리는 인간의 본성이 아니라
자본주의의 본성일 뿐

우리 각 개인이 고유의 이름을 갖는 것도 타인 또는 공동체 때문이다. 만일 '나'라는 개인 하나가 마치 영화 ≪캐스트 어웨이(Cast away)≫● 의 주인공 처럼 무인도에서 홀로 생존하는 경우라면 이름도 필요 없다. 내가 이름을 갖 는다는 것은 누군가 다른 존재가 있음을 전제한다. 타인과의 공동체가 전제 될 때 내 이름도, 나도 의미가 있다. 그러니 공동체를 떠난 개인이나 이름은 아무 의미가 없다. ≪캐스트 어웨이≫의 주인공인 척 놀랜드는 극도의 외로 움을 이겨내기 위해 파도에 밀려온 배구공에 '윌슨'이란 이름을 붙인 뒤 대 화도 나누고 희로애락의 감정까지 공유한다. 여기서도 우리는 우리가 고립 된 존재가 아니라 공동체적 존재(사회인, 호모 소시우스)임을 재확인한다.

보다 총체적으로, 우리는 자연의 일부로 살아왔다. 우리는 자연의 물, 공 기, 빛, 흙과 같은 것이 없으면 단 하루도 살지 못한다. 우주의 나이가 138억 년이라 한다. 상상 불가다. 그중 지구의 나이는? 46억 년이라 한다. 이 또한 상상 초월이다. 그럼 사람은 어떤가? 세계적 석학 제레드 다이아몬드(Jared Diamond)가 쓴 ≪총, 균, 쇠≫에 따르면, 지구에 사람 비슷한 존재가 나타 난 때는 약 700만 년 전이다. 이 무렵 유인원이 고릴라, 침팬지, 그리고 사람 으로 나뉘었다. 이어서 약 170만 년 전에는 호모 에렉투스(Homo erectus) 가 출현했고 약 50만 년 전에는 호모 사피엔스(Homo sapiens)가 활동했 다. 이후 약 35만 년 전에는 네안데르탈인(Neanderthal Man)이 나타났고 약 5만 년 전에는 현생 인류의 조상이라 불리는 크로마뇽인(Cro-Magnon Man)이 모습을 드러냈다. 그리고 오늘날처럼 사람이 농사를 짓기 시작한 때는 약 1만 년 전인 신석기시대부터라 한다.

이 모든 것은 무얼 말하는가? 이것은 인류가 우리의 상상을 초월하는 긴

● ≪캐스트 어웨이(Cast away)≫ : 2001년 미국 영화이다. 시간에 얽매여 살아가던 택 배 회사 직원인 주인공이 비행기 사고로 무인도에 고립되어 외롭게 살아가는 이야기 를 다룬다. 배우 톰 행크스(Tom Hanks)가 주인공 척 놀랜드 역을 맡아 열연했다.

세월 동안 우주의 일부이자 자연의 구성원이었다는 사실을 말한다. 대자연이야말로 인류의 바탕이다. 그러니 인류가 대자연 앞에 경외감을 갖는 것도 당연하다. 물, 공기, 흙 등은 교환 가치가 없다 해도 모든 생명체에 필수물이다. 생명의 유지와 존속이라는 중차대한 과정에 자연은 생명의 핏줄과도 같다. 그래서 소중히 여기고 신성시하며 때로는 경외감을 갖기도 한다.

그런데 지금처럼 인간이 자연의 정복자로 군림하기 시작한 것은 아무리 길게 잡아도 1만 년 전 농사를 짓기 시작하면서다. 더 정확히는 인간 중심 철학을 바탕으로 근대 과학 기술이 발전하기 시작한 17세기부터다. 좀더 엄격하게 말하면 최근 200년 정도다. 즉 찰나에 지나지 않는 시간 동안이다. 수백 만 년 이상 자연의 일부로 겸허히 살다가 과학 기술 덕에 인류가 자연의 정복자가 된 게 불과 수백 년이라는 말이다. 이런 점에서 인간이 스스로를 자연의 일부라 느끼는 것은 엄청난 학습의 결과가 아니라 거의 본능이다. 사전에서 영어 단어 'nature(자연)'를 찾아보면, ① 자연, ② 본성이라는 뜻이 나온다. 사람의 본성은 자연과 같은 뿌리를 가지고 있다.

달리 말해 지금처럼 인간이 자연과 철저히 분리되고 심지어 자연을 정복하고 파괴하는 일, 이렇게 하면서도 아무런 죄책감을 느끼지 못하는 일은 본성에 반(反)하는 것이다. 그러나 안타깝게도 최근 수백 년 동안 인간은 자본주의 사회의 개발 및 성장 논리를 너무나 깊이 '내면화'하고 이를 적극 실행해 왔다. 여기서 내면화란 이전엔 낯설었던 것을 이제는 신념처럼 믿는 일을 말한다. 그 결과 이제 우리는 개발과 성장의 논리를 인간의 본성인 것처럼 당연시한다.

상등품 인간과 하등품 인간의 차별을 당연시하는 자본주의

철학적으로, 우리는 '네 가지의 비정상적인 분리' 속에 살면서도 이를 정상적이라고 착각하며 산다. 이것은 ① 자연으로부터 인간의 분리, ② 공동체로부터 개인의 분리, ③ 인간 내면으로부터 외면의 분리, ④ 인격체로부터 노동력의 분리 등이다. 따라서 이 분리를 정직하게 대면하고 생명의 연대를 통해 극복하지 않으면, 살아 있어도 죽은 것이나 다름없는 좀비로 머물다 마침내 파국을 맞을 것이다.

이를 보다 자세히 살펴보자. 상상을 초월할 정도로 오랜 세월 동안 자연의 일부로 살아온 인류는 특히 17세기 이후 자본주의 시스템의 발달로 자연과 철저히 분리됨은 물론 공동체와도 분리되었다. 자본주의는 개인의 능력에 따라 대우가 다르고 빈부 격차가 벌어지는 걸 '공정'하다고 여기며 당연시한다. 이는 인격체로부터 노동력이 분리되는 과정과 정확히 일치한다. 인격체로서의 인간은 평등하고 존엄하지만 노동력으로서 인간은 상급, 중급, 하급의 차별을 어쩔 수 없다고 받아들인다. 또 이렇게 해야 경쟁심이 생기고 노력을 하게 되어 발전이 있다고 믿는다.

나아가 이 분리 과정은 인간의 외형이 내면으로부터 분리되는 것과 상통한다. 거액의 자본금을 주무르는 소수의 사업가나 자본가를 제외하면 우리 대다수는 자기 노동력을 상품화해야 먹고산다. 앞서 말한 바, 기업이 좋아하는 노동력은 '일 잘하고 말 잘 듣는' 노동력이다. 일을 잘한다는 것은 대체로 우등상, 자격증, 졸업장 따위로 표현되고 증명된다. 능력 또는 자질의 차원이다. 또 말을 잘 듣는다는 것은 개근상, 수료증 같은 걸로 증명된다. 이는 태도 또는 의욕의 차원이다. 따라서 학창 시절을 전후한 청년기에 획득한 상장이나 증명서는 인격체의 내면과 분리되어 평가 대상이 된다. 이제 사람들은 기업가들에게 '쓸 만한 노동력'으로 인정받기 위해 내면의 인격 수양보다 능력이나 태도를 입증하는 외적인 노동력 요소 연마에 집중한다. 이로써 자율성, 배려심, 연대성, 통찰력, 비판적 사고, 야생성 등의 인격 측면은 체계적으로 배제된다.

앞서 살핀 바와 같이, 모든 사람은 개인이지만 '공동체적 개인'이므로 늘 공동체적인 만남이나 관계를 좋아하고 그리워하는 경향이 있다. 물론 인간은 '나 홀로' 고독을 즐기기도 하지만, 여럿이 어울릴 때의 기쁨도 크다. 또 우리는 대자연을 찾아 산이나 바다와 일체감을 느낄 때 내면의 평화와 희열을 느낀다. 이 모든 것이 분리 이전의 물아일체(物我一體) 상태로 돌아가려는 회귀 본능이다.

그런데 코로나19 사태 이후 여러 해째 우리의 삶은 추가적인 고통을 겪었다. 2019년 말 시작된 코로나19 사태는 2020년과 2021년에 이어 2022년도 강타했다. 모두 마스크를 써야 했고, 여러 사람이 자유롭게 모여 즐거운 식사 시간을 갖기도 어려웠다. 컴퓨터와 인터넷을 통한 비대면 소통이 다반사(茶飯事)로 자리 잡았다. 사람들끼리 모여 친밀한 대화도 나누기 어려우니, 사실상 온 사회가 마비된 셈이다. 이는 일제 강점기 36년이나 한국전쟁 3년의 참사 시기, 1997년의 IMF 외환 위기 때에도 볼 수 없었던 변고다.

우울감, 좌절감에 빠진 청년들의
명품 중독

이처럼 우울한 와중에도 일부 백화점에선 '명품 오픈런'이 새로운 일상으로 등장해 언론의 주목을 끌었다. 명품을 구매하려는 사람들이 백화점 문이 열리자마자 앞다투어 몰려드는 일이 벌어졌다는 것이다. 특히 이른바 '에루샤'로 일컬어지는 에르메스, 루이비통, 샤넬 등과 같은 명품 브랜드의 주 고객은 이삼십 대 젊은이들이었다. 예전엔 명품 가격이 오르기 직전 다들 좀 싸게 산답시고 몰려들기도 했다. 그러나 최근에는 코로나19 사태 등으로 해외여행이 힘든 데다 집값까지 폭등하니, 일종의 보상 심리로 명품 구매에 쉽게 빠져드는 경향이 있었다.

달리 말해 직접 경험하는 삶의 현실에서 오는 좌절감, 무기력, 우울감을 명품으로 보상받고 싶은 심리가 작동한 것이다. 게다가 남들이 가진 명품을 내가 못 가지면 '찌질이'처럼 느껴지는, 열패감까지 가세한다. 남들처럼 가져야 사회적 인정도 받고 나름 자부심도 느낀다는 이야기! 더 심하게는 '내가 최고'라는 식의 나르시시즘이 작동하기도 한다. 사실 자본은 이 나르시시즘을 고객들에게 은근히 부추기며 돈을 번다.

이제 이 현상을 좀더 본질적으로 접근해 보자. 결론적으로 이는, 한편에서 사회 경제의 양극화 현상과 연관되고 다른 편에서 전 사회적인 물신주의 풍토와 연관된다.

우선, 사회 경제 양극화란 쉽게 말해 빈부 격차가 심해지는 것이다. 실제로도 '빈익빈 부익부', 즉 가난한 이는 부지런히 노력해도 더 가난해지고 부자는 가만히 있어도 더 부자가 된다. 흔히 자본주의를 '돈 놓고 돈 먹는' 체제라 하는 것도 이런 맥락에서다. 막대한 초기 투자금이 있어야 이 돈으로 주식이나 땅을 사서 시세차익을 본다. 아니면 사업체를 만들어 상품을 생산해 큰 이윤을 거둔다. 이렇게 돈 있는 자가 더 큰 돈을 쉽게 버는 세상이 자본주의다. 물론 초기 투자금이 없더라도 권력이나 연줄을 이용해 은행 돈을 맘대로 쓰는 경우도 많다. 이 경우는 이른바 '특권층'(재벌, 권력자, 법조인)이 쉽게 돈 버는 방식일 것이다. 나아가 이런 특권층이 아니라도 자본주의는 돈이 돈 버는 사회이므로, '고르게 사는 공동체'를 만들려는 전 사회적 노력이 의식적으로 나오지 않는다면 양극화 또는 빈부 격차가 갈수록 커진다.

이렇게 사회 경제 양극화가 심해지면, 최상층부는 돈이 너무 많아 예사로 고급 명품을 소유하고 소비하려 든다. 반면 돈이 어느 정도 있는 중산층은 남부럽지 않게, 또는 좀 있어 보이기 위해 명품을 찾는다. 역으로 양극화가 줄고 평등 사회가 되면 굳이 명품 같은 것에 목을 맬 필요가 없다. 누구나 존중 받는 사회에선 허세를 부려 타인의 시선을 집중시킬 필요가 없다. 반면 경쟁이 치열하고 다수가 인정 투쟁에 동참할수록 내면의 인격이나 삶의 지혜보다는 외모, 학력, 지위, 명품 등과 같은 외형에 목을 맨다. 사람들은 내면이 공허하고 자존감이 약할수록 외형에 대한 의존도가 높아진다. 이런 맥락에서 사회 경제 양극화는 명품 중독을 촉진한다.

명품 오픈런은 다른 편에서 상품 물신주의(物神主義) 측면과도 관련이 깊다. 상품 물신주의란 친밀한 인간관계나 공동체성 대신 상품 가치나 화폐 가치를 최고의 신(神)처럼 숭배하며 중시하는 것을 말한다. 근본적으로 이는 자본주의 상품 사회가 만들어 낸 기저 심리다. 사회 경제 양극화는 중상류층 또는 최상류층 사람들의 명품 수요를 유발하지만, 상품 물신주의는 자본주의 사회 전체를 장악한다.

예를 들어 보자. 현재 우리는 돈 없이 살기 힘들다. 돈을 벌려면 일단 취업이 필요한데, 이를 위해 대개 기술을 배우거나 대학을 다닌다. 누구나 자녀가 있다면 이들이 공부 잘하기를 바라고 좋은 학교에 진학하기를 바란다. 졸업 후엔 취업을 잘해 돈을 잘 벌기를 바라고, 조직의 인정을 받아 승진하기를 바란다. 이런 식이다. 그러므로 취업 중인 회사나 나라 경제 전체가 위기를 맞으면 큰일이다. 돈 놓고 돈 먹는 시스템이 잘 돌아가야 나도 잘 살 것 같다. 여기서는 이러한 구조 자체에 대한 비판적 성찰 따위는 있을 수 없다. 오직 나나 자녀가 성공하고 출세하기만을 바라며 열심히 살 뿐이다. 이렇게 교육, 상품, 시장, 취업, 노동, 화폐, 자본으로 이뤄진 이 시스템이 상품을 매개로 작동하고, 또 모두가 이 시스템을 마치 신처럼 모시고 살기에 이를 상품 물신주의라 한다.

상품의 물신성(物神性)은 어떻게 생겨나는가?

이 상품 물신주의에 대해 좀더 자세히 보자. 지금과 같은 자본주의 사회에서 상품이란 과연 무엇인가? 상품은 사용 가치와 교환 가치를 동시에 갖는 물품이나 서비스다. 기업은 이 상품을 생산하고 판매해야 이윤을 얻는다. 이 시스템이 상품을 매개로 작동한다는 말도 이 때문이다. 그런데 상품이 갖는 두 측면, 즉 사용 가치와 교환 가치를 보면 흥미로운 점이 있다. 사용 가치란 그 쓸모를 말하고 교환 가치란 그 가격을 말한다. 가령 연필을 보면, 연필의 사용 가치는 글을 쓰는 것, 기억을 오래 보존하는 것, 편지를 써서 마음을 표현하는 것 등이다. 반면 연필 한 자루의 교환 가치는 예컨대 500원이다. 이렇게 사용 가치와 교환 가치를 동시에 지닌 상품을 우리는 화폐와 교환한다. 이 상품들에는 생필품도 있고 사치품도 있으며, 선물(膳物)도 있다. 여기까지는 쉽다. 그러나 도대체 상품이나 화폐의 '물신성'은 어떻게 생겨나는가?

그것은 우리가 상품의 양면성 중 사용 가치보다 교환 가치를 압도적으로 중시하면서 생긴다. 일례로 누군가 새로운 가방을 들고 다니면 우리는 대개 "그거 정말 멋진데, 대체 얼마짜리야?"라고 묻는다. "그 가방이 네 필요에 잘 맞는가?"라고 먼저 묻진 않는다. 또 과일 하나를 사더라도 우리는 모양이 깔끔하고 큼직하며 '좀 있어 보이는' 걸 사려 하지, 모양이 볼품없더라도 유기농이라 몸에 좋은 건 '비싸다'며 잘 사지 않는다. 나아가 사람이 사는 집은 어떤가? 우리는 집을 짓거나 살 때도, 시골에서 흙냄새를 맡으며 아이들을 자연 속에서 키우려 하기보다는 나중에 팔 때 돈이 될 가능성이 높은 도시의 아파트를 선호한다. 좀 거칠게 말하면, 우리는 집을 사더라도 진정으로 살기 위해서가 아니라 (시세 차익을 남기고) 잘 팔기 위해 집을 고른다. 좀 다른 예로 우리는 어떤 사람을 볼 때, 그 사람의 인품을 살피기보다 학벌이나 외모를 보고 판단하려 한다. 따지고 보면 학력이나 외모는 노동력 상품화가 자연스럽게 수용되는 이 사회에서 그 사람의 값어치, 즉 교환 가치와 관계된다. 실제로도 자본주의 사회에서는 학력 수준에 따라 월급 차이가 나고 사람들은 이런 걸 당연시한다. 거칠게 말하면, 우리는 대개 진리 탐구와 인간 해방(자유)이 아니라 자신의 몸값, 즉 노동력의 교환 가치를 높이기 위해 공부한다.

이런 식으로 자본주의는 상품의 교환 가치를 중심으로 돌아간다. 상품 가치, 교환 가치가 왕(王)이다 보니, 이게 곧 '가치'다. 그래서 기업도 인간적 필요 충족보다 돈의 가치, 즉 수익성을 위해 생산하고 판매한다. 살림살이보다 돈벌이 경제가 커지는 배경이다. 그러니 실제 인간의 욕구 충족에 도움 되는 상품보다 다만 더 많은 돈을 벌게 해줄 상품을 자꾸 개발한다. 예컨대 집집마다 전기를 생태적으로 자급자족할 수 있는 소형 발전 장치는 잘 개발되지 않고, 투자 대비 큰 수익이 나는 대단위 발전소를 짓는다. 심지어 위험천만한 핵발전소 사업도 계속하려 든다. 같은 논리로 휴대폰이나 가전 제품도 내구성 있게 만들기보다 불과 몇 년 뒤 교체하게끔 설계한다. 곳곳의 지역 문화도 거주민의 일상생활보다 관광이나 상업 중심으로 소개된다.

또 해로운 첨가물을 사용해 식품을 만들거나 땅과 바다를 오염시키는 공해 물질이나 비싼 전쟁 무기까지 만들어 대량 판매한다. 이 모든 게 상품 또는 화폐 물신주의의 산물이다. 사람 냄새가 사라진 자리에 돈 냄새만 풍기는 것, 이게 곧 '물신주의'다.

이렇게 교환 가치, 즉 돈벌이 중심으로 돌아가는 경제는 앞서 말한 철학의 눈으로 보면 통일성보다는 분리성, 일체성보다는 개별성, 통합성보다는 분열성을 특징으로 한다. 이러한 분리는 앞서 살핀 것처럼 ① 자연으로부터 인간의 분리, ② 공동체로부터 개인의 분리, ③ 인간 내면으로부터 외면의 분리, ④ 인격체로부터 노동력의 분리 등 네 차원의 분리로 나타난다.

요컨대 우리가 일상으로 경험하는 자본주의 경제는 이러한 분리를 전제로 하면서도 또 그러한 분리를 더 가속화한다. 오늘날 우리가 물질적 성취를 상당 수준 이뤘다 하더라도 내면이 공허하거나 두려움이나 불안감으로 인해 현재의 행복을 누리기 어려운 것도 바로 이 네 차원의 분리 때문이다. 그래서 갈수록 많은 이들이 우울증, 정신분열증, 불면증으로 고통당한다. 만일 이 근본적인 분리를 극복하지 못하면 코로나19 사태나 기후 위기 등 우리의 고통은 줄지 않는다.

그렇지만 우리의 명품 자본은 줄어들 줄 모른다. 앞서 말한 '에루샤' 3사의 경우 코로나19 감염병 사태가 본격화된 2020년에도 매출이 줄어들기는 커녕 오히려 늘어났다. 흥미롭게도 '명품 오픈런'이 유행함으로써 '개나 소나' 명품을 소비하는 분위기가 고조되자 오히려 진짜 부자들은 더 고급 명품을 찾는다. 어떤 언론에서는 〈찐부자들이 샤넬 안사는 이유〉라는 기사를 내기도 했다. 즉, 찐부자들은 아무나 사는 명품을 더 이상 좋아하지 않는다는 얘기다. 이른바 '치고 빠진다'는 말이 명품 시장에도 적용되는 순간이다. 이제 백화점들도 일반 명품과 최고 명품을 차별화한다. 이런 식으로 갈수록 명품의 가치 경쟁이 무한 반복된다. 이는 모두 상품 물신주의 사회의 단면이다. 서로 나누며 고르게 사는 공동체 정신과는 정반대 방향이다.

노오력에 노오-력을 거듭해
취업에 성공한들

무엇이 문제인가, 무엇이 정상 상태인가? 에루샤 명품의 주 고객이 이삼십 대 젊은이들이라 했는데, 실은 이 젊은이들의 돈벌이 공간인 노동 시장이 결코 만만치 않다. 2021년 8월 국회예산정책처가 펴낸 〈숙련 수준별 취업자 수 추이 및 시사점〉이란 보고서에 따르면 2020년에 특히 사무직, 장치·기계 조작 등 중간 숙련 일자리가 대폭 감소했다. 코로나19 사태는 기업들로 하여금 인간 노동력 대신 자동화 기술을 강제하는데, 이에 따라 제조업 일자리가 더 빨리 감소한다. 기술 혁신의 결과 전반적으로 일자리는 줄어든다. 기술 혁신과 더불어 인간이 '잉여화'한다. 달리 말해 자본의 생산성이 올라갈수록 사람이나 자연에 대한 파괴성이 증대한다. 생산성의 역설!

동시에 다른 편에선 코로나19 상황 속에서도 기계 대체가 어려운 전문직 등 고숙련 직종, 그리고 흥미롭게도 단순 노무 등 저숙련 일자리는 오히려 증가했다. 전반적인 일자리 감소 경향 아래서도 그나마 일자리 양극화가 관철된다. 물론 이는 소득 양극화로 이어진다. 그 결과 사회 경제 양극화가 커진다. 그 속에서 불리한 위치에 있는 이들은 "왜 나만 희생양이 되나?" 하는 피해 의식과 "나도 남들처럼 하고 싶다"는 식의 보상 심리에 빠지기 쉽다.

이런 전반적 조건 속에서, 오늘날 대학생들은 날마다 새로운 것을 배우는 기쁨보다는 오로지 취업에 올인한다. 그리고 이런 '묻지 마, 공시생' 분위기 탓에 지성인다운 비판 의식을 깨치기 어렵다. 대신 갈수록 살벌한 경쟁 분위기와 각자도생의 생존 전략만 발달한다. 그 결과 갈수록 사회 전반에 차가운 계산 논리만 강화하고, 공동체는 분열되며 모두의 삶이 점점 삭막해진다.

더 심각한 것은, 이렇게 '노오력에 노오-력'을 거듭해 간신히 취업에 성공한들, 이 취업 자체가 대개 본인의 관심사나 잠재력에 기초한 자발적 판단의 결과가 아닌 경우가 많다. 당연히 직무 불만족이나 좌절감에 노출되기 쉽다. 원래 사람은 외재적 동기 부여(extrinsic motivation)보다 내재적 동기 부여(intrinsic motivation)가 될 때, 더 즐겁게 더 오래, 더 잘 일할 수 있다. 외재적 동기 부여란 사람의 생각이나 행동이 돈, 권력과 지위, 체면이나 위신, 부모의 기대나 눈치, 상이나 벌, 타인의 시선 등과 같은 외적 요인에 의해 좌우되는 것이다. 반면 내재적 동기 부여란 흥미, 관심, 재주, 사명, 의미, 보람 등 내적 요인에 의해 생각이나 행동이 좌우되는 것이다. 이렇게 진학이나 취업 시 내재적 동기에 의해 판단하고 선택하는 경우, 이는 자유(自由)로운 결정이다. 하지만 대개 우리 청년들은 외재적 동기에 의해 선택하고 행동하기에 결코 자유롭지 않다. 즉 본인이 정말 좋아서 자유롭게 선택한 것이 아니기에 취업을 하더라도 조금 힘들면 포기하려 든다. 청년층은 근속 연수가 짧고 이직률도 높은데 이는 결코 우연이 아니다.

소량 생산, 소량 소비, 소량 유통, 소량 폐기의 방향으로

한편, 현대차, LG전자, 포스코, 현대제철, LG화학, CJ제일제당 같은 국내 주요 대기업들은 어떤 상황에서도 지속적인 실적을 달성한다. 반면 대다수의 중소기업들은 더욱 궁지로 내몰린다. 코로나19가 발생하자 중소기업들은 인력난, 원자재 폭등, 매출 감소라는 3중고를 겪어야 했다. 사회 전반의 소비 위축은 매출 감소로 이어지고, 외국인 이주 노동자조차 구하기 어려운 상황에서 인력난은 극에 달한다. 또 온실가스(특히 이산화탄소) 유발 제품에 대한 탄소세 등 각종 규제로 인해 원자재 가격까지 폭등했다. 게다가 대기업과 중소기업 간 서열화 및 하청 계열화 관계는 각종 위험 부담을 하방 전가하는 경향이 있어, 양극화를 가속화한다.

따지고 보면 이 현상 역시 사회 전반, 특히 후속 세대인 청년층에게 심리적 불안감과 피해 의식을 조장한다. 기본적으로 자본주의의 경쟁적 기술 혁신 과정은 사람을 '잉여'로 만듦으로써 사람의 가치를 저하시키는 경향이 있다. 게다가 2019년 이후 코로나19 상황까지 겹쳐 더욱 어려워진 상황에서 청년들은 '찌질이' 또는 '낙오자'라는 낙인이 찍힐까 봐 엄청 두려워한다. 이 두려움과 불안감이 만연한 상황에서 이를 억누른 채 나름 자기 존재 또는 자기 가치를 인정받고 싶어 하는 마음이 좀 기이한 방식으로 출구를 찾는다. 이 출구는 한편에서는 취업 올인, 투기 광풍, 명품 중독 같은 현상으로 나타나고, 또 다른 편에서는 강력한 구세주 열망, 무속 신앙이나 점술 의존, 사회적 약자나 경쟁자에 대한 증오와 멸시, 혐오 등으로 나타난다.

그렇다면 이 기이한 현상들은 조만간 바뀔까? 전망은 그리 낙관적이지 않다. 국내 사정도 그렇지만 세계 경제 전망도 밝지 않다. 솔직히 말해 2008년 '리먼 브라더스(Lehman Brothers)' 사태● 로 상징되는 세계 금융 위기는 자본주의의 파산 선고였다. 만일 모든 걸 시장 논리에만 맡겼더라면 세계 경제가 파국을 맞았을 것이다. 미국이나 유럽은 물론 우리나라 역시 마찬가지였다. 시장이 아닌 국가가 세금을 전제로 천문학적 규모의 구제 금융을 투입해주지 않았다면 자본주의는 사망 선고를 받고 지금쯤 박물관으로 갔을지도 모른다. 이런 면에서 이른바 '구제 금융' 또는 '금융 지원'은 수명이 다한 자본주의를 억지로 살리려는 연명 장치에 불과하다.

지금도 세계 각국은 경제적 차원에서 살얼음판을 걷고 있다. 2021년 8월 미군이 아프가니스탄에서 철수한 일 또한 그 한 예다. 국내 경제가 심각하니 해외에 돈을 쓸 여유가 없다는 의미다. 중국에서도 2021년 9월 대형 부동산 개발업체인 헝다그룹(恒大集团)이 파산 위기에 처하면서 그간 쌓였던 거품의 실체가 드러났다.

설상가상으로 2050년으로 예견된 지구 종말 마지노선과 기후 위기는 심각하다. 현재처럼 온실가스를 많이 만들면 2050년 무렵 지구 온도가 1.5℃ 이상 올라 더 이상 사람 살기 어려운 파국이 온다고 한다. 또 세계 곳곳의 산불, 가뭄, 홍수, 폭풍, 지진, 폭염, 혹한, 침수, 우박 등 기후 위기는 갈수록 더하다. 물론 탄소 중립을 목표로 하는 그린 뉴딜 같은 방책이 나오기는 한

● **리먼 브라더스 사태 :** 2008년 9월 15일, 미국의 글로벌 투자 은행 리먼 브라더스 (Lehman Brothers)가 파산하면서 세계적 금융 위기를 불러일으킨 사건이다. 파산 당시 리먼 브라더스는 '서브프라임 모기지(비우량 주택 담보 대출)' 부실로 인한 부채 6,130억 달러를 안고 있었다.

다. 하지만 별 실효성은 없다. 근본적 대응책이 아닌, 자본주의 생명 연장을 위한 억지 연명책일 뿐이다. 정치가들은 주식 투자, 부동산 투자, 디지털 경제나 블록체인, 우주 개발 등을 들먹이며 '새로운 먹거리' 운운하지만, 모두 헛발질이다. 원래 경제란 돈벌이가 아니라 살림살이이며, 사람과 사람, 사람과 자연의 공생이 핵심이기 때문이다.

잘 생각해 보면, 최근의 코로나19 사태는 기존의 메르스나 사스 등과 같이 인간이 무분별한 경제 활동을 해 온 나머지 자연이 인간에게 가하는 반격(backlash)이다. 그동안 인류는 경제 개발이라는 미명 아래 야생 동물 서식지인 숲을 무참히 파괴해 왔고, 화학 물질 영농과 대량 축산 과정에서 각종 오염 물질을 무단 방출했다. 나아가 대량 생산과 대량 소비, 대량 유통과 대량 폐기의 틀 속에서 자원을 고갈시키고 자연으로 순환되지 않는 오염 물질과 온실가스를 대량 방출했다. 이 모든 결과가 이제 코로나19 사태, 그리고 기후 위기와 같은 인류 생존 위기로 돌아오고 있다. 이걸 인정하고 앞서 말한 '네 가지 분리'를 극복해야 비로소 우리는 '코로나19 다음' 시대를 말할 수 있다.

사람과 사람, 사람과 자연이
더불어 살 수 있는 구조

이제 우리가 정말로 코로나19 다음 시대를 소망한다면 취업에 모든 걸 걸고 올인하거나 명품 같은 상품에 중독될 일이 아니라 진정 자기가 좋아하는 일을 하면서도 '조금 먹고 조금 싸는' 새로운 삶의 방식을 온 사회가 실천해야 한다. 소박하게 살더라도 자연이나 이웃과 더불어 서로 나누며 건강하게 사는 것, 이것이 범지구적 경제 철학이 돼야 한다. 만일 향후 일이십 년 사이에 이런 방향으로 진지한 구조 전환이 없다면 우리의 미래는 '없다'. 이런 긴급 진단은 통찰력 있는 학자들의 공통 견해다.

막상 최후의 파국이 닥쳤을 때 먼저 살고자 아우성치지 말고, 지금부터라도 차분히 삶의 방식 전반을 성찰하면서 사람과 사람, 사람과 자연이 더불어 살 수 있는 새로운 삶의 구조를 만들어 가야 한다. 이를 위해서는 우리 자신이 내면화한 가치 구조나 경쟁 심리, 나르시시즘 등을 털어내면서 전술한 '네 가지 분리'를 구조적으로 극복해 나가야 한다. 마음 깊이 자리한 두려움이나 상처도 털어내고 피해 의식이나 보상 심리도 넘어서야 한다. 누구도 '잉여'가 됨이 없이 사람과 사람이 모여 진심으로 소통하고 연대하는 것이 당장 실천할 수 있는 대안이다. 가치 너머의 가치관(values beyond value)이 필요한 셈이다. 따라서 코로나19나 기후 위기 등으로 표현된 오늘날 삶의 위기는 분명히 엄청난 위협이긴 하지만, 실은 상품, 화폐 중심의 구조가 인간관계, 공동체, 생태계를 얼마나 파괴하는지를 모두에게 잘 보여주는 고마운(!) 지표이기도 하다.

2장 얼마나 많아야
만족할 것인가?

우리는 더 많이 생산하고
더 많이 소비하며
더 많이 소유하는 걸
'잘 사는 것'이라 착각하고 있다.

대량 생산과 대량 소비의
시스템을 당연시한다.

그러나 얼마나 많아야
만족할 것인가?

〈꿈에 본 편의점 도시락〉 김정진

체제의 '옆문'을
뚫고 나가는 일

—— 봉준호 감독의 영화 ≪설국열차≫가 전하는 메시지

봉준호 감독의 2013년 영화 ≪설국열차≫는 지구의 새 빙하기를 배경으로 하고 있다. 온 세상이 눈으로 뒤덮인 상태에서 최종 생존자들이 '설국열차'를 타고 지구를 17년째 돌고 있다. 그런데 이 새로운 빙하기는 결코 자연적으로 도래한 것이 아니다. 실은 그 이전에 지구 온난화가 너무 심해져 더 이상 생명체가 쾌적하게 살기 어려웠다. 그래서 과학자들이 지구를 식히고자 특별한 인공냉각제(CW-7)를 개발해 뿌렸는데, 이 인공냉각제의 과잉 살포로 인해 지구 전체가 꽁꽁 얼어붙었던 것! 이런 면에서 ≪설국열차≫의 배경은 빙하기 그 자체라기보다는 지구 온난화로 인한 기후 위기 시대라 할 수 있다. 즉 기후 위기가 '설국열차'를 낳은 셈이다.

그러나 ≪설국열차≫의 문제의식은 단순히 이런 과학적 차원에만 머물지 않는다. 이는 이 영화가 설국열차 속의 사람들, 즉 기후 위기의 최종 생존자들 사이에서조차 불평등이 존재한다는 점을 고스란히 재현하기 때문이다. 우리가 인권을 인간답게 살 권리로 정의하고 이를 담보하는 보편 가치로 자유, 평등, 우애, 평화, 연대, 공생 등을 설정한다면, 이 영화가 재현하는 불평등은 기후 위기 속 인권 붕괴를 잘 보여준다. 또 이 영화는 불평등한 계급 질서뿐만 아니라 하류층의 반란을 통한 권력자 교체 문제까지도 다룬다. 나아가 과연 하층민들이 상류층처럼 권력을 장악한다고 해서 세상을 제대로 바꿀 수 있는지도 질문한다.

영화 ≪설국열차≫가 보여주는
기후 위기와 사회적 불평등

이런 점에서 영화 ≪설국열차≫는 지구 과학의 문제를 넘어 사회적, 경제적, 정치적 문제까지를 포괄적으로 담고 있다. 이를 염두에 두고 보면 이 영화에 나타난 기후 위기와 인간 삶의 연관성은 크게 세 측면에서 정리해 볼 수 있다.

첫째, 기후 위기 상황 속에서의 사회적 불평등 또는 계급 질서를 보자. 앞서 말한 바, 영화 속 '설국열차'는 지구 온난화라는 인류 생존의 위기 앞에서 최후의 방책으로 고안된 인공냉각제(CW-7)를 과잉 살포한 탓에 새 빙하기가 도래했음을 알린다. 이제 스물여섯 량의 긴 열차는 빙하기 지구를 탈출한 생존자들을 싣고 지구를 1년에 한 바퀴씩 돈다.

그러나 이 탑승객들은 평등하지 않다. 열차 맨 앞머리의 상류층 칸에는 부자들이 엄청난 돈을 내고 탑승했다. 이들은 스스로 술과 고기, 마약 파티를 즐기면서 어린 자녀들에겐 고급 교육까지 시킨다. 중간 칸들에는 관리자나 감시자들이 있다. 이들은 상류층의 특혜는 누리지 못하지만 나름 넉넉하게 산다. 이들은 최소한의 비용으로 열차에 탈 수 있었는데, 시스템의 관리와 통제를 실무적으로 담당한다. '밥값'은 하는 셈! 반면 열차의 꼬리 칸에는 하류층이 밀집해 있는데 이들은 이른바 '무임 승차자'들이다. 돈은 없어도 눈치가 빨라 최후의 순간에 간신히 열차에 올라탔다. 그러나 이들은 바퀴벌레로 만든 단백질 블록으로 겨우 끼니만 때우며 열차가 계속 달리도록 인력 공급이나 부품 역할을 한다. 머리 칸 엔진실 지하의 좁고 어두운 곳에서 손으로 기계를 돌리는 어린이의 모습이 매우 상징적이다. 감시자 메이슨에 따르면 관리자들이 머리라면, 하류층은 발바닥에 불과하다. 따라서 그 누구라도 수직적 위계질서에서 자기 자리를 벗어나면 팔다리가 잘리는 형벌을 받는다.

한편 돈도 없고 눈치도 없는 '순진무구한' 이들(99%)은 이미 지구 온난화와 빙하기(기후 위기)의 희생양이 되어 사라졌다. 이들은 아예 설국열차조차 타지 못하고 죽어 갔다. 즉 동일한 기후 위기라는 상황 아래서도 사회 경제적 불평등으로 말미암아 구원의 불평등, 나아가 생존자 내부의 불평등이 뚜렷이 나타난다. 이렇게 인류 보편의 자유, 평등, 우애라는 가치가 기후 위기 상황 속에서 무참히 훼손된다.

둘째, 기후 위기 생존자들 중 하류층의 인권 상황 개선 가능성 문제를 보자. 하층 계급의 지도자인 커티스는 온갖 난관을 무릅쓰고 세 번째 반란을 일으킨다. 그 이유는 인권의 결핍이다. 좁고 불결한 꼬리 칸에서는 인간다운 삶은커녕 생존조차 힘겹다. 바퀴벌레로 만든 단백질 블록은 맛도 없지만 양도 터무니없이 부족하다. 생활이라기보다 억지 연명! 그러면서도 열차 운영에 필요한 인력은 공급해야 한다. 만일 누군가 열차의 앞 칸으로 이동하려 하면 무장 감시자들의 통제를 받는다. 자유가 없다!

어느 날 관리자들은 건강검진을 한다며 꼬리 칸 승객을 모두 집합시킨다. 뭔가 긴장되고 두려운 순간, 관리자들은 쓸모 있어 보이는 아동들을 강제로 데려간다. 이에 분노한 앤드류는 관리자에게 신발을 던졌다가 팔이 잘리는 고통을 겪는다. 이 비인간적이고 억압적인 상황에서 하류층은 마침내 반란을 꾀한다. 용의주도한 커티스가 중심이 되어 맨 앞의 엔진실을 점령한 후 꼬리 칸의 자상한 노인 길리엄을 새 통치자로 세우려는 계획이다. 우여곡절 끝에 엔진실 진입에 성공하지만 기관차의 설계자이자 절대자인 윌포드로부터 놀라운 진실을 듣는다. 그것은 설국열차 시스템을 유지하기 위해서라도 '반란'을 어느 정도 허용하고 그 과정에서 상당수 인구를 감축할 필요가 있다는 것이다. 그래서 절대자 윌포드는 꼬리 칸의 친구 길리엄과 내통해 왔다. 이를 알게 된 커티스는 큰 충격을 받는다. 그간 자기가 믿고 의지해 왔던 모든 것에 배신당한 느낌이다. 결국, 커티스가 깨달은 것은, 설사 대중 반란을 일으켜 꼬리 칸에서 중간 칸을 지나 머리 칸까지 도달한다 해도 설국열차라는 계급 시스템은 변하지 않는다는 사실이다. 비록 반란과 혁명이 일어나도 상하 간 자리만 바뀔 뿐 불평등은 그대로라는 것이다.

오히려 해답은 설국열차의 앞문을 열고 엔진실로 들어가는 것이 아니라

'옆문'을 열고 '밖으로' 나가는 것에 있었다. 이것은 보안 설계자인 남궁민수의 통찰이었다. 그래서 그는 외친다. "나는 닫힌 문을 열고 싶다!" 진정으로 인권을 되찾기 위해서라도 주어진 시스템 안에서 앞이나 위를 노릴 일이 아니라 그 시스템 전반으로부터 벗어나야 한다는 메시지!

셋째, 여기까지는 기후 위기라는 인류 전체에 닥친 재앙을 독립 변수로 보고 사회 경제 불평등을 매개 변수로 보면서 구원 가능성(구원의 불평등)을 종속 변수로 보았다.● 이제는 이 구도를 거꾸로 돌려 보자. 과연 기후 위기라는 인류의 재앙은 어디서 유래하는가?

인류가, 지구에서, 오랫동안, 함께, 잘 사는 길

역사적으로, 그리고 역설적으로, 지구 온난화 및 기후 위기라는 재앙은 원시 사회, 노예제 사회, 봉건제 사회에는 존재하지 않았다. 이 재앙은 근대 자본주의의 산물이다. 불과 500년의 자본주의, 그중에서도 지난 200년 사이에 급격히 진행된 산업 기술의 발전이 기후 위기라는 참사를 낳았다. 결국, 자본주의라는 사회 경제적 시스템이 독립 변수이고 기후 위기는 그 필연적 결과일 뿐이다. 그 중간의 매개 변수는 대량 생산과 대량 소비를 핵심으로 하는 인류의 생활 방식이다.

그동안 우리는 지구와 자원을 너무나 손쉽게, 또 생각 없이 사용해 왔다. 더 많이 생산하고 더 많이 소유하며 더 많이 소비하는 걸 '잘 사는 것'이라 착각했다. 우리는 대량 생산과 대량 유통, 대량 소비와 대량 폐기를 하나의

● 독립 변수는 종속 변수와 매개 변수에 비해 시간적이나 이론적으로 선행하는 변수를 말한다. 독립 변수는 여타 변수의 영향을 받지 않고 영향을 주기만 한다. 간단하게 말해 원인 변수, 또는 가해자 변수라고도 할 수 있다. 종속 변수는 이 독립 변수로부터 영향을 받는 변수이다. 결과 변수, 피해자 변수라고 할 수 있다. 매개 변수는 독립 변수와 종속 변수의 중간에서, 독립 변수의 영향을 받아 종속 변수에 영향을 전해주는 변수를 말한다.

시스템으로 당연시하며 산다. 이 시스템은 이산화탄소, 메탄가스, 아산화질소, 불화탄소, 육불화황 등과 같은 온실가스를 대량으로 방출한다. 이 시스템은 또한 지구의 자기 정화 능력도 넘어섰다. 갈수록 지구 온난화와 기후 위기가 고조된다. 그러나 자본은 무한 이윤을 추구하기에 결코 '충분함'의 원리를 알지 못한다. 광고나 유행을 통해 사람들의 욕구마저 조작함으로써 계속 생산하고 소비하게 만든다. 무한 욕망을 만들어 내야 무한 이윤이 가능하기 때문이다. 또, 사람들 간 비교와 경쟁 역시 욕망을 무한정한 것으로 만들어 간다. '상대적 박탈감'이란 감정 역시 무한 욕망을 부채질하는 매개 변수가 된다. 요컨대 불평등 체제 속에서 사람들은 너도나도 '잘 살기 경쟁'에 열광적으로 동참한다.

사실 서로 비슷하게 사는 걸 당연시하면 굳이 경쟁할 필요가 없다. 불평등이 심할수록 상류층은 기득권의 칸을 지키기 위해, 중·하류층은 한 칸이라도 더 앞으로 나아가기 위해 발버둥 친다. 오직 쟁탈전만 있을 뿐, 인권 억압이나 기후 위기와 같은 반생명적 사태에 대해서는 무감각하다. 그 결과가 현재의 재앙과 위기다. 이렇게 돈벌이 위주의 사회 경제 체제(자본주의)는 소유의 불평등을 전제로 하면서도 그 작동 과정에서 불평등을 확대하고 재생산한다. 말로는 대량 생산과 대량 소비가 지속된다지만, 그 속에서도 불평등과 양극화는 심화하고 상호 경쟁도 심해진다. 이런 삶의 방식을 무비판적으로 수백 년 계속한 결과가 마침내 우리 눈앞에 다가선 지구 온난화와 기후 위기다. 즉 사회 경제적 불평등을 전제로 하는 자본주의 삶의 방식이 기후 위기를 초래함으로써 인류 전반의 생존 위기를 낳은 셈이다.

이제 명확해졌다. 지구도 구하고 인권을 구하려면, 대량 생산-대량 유통-대량 소비-대량 폐기를 축으로 하는 근대 자본주의 시스템을 넘어 사람과 사람, 사람과 자연이 공생하는 시스템을 만들어야 한다. 권력 교체가 아니라 '패러다임 교체'가 필요하다. 이것이 대안이다. 이 대안을 세심하게 구체화하는 일은 우리 모두의 토론과 실천에 달렸다. 이는 마치 '설국열차'의 앞문으로 전진하여 기관차와 엔진실을 점령하는 것이 아니라 '옆문'을 열고

'밖'으로 나가야 비로소 새 삶이 열리는 것과 같은 이치다. 보안 설계자 남궁민수의 예리한 관찰처럼, 열차 '밖'에서는 (인공 빙하기 이후에도 지속된) 지구 온난화로 인해 눈이 계속 녹아내리며, 지구는 다시 생명이 살 만한 곳으로 변하는 중이다. 불행 중 다행! 특히 ≪설국열차≫의 마지막 장면, 즉 열차 폭발 후 최후 생존자인 요나와 티미가 북극곰의 존재를 확인한 것은 '희망'의 가능성이다.

당장 나 자신의 생존 가능성을 높이기 위해서라도 삶의 패러다임 전환이 시급하다. 우리가 아직 살아 있을 때 '설국열차'를 탈 필요가 없는 세상을 만드는 것, 이것이 ≪설국열차≫의 귀한 메시지다. 이 열차의 옆문을 뚫고 나갈 용기가, 우리에게는 있는가?

신의 섭리를 대신한
'돈의 섭리'

———

일본 제국주의 시대의 작가 민태원(1894-1935)은 〈청춘예찬〉이란 수필을 썼다. 내 기억에 이 수필은 1970년대 고등학교 국어 교과서에 실려 있었다. "청춘(靑春)! 이는 듣기만 하여도 가슴이 설레는 말이다. 청춘! 너의 두 손을 가슴에 대고, 물방아 같은 심장의 고동(鼓動)을 들어 보라. 청춘의 피는 끓는다. 끓는 피에 뛰노는 심장은 거선(巨船)의 기관(汽罐)과 같이 힘 있다. 이것이다. 인류의 역사를 꾸며 내려온 동력은 바로 이것이다."

이제 신록 우거진 계절이니 바야흐로 청춘(靑春)의 계절이다. 자본과 이에 동조한 인간이 초래한 경제 위기, 사회 위기, 생태 위기라는 복합 위기에도 불구하고 우주와 자연의 섭리는 변함없이 순환한다. 춘하추동, 생로병사, 흥망성쇠의 움직임이 그러하다. 그러나 어찌 된 일인가? '물방아 같은 심장의 고동' 소리와 '끓는 피'는 어디로 사라지고 대한민국, 아니 세계의 20대 청춘들 상당수가 왜 우울한 상태인가? 설사 우울증에 빠진 청춘이 아니라도 '끓는 피에 뛰노는 심장'을 가진 20대나 30대는 그 어디에 있는가?

'물방아 같은 심장의 고동(鼓動)'은
어디론가 사라지고

2020년 12월, 한국트라우마스트레스학회가 주관하여 전국 성인(19-70세) 2,063명을 대상으로 '국민 정신 건강 실태'를 조사했다. 조사 결과 19-29세

청년층의 25.3%가 '우울 위험군'인 것으로 나타났다. 이 조사는 27점 만점으로 측정하는 우울증 선별 도구 검사인데 여기서 10점 이상을 받으면 우울 위험군으로 분류된다. 30대 역시 24.2%를 나타내 20대와 그리 다르지 않은 모습을 보여주었다. 반면 40대와 50대는 각기 18.7%였고, 60대 이상은 13.2%였다. 나이가 많을수록 우울증 정도가 낮은 편이라는 점, 특히 이삼십 대 청춘의 우울증 정도가 가장 심하다는 점이 흥미롭다.

이에 대한 학술적 분석이야 다양하게 시도돼야 하지만 직감적으로 코로나19 감염병 사태가 큰 배경일 것이란 생각이 든다. 코로나19 감염에 대한 두려움, 사회적 거리 두기에 따른 일상생활 제약 등이 불안감, 두려움, 무기력증 등을 더 부채질했을 것이다. 실제로 나 역시 코로나19 감염병 시기에 대학의 온라인 시스템으로 강의를 진행하며 청년들 못지않게 우울감과 회의감을 느꼈다. 그러나 과연 코로나19 사태가 극복되고 오프라인 인간관계가 부담 없이 복구된다 해서 이삼십 대가 느끼는 우울감이 극적으로 사라질까? 그것도 지속적으로? 이런 면에서 나는 이삼십 대가 느끼는 우울감의 저변에는 코로나19 사태나 인간관계 단절 외에도 전반적 삶의 전망이 그리 밝지 않다는 점도 크게 작용하고 있다고 본다. 취업난, 집값 폭등, 결혼·출산·양육의 두려움, 기후 위기, 미세먼지 등 이삼십 대를 위협하는 요소들은 무수하다.

한 걸음 더 나아가 생각해 보면, 지금 우리 시대는 인간성이나 생명에 대한 외경은 사라지고 오로지 상품성, 화폐성, 수익성의 원리가 지배한다. 이러한 상황에서 삶의 잣대(문명)가 심히 뒤틀렸다. 바로 이것이 청춘(靑春)을 '푸른 봄'이 아니라 '갈색의 겨울', 즉 갈동(褐冬)으로 만든 진범이다.

약 80년 전 가톨릭 사회운동가 피터 모린(Peter Maurin, 1877-1949)은 〈문명이 쇠퇴할 때〉란 글에서 이렇게 말했다. "은행 잔고가 가치 표준이 되면 사회의 최상 계급이 모든 표준을 정한다. 이렇게 최상층이 돈만 밝히면 그 사회는 문화를 등한시한다. 문화가 도외시되면 마침내 문명은 쇠퇴한다."

앞서 말한 상품성, 화폐성, 수익성 원리를 모린은 '가치 표준'이 된 '은행 잔고'로 표현했다. 중세까지 세상의 지배적 원리로 작용했던 신(神)의 섭리가 근대 자본주의 이후 '돈의 섭리'에게 자리를 내준 결과다. 깊고 고요한 영성(靈性)을 크고 시끄러운 '재산'이 대신한 결과다. 그리하여 언제나 돈이 곧 신인 세상이 됐다. 이런 세상에서 취업난으로 돈벌이가 막막한, 돈벌이를 해도 내 집 장만이 거의 불가능한 이삼십 대 청춘의 입장에서 어떻게 우울과 불안을 느끼지 않을 수 있는가? 여기서 중요한 점은 이삼십 대만이 아니라 모든 사람의 인생살이에서 돈벌이가 삶의 잣대로 돼 버린 현실이다. 오늘날 우리는 은행 잔고에 따라, 또는 집과 땅으로 상징되는 부동산 가격에 따라 그 소유자의 사회 경제적 가치가 평가되는 세상에 산다. 그러니 부모로부터 물려받은 게 변변찮다면 이른바 '루저' 또는 '흙수저'가 된다. 이두려움, 실패 또는 뒤처짐에 대한 두려움이 오늘날 우리 모두를 돈벌이 경쟁으로 내몬다. 아침부터 밤까지 우리는 다다익선으로 돈을 벌고자 몸과 마음을 바친다. 대학교(大學校)에서도 '큰 배움(大學)'은 없고 오직 '큰돈'을 버는 배움에만 몰두한다.

악마에게 영혼을 팔아 버린
우리 시대의 엘리트들

피터 모린의 말이 곧 우리의 현실이다. "사회의 최상층이 돈만 밝히면 그 사회는 문화를 등한시한다." 여기서 문화(文化)란 단순히 문학이나 예술 분야만을 말하는 것이 아니다. 종교, 윤리, 정치와 경제, 법과 제도, 과학 등 우리 인간이 자연으로부터 일구어 온 삶의 양식 전반을 일컫는다. 따라서 모린의 말은 작가 괴테의 ≪파우스트≫에 나오는 '파우스트 계약'을 떠올리게 한다. 이 소설에서 주인공 파우스트 박사는 무한한 지식과 세속적 쾌락을 위해 악마와 자기 영혼을 맞바꾸는 약속을 한다. 이렇게 출세와 탐욕을 위해 자기 영혼까지 파는 계약이 곧 파우스트 계약이다. 오늘날 우리 사회의 엘리트들, 즉 기업가, 정치가, 금융인, 교수·교사, 의사, 법률가, 행정가, 언론인, 공무원 등을 면밀히 살펴볼 때, 이 '파우스트 계약'으로부터 자유로운 이가 과연 얼마나 있는가? 나아가 이런 엘리트 그룹에 속하지 않은 사람 중에서 기회만 닿으면 파우스트 계약을 해서라도 성공하고 싶은 갈망을 가진 이가 얼마나 많은가? 이런 면에서 은행 잔고, 부동산 등 재산 축적이 한 사회의 가치를 좌우할 때, 문화, 즉 삶의 양식 전반 그리고 인류 문명 전반이 부패하고 쇠퇴하게 됨을 알 수 있다.

그 성패와 무관하게 우리에겐 '집단적 자기 구원'이 절박하다. '집단적'이란 말은 모두가 협력해야 한다는 뜻이고, '자기 구원'이란 말은 민초들 스스로 나서야 한다는 뜻이다. 물론 당장의 위기만 피할 게 아니라 지구와 인류를 살리는 방향으로 문명 대전환을 해야 한다. 과연 이게 가능할 것인가? 솔직히 말해 쉽진 않다. 중화민국(中華民國)● 초기의 작가 노신(魯迅, 1881-1936)은 이렇게 말한 바 있다. "희망이란 있다고도 할 수 없고, 없다고도 할 수 없다. 그것은 마치 땅 위에 난 길과 같다. 본래 땅 위에는 길이 없었다. 한 사람이 먼저 가고 걸어가는 사람이 많아지면 그것이 곧 길이 되는 것이다." 어렵다고 해서 아예 포기한다면 희망은 제로다. 하지만 쉽지 않더라도 인류 전체가 위기의식을 가지고 발 벗고 나서서 집단적 자기 구원에 나선다면 덤불숲에 어렴풋이 오솔길이 생기듯 희미한 희망의 길을 만들 수 있을 것이다.

여기서 확실한 점은, 문명 위기의 시대에 유엔이건 미국 정부건 유럽 연합이건 노동조합이건 빌 게이츠(Bill Gates) 같은 사업가건 그 누구도 우리의 구원자가 될 순 없다는 점이다. 마치 이런 점을 염두에 두기라도 한 듯 모린은 〈자기 조직화〉란 글도 썼다. "미국 사람들은 연방 정부에 자신들의 경제적 어려움을 해결해 달라며 워싱턴으로 몰려간다. 그러나 연방 정부는 사람들의 경제적 어려움을 해결하려는 의도가 없다. 토마스 제퍼슨도 솔직하

● **중화민국(中華民國):** 1911년 10월 신해혁명(辛亥革命)이 일어나 청나라 왕조가 무너진 후 1912년 1월 세워진 공화국을 말한다. 손문(孫文)이 임시 대총통으로 취임했으며 민족, 민권, 민생을 원칙으로 하는 손문의 삼민주의(三民主義)를 기본 이념으로 삼았다. 그러나 1912년 3월 원세개(袁世凱)가 이 성과를 가로채 대총통에 취임하며 이후 약 20년 동안 군벌 정치를 펼쳤다.

게 말하지 않았던가. 정부 통치는 작으면 작을수록 낫다고. 만일 사태가 그렇다면, 가장 좋은 통치란 결국 자기 통치다. 조직화 역시 가장 좋은 조직화는 결국 자기 조직화다."

그렇다. 남이 우리를 조직화해줄 것이라고, 엘리트들이 일반 대중을 구원해줄 것이라 착각하지 말라. 더욱이 인류의 생존이 위험한 이 시기에 과연 지금의 정치 경제적, 사회 문화적 엘리트들이 일반 대중을 구원할 것이라고 기대하지 말라. 영화 ≪타이타닉≫에 묘사된 것처럼, 현실은 정반대다. 엘리트들은 자기들 먼저 도망갈 준비를 한다. 사실은 자기들끼리도 서로 살고자 목숨을 걸고 경쟁한다. 그 가장 극단적 형태가 1인당 수백억원짜리 우주선을 타고 화성으로 달아나려는 일론 머스크(Elon Musk)식의 계획이다.

이런 계획은 생각보다 '착실히' 진행 중이다. 실제로 미국 우주 탐사 기업 스페이스X의 차세대 우주선 '스타십'이 2021년 5월 5일 마침내 시험 비행에 성공했다. 스타십은 미국 텍사스주 보카치카(Boca Chica) 발사장에서 이륙해 10km 고도까지 올라갔다가 다시 착륙했다. 스타십은 향후 달과 화성에 인간을 보내기 위해 개발된 우주선이다. 우주 탐사 기업 스페이스X는 시제품 'SN15'가 발사대에서 멀지 않은 콘크리트 착륙장에 안착했다고 보도했다. 스타십 CEO인 일론 머스크도 자신의 트위터에 "스타십의 착륙이 예상대로 진행됐다"며 자랑했다. 스타십은 길이 50m, 지름 9m의 중형 발사체로 150t까지 짐을 실을 수 있다고 한다. 이제 2023년엔 달 여행이 목표다. 이 얼마나 놀라운 '신세계'인가?

진정성 있는 환대야말로
위기의 인류를 구원하는 길

피터 모린은 이 인류의 위기에 대해 뭐라고 말할까? "외면한다고 될 일도 아니요, 도망간다고 될 일도 아니다. 자기 구원의 길은 환대(hospitality)의 윤리 속에 있다." 피터 모린은 환대의 집(House of hospitality)● 과 관련한 제법 긴 글에서 이렇게 말했다. "그리스 사람들은 궁핍에 처한 사람들을 신이 보낸 심부름꾼이라 불렀다. 설사 다른 사람들이 궁핍한 자들을 이상하게 부르더라도 이들이 신의 대사(大使)란 사실엔 변함이 없다. 그러니 궁핍한 자들은 약간 여유 있는 이들로부터 먹을 것, 입을 것, 편히 쉴 곳을 제공받아 마땅하다."

그러면서 모린은 이렇게도 말했다. "이슬람 스승들은 환대가 신의 명령이라 교육한다. 따라서 이슬람의 나라에서는 지금도 환대가 잘 실천된다. 그러나 기독교도들의 나라들에서는 환대가 더 이상 교육되지도 실천되지도 않는다. 부잣집들에 게스트 룸이 있기는 하지만 이곳에는 궁핍한 이들이 초대받지 못한다. 이들을 신의 대사라 간주하지 않기 때문이다. 부자들은 궁핍한 이들더러 (자신들이 낸 세금으로 운영하는) '공영 환대소(쉼터)'로 가보라고 한다. 그러나 부자들 호주머니에서 나온 돈으로 제공되는 것은 환대가 아니다. 마음(heart)에서 우러나온 게 아니기 때문이다."

요컨대, 마음에서 우러나오는 환대(hospitality)야말로 위기의 인류를 구원하는 길이다. 이 환대의 마음이 사람과 사람을 연결할 때 이를 우리는 '연대(solidarity)'라 한다. 따라서 연대는 국적과 인종, 지역과 상하를 초월한다. 사람과 사람, 사람과 지구가 더불어 오래 살기 위해 서로를 환대하고 연대할 때 비로소 인류는 간신히 자기 구원에 이를 수 있다.

그리고 실제로 그런 세상이 열릴 때 비로소 이삼십 대 청춘들도 〈청춘 예찬〉에 나오듯 "황금시대의 가치를 충분히 발휘"하면서 '불타는 눈'과 '생의 찬미(讚美)'를 즐길 수 있을 것이다. 아니 이런 세상이 오면 나이에 관계없이 '모든' 사람들이 청춘의 마음으로 살게 되지 않을까?

● **환대의 집(House of hospitality)** : 피터 모린은 모든 가톨릭교회에는 곤궁한 이들을 맞이할 준비가 갖추어진 '환대의 집'이 있어야 한다고 주장했다. 1930년대 경제 공황의 와중에 미국 뉴욕주에서 처음 문을 연 환대의 집은 노숙인이나 실업자가 언제든 찾아와 식사를 해결하고, 휴식을 취할 수 있는 곳이었다. 모린은 사랑과 자비의 일은 모든 그리스도인들이 해야 할 일이며 생활의 한 부분으로 여겨야 한다고 생각했다. 곤궁한 이들을 돌보는 일은 전문가에게 맡겨야 한다는 생각은 그리스도인의 책무를 회피하는 것이라고 보았다.

이스털린의 역설, 얼마나 벌어야 행복한가?

1974년 미국 펜실베이니아대학교의 리처드 이스털린(Richard A. Easterlin) 교수가 흥미로운 연구를 발표했다. 1946년부터 1970년까지 미국인들의 소득 수준과 행복도 사이의 상관관계를 분석한 결과 일종의 '역설'이 존재했다는 내용이다. 일반적으로 소득과 행복은 비례한다. 그러나 이것은 일정 시점까지다. 소득이 일정 수준을 넘어가면 그 뒤로는 아무리 소득이 늘어나도 행복이 증가하지 않는다. 이것이 '이스털린의 역설(Easterlin Paradox)'이다.

이스털린 교수는 처음엔 미국 자료만으로 연구했으나 차츰 다른 선진국, 나아가 개발 도상국, 그리고 사회주의 국가에서 자본주의 국가로 바뀐 전환국 등의 자료를 분석했는데 그 결론은 대체로 일관됐다. 즉 나라를 불문하고 소득과 행복은 일정 수준까지는 함께 상승하지만 그 다음부터는 소득 증대에도 불구하고 행복도가 증가하지 않았다.

우리나라 역시 1960년에 비해 2021년 1인당 국민 소득이 400배 이상● 증가했지만 사람들이 체감하는 행복도는 그리 높지 않고 오히려 지난 60년간 스트레스만 증가했다. 이스털린 교수도 자기 이론이 잘 검증되는 나라

● 국가통계포털(KOSIS) 2022년 3월 자료에 따르면 우리나라 1인당 국민 소득(명목)은 1960년 80.18달러에서 2021년 3만 5,168달러로 상승했다. 무려 439배나 높아진 것이다.

중 하나가 대한민국이라고 했다. 그래서일까? 많은 어른들이 옛날을 떠올리며 '가난했지만 그래도 행복했던' 때라고 말한다. 물론 이들에게 정말 옛날로 돌아가고 싶은 것인지 물으면 아마 십중팔구는 '그렇지 않다'고 대답할 것이다. 실은 옛날로 갈 수도 없을뿐더러 그게 바람직하지 않을 수도 있다. 하지만 현재 우리가 느끼는 스트레스 지수는 상당하다. 초등학생과 중·고등학생들의 경쟁 압박, 대학생들의 취업 불안감, 직장인들의 성과 압박과 고용 불안감, 농민·노동자·여성이 느끼는 상실감이나 차별·혐오 등은 결코 일시적인 문제가 아니다. 폭등하는 집값이나 땅값, 여전히 세계 최고를 기록하는 산업 재해, 노인 빈곤율이나 자살률 등은 우리나라의 불행지수를 대변한다.

건강, 가족과 이웃 공동체, 자연 생태계를 먼저 지켜야

그런데 이스털린 교수 자신은 '왜' 이런 역설이 발생하는지에 대해선 상세한 설명을 하지 않았다. 그렇다면 소득 증대에도 불구하고 행복도가 증가하지 못하는 까닭은 과연 무엇인가? 나는 크게 세 가지의 설명이 가능하다고 본다.

첫째, 소득 수준이 아무리 높아지더라도 '삶의 질'이 떨어지면 행복도는 높아지지 않을 것이다. 그렇다면 '삶의 질'이란 무엇인가? 이것은 ① 건강과 여유, ② 존중과 평등, ③ 인정스런 공동체, ④ 조화로운 생태계 등이다. 즉 돈을 많이 벌어도 건강을 잃거나 공동체가 해체되거나 물과 공기가 오염되면 행복도는 추락한다. 오늘날 한국인은 예전보다 수백 배 잘살게 되었지만 날마다 공기 중 초미세먼지를 걱정해야 하고 어릴 적엔 늘 보았던 푸른 하늘을 보기 어렵다. 취업도 어렵지만 취업을 해도 '갑질'에 시달리기 일쑤이며 늘 고용 불안에 시달린다. 한편 사회 전반에 성차별도 심하고 학력 차별역시 심하다. 나아가 '돈이 돈을 버는' 세상에서 자산 격차나 소득 격차는 불평등을 심화한다. 실제 삶의 실상이 이러니 아무리 열심히 산다 한들 마음이 행복해질 리 없다.

둘째, 첫 번째 설명과 유사하지만 좀 다른 각도에서 '상대적 박탈감' 개념으로 설명할 수 있다. 아무리 많이 번다 해도 부단히 남들과 비교하기 시작하면, 특히 나보다 더 많이 버는 이들과 비교하기 시작하면 우리는 만족하지 못하고 불행해진다. 달리 말해 초기 단계에선 절대적인 소득 수준이 올라가면서 어느 정도 행복도가 오른다. 이때부터는 일정 시점 이후로 늘 감사한 마음으로 작은 행복을 누리며 좀 천천히 살아도 된다. 좀 여유가 생기면 주변을 챙길 수도 있다. 이 또한 색다른 행복의 원천이다. 그러나 대부분 우리는 재물 중독에 빠져 갈수록 더 많이 벌려 한다. 소유 양식의 삶! 그러면서 늘 자기보다 더 큰 부자들과 비교하기 쉬운데, 이렇게 되면 이제는 불행감이 쑥쑥 자란다.

실례를 하나 들어 보자. 어느 대기업 중견 간부가 있었다. 외모도 출중하고 명문대 출신인데다 직무 능력도 인정받아 승승장구하고 있었다. 그런데 어느 날 아침 출근을 했는데 얼굴이 거의 초죽음이었다. 같은 부서 직원들이 걱정스러워 하며 도대체 무슨 일이냐고 물었다. 중견 간부의 대답은 이랬다. "어제 저녁에 옆 부서 사람들과 식사를 같이 했는데 나보다 훨씬 후배 되는 이의 아들이 A대에 합격했다는 것 아닌가? 내 딸은 그보다 훨씬 못한 대학에 갔는데…." 이 말을 들은 부하 직원들은 모두 깜짝 놀랐다. 여태껏 본인이 늘 성공의 길만 걸었다고 해서 자녀들도 자기처럼 성공해야 하는 건 아니다. 게다가 왜 부하 직원의 자녀는 상사 직원의 자녀보다 못해야 하는가? 좀더 생각해 보면 어른들의 삶은 어른들의 삶이고 자녀들의 삶은 자녀들의 삶인데, 왜 어른들의 줄 뒤로 아이들까지 그대로 가야 한단 말인가?

한 걸음 더 들어가 보면, 대체 인생에서 성공이란 무엇인가? 나는 몸 건강하고 자기 하고픈 공부나 일을 선택해서 재미있게 사는 것, 그리고 여력이 있다면 주변 사람들에게 관심을 기울이고 건강한 사회 운동에 힘을 보태는 것, 그러면서도 평생을 함께 할 배우자와 친구를 만나는 것, 이런 게 인생 성공의 내용이라 본다. 바로 이것이 앞서 말한 '삶의 질'을 드높이는 일이 아닌

제가 "더 많은 소득을 받으면
더 행복해질까요?"라고 묻는다면

여러분은 아마 그렇다고
대답하겠지요.

모든 국가에서 볼 수 있는
보편적인 반응일 겁니다.
모든 부류의 사람들이
돈이 많으면
더 행복해지리라고 생각해요.

그러나 이는
생각일 뿐이고,
때로는 틀리기도 하지요.

리처드 이스털린(Richard A. Easterlin),
《지적 행복론》

가? 그런데 우리는 관습적 사고로부터 벗어나지 못한다. 부모가 일류 대학을 나오고 일류 직장에 다니면 자녀도 그렇게 돼야 성공이라 본다. 또 부모가 그렇지 못하다면 '한풀이'를 위해 자녀만큼은 일류대에 넣으려 한다. 이렇게 되면 부모는 부모대로 힘들고 자녀는 자녀대로 힘들다. 둘 다 불행해지는 지름길이다.

행복은 소득 수준으로만
설명할 수 없는 것

세 번째로 가능한 설명은 가장 근본적 차원이다. 인간의 행복감에는 '충분함'의 원리가 작동하는 반면, 소득 수준은 '무한대' 원리가 작동한다. 우리는 소득 수준이 어느 정도 올라 행복감을 느낄 정도라면 이젠 그 수준이 유지되거나 그 언저리만 돼도 충분히 행복하다. 달리 말해 이스털린 교수가 암묵적 가정을 한 것처럼 우리 행복감이 계속 늘어날 필요는 없다. 그런데 돈으로 표현되는 소득 수준은 아무리 높아도 충분하다고 느끼지 못한다. 대개는 다다익선이라고 생각하지 적정 수준에서 '이제 그만!'이라고 하지 않는다. 마치 마약 중독자가 갈수록 더 강도 높은 약을 찾는 것처럼 재물 중독에 빠지면 자기도 모르게 더 많은 돈을 원한다. 사람의 인성 자체가 탐욕스러워서 그런 건 아니란 얘기다.

오히려 무한대를 향해 부단히 소득 수준을 올려야 할 것 같은 세상의 분위기는 언론사, 보험 회사, 금융권, 백화점, 그리고 자본주의를 맹신하는 학자 무리 등이 적극적으로 '만들어 가는' 것이다. 일례로 어느 TV 광고엔 보험 회사 직원이 나와 이렇게 말한다. "인생 100세 시대, 행복한 노후를 원하신다면 최소 10억원은 준비해 놓으셔야 합니다. 우리 회사가 여러분을 위해 준비한 특별 보험 상품에 가입하시면…" 이런 식이다. 그러나 수단과 방법을 가리지 않고 10억원을 모았다 치자. 그 무렵이 되면 아마도 "20억원은 돼야 행복한 삶을 꾸릴 것"이란 광고가 나올지 모른다. 게다가 10억원을 모아 나가는 과정에서 벌써 우리의 심신은 지쳐 버린다. 모두 속임수라는 말이다. 핵심은 미래가 아니라 현재를 제대로 사는 일이다.

조금 더 생각해 보자. 우리가 어느 정도 소득 수준에서 행복을 느끼면 그 수준만 유지해도 충분히 행복하다고 했다. 그러나 어디 우리네 인생이 늘 행복할 수 있는가? 사건이나 사고도 많고 실수나 실패도 얼마든 생긴다. 내가 아니라도 가족이 불행해지면 나도 불행해진다. 그러나 인생을 크게 보면 이런 사고나 실수, 실패와 좌절의 시간을 잘 견디고 지혜롭게 이겨낼 때 비로소 삶의 진미를 맛본다. 이 또한 새로운 차원의 행복감이다. 사실 처음부터 온실 속에 사는 이는 행복을 잘 모른다. 하지만 간난신고(艱難辛苦)를 잘 이겨낼수록 더 깊은 행복감을 느낄 수 있다. 이런 면을 종합하면 소득 수준의 증가에 비례해 행복도가 올라가야 한다는 가정 자체가 꼭 타당한 것만은 아니다.

이스털린 교수가 제시한 '이스털린의 역설'은 소득 수준 외에도 인간 행복에 영향을 주는 요인이 많다는 점, 그리고 소득 수준만 높이 올리려 했다가는 생각만큼 행복하지 않을 수 있다는 점을 가르쳐준다. 그만큼 배울 점이 있다. 흔히 "돈이 행복을 가져다주지는 않지만 돈이 없으면 행복해질 수 없다"고 말한다. 설득력 있게 들린다. 그러나 이 말에서 돈 대신 건강, 가족과 이웃, 자연이라는 단어를 넣어보자. 좀더 절실하지 않은가? 가치 너머의 가치관(values beyond value), 이것이 대안이다.

공포 마케팅과
우리 안의 바이러스

———

자본주의는 사람들이 느끼는 '두려움'을 먹고 산다. 코로나 백신을 맞지 않으면 생명이 위험해질지 모른다는 공익 광고가 있다고 하자. TV 등 언론에서 이 광고를 한 번이라도 접한 사람은 백신을 무조건 맞아야 한다고 느낀다. 죽음에 대한 두려움이다. 물론 간간이 나오는 뉴스 중엔 오히려 백신을 맞고 신음하다가 갑자기 죽은 사람도 있다. 그럼에도 '자칫 목숨이 위험하다'고 전하는 공포 마케팅은 이 세상 수십억 사람들을 백신 행렬에 동참하도록 만들었다. 그 비용을 건강 보험이 부담하든 개인이 내든, 여하간 백신을 재빨리 상품화한 초국적 기업들은 천문학적 이윤을 챙겼다.

"두려움이 돈이다." 무서운 말인데 실제로 벌어지는 현실이다. 두려움을 돈벌이 수단으로 삼는 상업 행위가 '공포 마케팅'이다. 잘 보면 우리 주변에 너무나 많다. 심지어 교육이나 종교 영역도 예외는 아니다. 건강이나 보건 분야에서는 더 심하다.

돈을 벌기 위해 두려움까지
판매하는 자본주의

TV 홈쇼핑에서 죽음이나 질병에 대한 두려움을 판매할 정도다. 유명 의사가 나와 건강 상담을 한다. 특정 식품을 먹으면 몸에 좋고 질병까지 예방하며, 100세 인생도 끄떡없다고 한다. 마침 옆 채널에선 이 몸에 좋고 질병까지 예방하는 식품을 판매하고 있다. 그것도 한정 판매다. 지금 아니면 이 가격에 구할 수 없단다. 안사면 손해다 싶어 급히 주문한다. 이렇게 해서 '최단 시간 완판'이라는 신기록이 다시 한번 탄생한다. 애초에 있지도 않았던 손해의 두려움(지금 안사면 손해 볼 것 같은 두려움)을 만들어 내고 이를 판매에 활용한 것이다. 자본은 공포를 만들고 그 공포를 이용해 돈을 번다.

정치인들은 이 공포 마케팅을 가장 공격적으로 사용한다. 가장 극적인 예는 1963년 미국 대통령 존 F. 케네디(John F. Kennedy)가 암살당한 후 펼쳐진 1964년 미국 대통령 선거였다. 케네디의 뒤를 이은 민주당 린든 존슨(Lyndon Baines Johnson) 후보는 '데이지 걸'이라는 단 한 방의 정치 광고로 상대 후보를 압도했다. 한 귀여운 소녀가 데이지 꽃잎을 하나씩 떼어 내며 "하나, 둘, 셋…" 센다. "아홉" 하는 순간, 불길한 카운트다운 톤이 들린다. 꼬마는 공포에 질리고 카메라는 공포의 눈동자를 비춘다. 눈동자 안엔 핵폭탄이 터지고 버섯구름이 화면을 덮는다. 존슨이 말한다. "둘 중 하납니다. 신의 자녀들이 같이 살 세상을 만들까요, 죽음의 세계로 갈까요? 서로 사랑하지 않으면, 우리 모두 죽어요!" 결국 핵무기에 대한 두려움을 팔아 존슨은 핵무기에 찬성한 공화당 후보를 이겼다. 그러나 그 존슨조차 베트남전을 강화했다.

코로나19 감염병 사태가 시작되었을 때의 마스크와 손 소독제 마케팅 또한 전형적인 사례다. 확진자 급증, 사망자 속출과 함께 코로나 공포가 도처에 퍼진다. 세계 곳곳에서 난리다. 관리와 통제만 잘하면 될 것 같지만 좀체 안된다. 이런 분위기에서 마스크나 손 소독제 사업은 '떼돈'을 벌 기회를 얻는다. 한편으론 독과점 가격을 노린 사재기가 극성을 부리고 다른 편에선 너도나도 서로 사려고 장사진을 이룬다. 그러니 코로나 두려움 덕에 마스크나 손 소독제 회사는 대박을 터뜨렸다. 또 코로나19 사태 국면에서 두려움을 정치적으로 이용하는 집단이 난무한다. "장사는 안되고, 경제는 엉망이다. … 이 모든 것이 정부 잘못이다." 이런 식이다. 자신의 책임성 있는 대책이나 성찰은 없고 오로지 상대방 헐뜯기에 바쁘다. '너 죽고 나 살자' 식 경쟁 논리가 재난 상황에서 더욱 증폭된다. 코로나19 바이러스보다 더 무서운 '황당 정치' 바이러스다.

어떤 보험사의, '코로나 사망자 1억 보상금' 광고는 차라리 순진한 편이다. '스마트' 시리즈에 이어 '온라인 강의' 상품이 공포를 이용해 대학가에 침투한다. "아이를 키우려면, 행복한 100세를 원하면, OO상품도 필수다." "낙오가 두려우면 4차 산업혁명을 수용하라!" 종교 유사품도 나온다. "원자폭탄에도 살아남은 종교인이 있으니 이 종교를 믿으라!" 과연 두려움이 우주 최고의 상품이 되었다.

공멸 이전에 미리 생각하며
살자는 메시지

코로나19 사태로 세상이 엉망이 되다 보니 불현듯 영화 ≪부산행≫이 떠오른다. 어느 바이오 연구소(일중독자인 주인공이 소속된 회사가 이 연구소의 최대 투자자다!)에서 무슨 바이러스가 잘못 유출돼 야생 동물을 거쳐 인간에게 옮겨온다. 부메랑이다. 한번 감염되면 극심한 고통을 느끼고 타인을 물어뜯는 좀비가 된다. 이제 도무지 감당이 안되는 전염병이 세상을 망쳐간다. 친구도, 동네 언니도, 남편도 감염된다. 마지막엔 주인공조차 감염된다. 내가 살려면 감염된 이웃이나 친구까지 죽여야 한다. 이 와중엔 함께 살자는 이도, 나만 살겠다는 이도 아무 소용없다. 누가 옳고 그른지 구분이 불가능하다. 돈 벌려고 투자한 회사, 그 회사에서 유출된 좀비 바이러스가 세상을 망치고 결국 투자자마저 삼킨다. 악순환의 완성! 최종 결과는 우리가 살아가는 이 세상의 종말이다.

이제 이런 대참사를 미리 예방하는 방법은, 어떻게 나(가족)만 사느냐가 아니다. 이런 최후가 오기 '전에' 함께 막는 것이다. 다행히 최근의 코로나19 위기는 영화 ≪부산행≫의 수준은 아니다. 이 영화의 공헌은 "공멸 이전에 미리 생각하며 살자"는 힌트를 주는 것이다. 같은 메시지는 원자력 발전소 붕괴를 다룬 영화 ≪판도라≫나 지구 온난화를 막는 기술적 실수로 생긴

≪설국열차≫에도 있다.

　　문제의식을 갖도록 하려는 시도는 부단히 이어진다. 하지만 결국은 우리의 집단 불감증, 그리고 '근본 변화'에 대한 두려움 때문에 자꾸만 근본 해법을 외면하고 회피한다. 아무리 근본을 말해도, 돈 안되고 쓸데없는 이야기라며, 또는 현실을 너무 모른다는 식으로 현실과 근본 대안을 곧잘 부인한다. 근본 대안은 상품 및 화폐 물신주의를 넘어서는 완전히 새로운 생활 방식이다. 즉 파국을 미리 막고 인류가 좀더 오래 생존하려면, 우리가 당연시하는 이 삶의 방식 전반에 대해 정직하고 진지하게 성찰하는 것 외는 별도의 출구가 없다. 물론 당장의 치료도 필요하고 면역 증진도 중요하다. 신속한 대처도 급하고, 잘 쉬고 덜 먹고 내공을 기르고 많이 웃는 것도 좋다. 다 맞다!

　　그러나 과연 이런 조치들로 충분한가? 아니다. 근본적으로 사회적 면역이 필요하다. 이 근본 해법은 돈과 상품으로 모든 문제를 다 풀고자 하는 물신주의 사회 자체를 바꾸는 것이다. 소유, 생산, 소비, 유통, 분배, 폐기의 구조를 전면 쇄신함으로써 더 이상 돈이나 상품으로 삶의 문제를 해결하지 않는, 새 삶의 구조를 만드는 게 절실하다.

견디기 힘든
자본주의의 잔인함

───

견디기 힘든 폭염이 기승을 부리던 2021년 7월 말, 정말 견디기 힘든 일이 일어났다. 서울시 도봉구의 영세민 다세대주택에서 두 사람의 노인이 숨진 채 발견됐다. 문제는 폭염만이 아니었다. 이들은 궁핍한 상황에서 어떤 사회적 도움조차 받지 못하는 고립무원(孤立無援)의 상태였다. 더욱 안타까운 것은 이들이 스스로 사회적 지원을 거부하고 있었다는 점이다.

두 사람의 노인은 90대 남성과 70대 여성으로 부부였다. 원래 이 부부는 경기도 성남시에서 노숙을 했다. 그 뒤 2013년 주거 취약층을 대상으로 한 'LH 매입 임대 주택 사업'을 통해 이곳에 전입했다. 부부는 연락할 자식은 물론 어떤 연고도 없었다. 이웃과도 친하게 지내지 못했다. "남들이 건들고 관심 갖는 걸 싫어했다"는 이웃 주민의 말이 있을 정도였다. 이웃들은 부부가 갑작스레 사망한 원인을 더위 때문인 것으로 추측했다. 다른 옆집 주민도 "저번 달부터 계속 음식이 쌓이고 파리가 들끓었다"며 "얼마 전엔 남자 노인이 탈진해 2층 계단에 앉아 있는 모습을 봤다"고 말했다. 시신은 "위층에서 물이 새는 것 같다"는 이웃의 신고를 받고 출동한 경찰과 소방대원이 발견했다. 발견 당시에는 이미 부패가 어느 정도 진행된 상태였다. 경찰은 부검 결과 부부가 자연사한 것이라 결론을 내렸다. 관할 지자체는 기초생활 수급자인 이 부부를 집중 관리했지만 알코올 중독, 당뇨 합병증, 조현병(調絃病)● 등의 질환이 있는 데다 도움을 받는 것도 거부해 모니터링과 보살핌에 어려움을 겪었다고 한다.

이 사례의 핵심은 연고도 없고 이웃과도 쉽게 친해지지 못했던 노부부의 상황 그 자체다. 폭염 속에서 선풍기나 에어컨을 맘대로 켤 수 없었던 빈곤 그 자체가 문제의 핵심은 아니란 말이다. 이 노인들이 이웃과의 우호적인 관계까지 거부하며 또 관할 지자체나 복지 기관의 도움조차 거부했던 것은 기본적인 삶의 희망이 끊긴 탓이었다. 특히 자식과의 관계나 친인척과의 관계가 단절된 상태는 이들을 '삶의 절망' 속으로 몰아넣었다.

돈의 철학과 삶의 철학을 가르는 기준, 이자 놀이

그렇다면 왜 이런 일이 벌어졌을까? 이들 노부부는 왜 홀로 세상을 떠났을까? 인류의 역사에서 개인이 이처럼 홀로 죽어야 했던 시대는 거의 없었다.

씨족 사회나 부족 사회의 인류는 공동체 생활을 했다. 그리고 이 공동체의 노인들은 고독사, 폭염사와 같은 불행을 당할 일이 거의 없었다. 씨족, 부족 사회는 공동체 돌봄 사회였다. 물질의 철학이 아니라 '관계의 철학'에서 보면 그렇다. 이 공동체에서는 신생아 출생, 남녀 혼인, 질병과 사망 등과 같은 인생 대소사에 공동체의 모든 구성원이 참여했다. 사람들이 경험하는 생로병사(生老病死)는 개인의 문제가 아니라 공동체 전체가 공유하는 일이었다. 이후의 계급 사회, 즉 노예제 사회나 봉건제 사회에서도 (부부조차) '나 홀로' 죽는 경우는 없었다. 좁게는 가족 관계, 친족 관계, 이웃 관계에서부터 넓게는 지역 사회에 이르기까지 상당한 관심을 갖거나 직간접적으로 참여하는 방식으로 생로병사에 공동 대처했다. 모래알처럼 흩어진, 순수한 개인은 없었다.

그러나 이 모든 상황은 자본주의의 화폐 관계가 인간 사회 속으로 침투

● **조현병(調絃病):** 현실에 대한 잘못된 지각과 정서를 유지하고 생각과 행동이 총체적으로 무너져 비정상적인 모습을 보이는 정신 장애를 일컫는 말이다. 망상, 환각 따위의 증상을 동반한다.

하면서 근본적으로 변한다. 특히 토지, 그중에서도 산이나 들과 같은 공유지를 사유화하는 '인클로저(enclosure) 운동'●이 일어나면서, 나아가 '노동력의 상품화'가 진행되면서, 자본주의라고 하는 역사적으로 '특수한' 체제가 인간관계보다 물질 관계를 더 압도적으로 만든다. 따라서 돈 중심 사회는 인류의 보편사가 아니라 자본주의라는 특수한 체제의 산물로, 노동력의 상품화를 기초로 한 상품 및 화폐 물신 사회라는 변동의 필연적 결과다. 흥미롭게도 이러한 변동을 가속화한 계기는 종교로부터 나왔다. 르네상스 이후 등장한 프랑스 신학자 칼뱅(John Calvin, 1509-1564)이 그 대표적 예다. 칼뱅은 중세 가톨릭 전통에서는 금기시했던 이자 놀이, 즉 고리대금업(usury)을 합법화했다.

우리는 돈을 빌리고 내는 이자는 물론, 은행의 이자 제도 일반에 대해 지극히 당연하게 생각한다. 그러나 한두 세대 전까지만 해도 가족이나 친구 등 참된 인간관계 안에서는 이자 놀이가 거의 용납되지 않았다. 심지어 인간다움이나 인정(人情)을 말하는 맥락에서 돈이 개입되면 바로 그 순간부터는 분위기가 '싸아-'해 지곤 했다. 물론 이런 걸 오늘날 얘기하면 '꼰대'들 이야기라 멸시할 수 있지만, 실은 이 변화는 대단히 중차대한 삶의 진실을 안고 있다. 왜냐하면 이 문제는 '돈의 철학'이냐, '삶의 철학'이냐 하는 갈림길을 뜻하기 때문이다.

피터 모린은 〈부를 생산하는 광인들〉이란 글에서 이 이자 놀이 문제를 지적한다. 내용은 이렇다.

"칼뱅이 이자 놀이를 정당하다고 말하자, 그는 은행 잔고를 가치의 표준으로 만들었다. 은행 잔고가 가치 표준이 되자, 사람들은 쓸모를 위한 생산을 중단하고 대신 이윤을 위한 생산을 시작했다. 사람들이 이윤을 위한 생

● **인클로저(enclosure) 운동** : 미개간지, 황무지, 개방 경지와 같이 공동으로 이용할 수 있는 토지에 담이나 울타리를 치고 다른 사람의 이용을 막아 해당 토지를 독점했던 일이다. 곧 공유지(公有地)를 사유지로 만들었던 것이다. 15세기 말 영국에서 영주나 대지주가 목양업이나 대규모 농업을 하기 위해 울타리를 치면서 시작되었다.

산을 시작하자, 그들은 부를 생산하는 광인들로 변하고 말았다. 사람들이 부를 생산하는 광인들이 되자, 그들은 너무 많은 부를 생산하게 되었다. 사람들이 스스로 너무 많은 부를 생산했음을 알게 되자, 그들은 부를 파괴하는 광란의 잔치(orgy)●를 벌였다. 동시에 1천만 명의 목숨까지 앗아갔다. 그렇게 전 세계적으로 벌어진 부와 인명 파괴의 대잔치 후 15년이 지나자 (1929년) 수백만 명의 사람들은 마침내 대량 생산과 대량 소비가 초래한 세계 대공황●●의 희생물이 되었다."

먼저 칼뱅이 이자 놀이를 정당한 일이라고 말하자, 그는 은행 잔고 즉 돈을 모든 가치의 표준으로 만들었다. 사실 칼뱅 이전의 가톨릭 문화권이나 이슬람 세계에서는 이자 놀이가 금기였다. 그러나 종교개혁 후 달라졌다. 특히 칼뱅은 오히려 이자를 받고 돈을 빌려주는 것은 당연하다고 했다. 이로써 사람 사이의 친밀한 관계, 즉 인간관계는 화폐 관계로 돌변한다. 모린이 말한 은행 잔고(bank account)는 결국 돈(화폐)이다. 사람 간 관계에서 이자 놀이가 규범이 되자, 이제 돈이 가치의 표준이 됐다.

그 다음은 어떤가? 돈이 가치 표준이 되자, 사람들은 쓸모를 위한 생산을 중단하고 대신 이윤을 위한 생산을 시작했다. 여기서 돈이란 교환 가치다. 반면 쓸모란 사용 가치다. 그렇다면 왜 사람들은 쓸모를 위한 생산을 중단하고 이윤을 위한 생산을 시작하게 되었을까? 이것은 자본이 가치 증식을 원하기 때문이다. 앞서 말한 바, 모든 상품은 사용 가치와 교환 가치를 지닌다. 소비자는 사용 가치를 원하지만 자본은 화폐로 표시된 교환 가치를 원한다. 화폐가 최고 권력자다. 자본주의 상품 사회에서는 이 교환 가치를 나

● 광란의 잔치(orgy) : 1914년 발발한 제일차세계대전을 말한다.
●●세계 대공황 : 1929년 10월 미국 뉴욕주식거래소의 주가가 폭락하면서 일어난 세계적 규모의 공황을 말한다. 만성적인 과잉 생산과 구매력 축소 문제로 야기된 이 공황은 생산 축소, 물가 폭락, 기업 도산, 대량 실업자 발생 등으로 경제 활동을 마비시켰다. 정치적, 사회적 상황 또한 혼란에 빠뜨렸다. 이 공황은 곧 독일, 영국, 프랑스로 파급되었고 그 여파는 1930년대 후반까지 이어졌다. 흔히 대공황(Great Depression)이라고 하는데, 1929년의 대공황(Depression of 1929)이라고도 한다.

타낸 화폐가 모든 가치의 왕(王)이다. 돈으로 모든 걸 살 수 있으니 그렇다. 원래 가치에도 사회적 가치, 정치적 가치, 경제적 가치, 문화적 가치, 윤리적 가치 등 다양한 가치가 있다. 그런데 그중에서도 경제적 가치를 최고로 치는 것이다. 따라서 오늘날 가치 있는 것이라 하면, 돈으로 환산했을 때 값비싼 걸 뜻한다. 이것이 자본주의의 가치 개념이다.

이제 인간관계 대신 돈 놓고 돈 먹는 이자 놀이가 당연하게 여겨지면서 인간관계는 화폐 관계 또는 사물 관계로 변한다. 모든 관계는 화폐로 통한다. 따라서 자본주의 기업은 인간적 필요 충족보다 더 많은 화폐를 벌기 위해 생산한다. 즉 가치 증식을 위해 생산하는 것이다. 이것이 자본주의 사회가 '삶의 철학' 대신 '돈의 철학'에 압도당하는 배경이다.

재물에 미친 광인들이 만든 살육 전쟁

그러나 압도적인 돈의 철학이 만든 결과는 무엇인가? 피터 모린의 말처럼 이윤을 위한 생산은 사람들을 재물광으로 만들었고, 결국 과잉 축적까지 낳았다. 만일 인간적 필요를 위해 생산하는 시스템이라면 굳이 과잉 생산할 필요도 없고 오히려 고른 분배를 했을 것이다.

부(교환 가치, 가치, 이윤)를 생산하는 광인이 득실거리는 세상은 인간적 필요에는 도움이 되지 않는 공해 산업, 퇴폐 산업, 군수 산업, 핵 산업, 유전자 조작(GMO) 같은 것도 예사로 행한다. 오늘날 우리가 우려하는 각종 재난, 즉, 코로나19 사태나 초미세먼지, 미세 플라스틱, 기후 위기 등의 문제도 이런 흐름들과 궤를 같이한다. 반면 인간적 필요 충족에 필수적인 생산은 뒷전으로 물러난다. 유기농 농업을 통한 식량 생산, 생태계를 해치지 않고 만들어 낸 옷과 집의 제공, 아이들의 재주를 두루 살려 주는 교육, 개성과 감각이 넘치는 공예품 창작, 지적·미적(美的) 의식을 고양하는 예술 활동 등은 갈수록 퇴색한다. 인간적 필요 충족에 도움이 되는 산업조차 돈벌이 경쟁이 본격화하면 결국 과잉 생산으로 넘어간다. 자본주의 산업화 초기에 융성한 의류 제조업과 같은 분야가 그렇다. 과잉 생산으로 일국의 시장을 장악한 대기업은 해외 시장 개척에 나선다. 식민지 개척과 제국주의 등장의 역사가 바로 이것이다. 이 모든 사태는 앞서 말한 바, 사용 가치보다 교환 가치를 우선시하는 자본주의 상품 물신 사회(fetishism)의 소산이다.

그러나 불행히도 이 교환 가치 중심의 자본주의 상품 생산은 대내적으로는 공황(depression)을, 대외적으로는 세계대전을 낳았다. 피터 모린이 1877년에 태어나 1949년에 세상을 떠난 점을 상기한다면, 앞의 글에 나온 "부를 파괴하는 광란의 잔치(orgy)"란 1914년에 발발한 제일차세계대전이다. 그리고 그 15년 뒤 수백만 명의 사람들이 희생되었다는 것은 1929년의 대공황을 말한다.

따지고 보면, 18세기 후반 시작된 산업혁명은 19세기 전반 영국에서 10년 주기의 공황을 발생시켰다. 그리고 1873년 독일과 미국에서의 공황으로 이어졌다. 결국은 이 연장선에서 1929년의 대공황도 발생했던 것이다. 1929년 대공황은 인류 역사상 최초로 대량 생산과 대량 소비가 맞물려 돌아가면서 팽창한 주식 거품이 터지면서 초래된 것이다.

한편, 그간 식민지 개척과 제국주의 시대가 열렸으나 결국 크고 작은 전쟁을 동반했고, 마침내 1914년부터 1918년까지 제일차세계대전, 1939년부터 1945년까지 제이차세계대전을 유발했다. 이 전쟁은 한편으로 제국주의 강대국 간 대결이었지만, 다른 편으로는 이때까지 과잉 생산으로 인해 과잉 축적돼 온 자본의 파괴에 다름 아니었다. 공장, 기계, 산업, 화폐, 상품 따위의 가치가 무너졌다. 더욱 중요하게는, 가치 파괴와 함께 생명 파괴 또한 막대했다. 제일차세계대전 때는 1,657만 명이 목숨을 잃었고 제이차세계대전 때는 약 6,600만 명이 목숨을 잃었다. 군인들만 죽은 것이 아니었다. 제일차세계대전 때는 685만 명의 민간인이 희생당했고 제이차세계대전 때는 약 4,600만 명의 민간인이 숨졌다.● 요컨대 교환 가치 중심의 자본주의 경제는 결국 공황과 전쟁을 통해 가치 파괴와 함께 대량의 인명 살상을 초래한다.

만일 우리가 이런 통찰에 공감한다면, 더 이상 교환 가치 중심의 자본주의 경제를 유일하게 효율적인 사회 경제 시스템이라고 옹호하거나 당연시해선 안된다. 역으로 우리는 하루바삐 인간적 필요 중심의 새로운 사회 경제 시스템을 시도하고 창조해야 한다. 이럴 때 비로소 앞에서 소개한 노부부의 충격적인 죽음 같은 비극의 재발도 예방할 수 있을 것이다.

자본주의 비판을, 누가 죽을죄로 만드는가?

그렇다면 우리는 과연 어떻게 인간적 필요 중심의 새로운 사회 경제 시스템을 만들 수 있을까? 흔히 자본주의 이후의 대안 세계를 제안하면 사람들은 거의 본능적으로 "그럼 사회주의나 공산주의를 하자는 말인가?" 하고 반문한다. 자신도 모르게 솟구쳐 오르는 두려움 때문이다.

그런데 이 두려움은 과연 어디에서 왔는가? 여기엔 크게 두 뿌리가 있다. 하나는 기존의 지주들이나 자산가들이 사회주의 혁명기에 토지나 재산 등을 강탈당한 데서 오는 두려움이다. 물론 두려움과 함께 적개심, 증오심이 동반된다. 이는 자본주의에서 온갖 혜택을 누리는 기득권 지배 세력이 자본주의를 넘어가려는 그 모든 세력을 상대로 벌인 폭력적 계급 전쟁의 결과, 우리 사회 전반이 집단 트라우마와 '레드 콤플렉스'를 갖게 되었기 때문이다.

그 결과 상당수 사람들은 자본주의 사회 내 생존 전략으로, 강자 동일시 및 체제 동일시를 하며 산다. 체제 동일시란 '승리한 것처럼 보이는' 자본주의 체제를 내면화하고 당연시하는 것이다. 같은 맥락에서 강자 동일시란 시스템 내부의 승자 또는 강자들을 숭배하며 자신도 모르게 이들처럼 성공하기를 꿈꾸며 산다는 얘기다. 앞의 레드 콤플렉스에 따르면, 우리는 자본주의 아닌 다른 세상을 절대 꿈꾸어선 안된다. 자본주의를 넘어선 대안을 생각하는 것은 국가 권력이나 자본의 대리인들이 판정하는 바, 거의 범죄에

● 제일차세계대전 및 제이차세계대전 사망자 통계는 자료마다 다르다. 여기서 인용한 자료는 ≪내셔널지오그래픽≫ 2020년 6월호 〈제이차세계대전 세대의 마지막 증언〉 기사, ≪중앙일보≫ 2019년 9월 16일 〈80주년 맞는 제이차세계대전의 교훈은〉 기사 자료이다.

이 '특수한' 시기의
자본주의를 왜 우리는
마치 완벽하고 유일하며
영원한 시스템인 것처럼
수용해야 하는가?

이 세상 인간이 만든
모든 시스템은 제각기
나름의 장단점이 있다.

장점을 인정하되,
단점을 과감히 넘어서야
역사의 진보가 가능하다.

가깝다. 때로는 이로 인해 죽음 또는 이에 상응하는 부담을 각오해야 한다. 따라서 옥살이 또는 죽음에 대한 두려움 탓에 우리는 자본주의와는 전혀 다른 생각을 하지 못한다.

그러나 앞서도 살핀 것처럼 인류 역사를 1만 년이라고 할 때 자본주의가 이 지구를 지배한 시기는 5%에 지나지 않는다. 그렇다면 이 '특수한' 시기의 자본주의를 왜 우리는 마치 완벽하고 유일하며 영원한 시스템인 것처럼 수용해야 하는가? 이 세상 인간이 만든 모든 시스템은 제각기 나름의 장단점이 있다. 장점을 인정하되, 단점을 과감히 넘어서야 역사의 진보가 가능하다.

이런 면에서 자본주의의 역사적 강점이나 업적 역시 객관적으로 볼 필요가 있다. 자본주의는 노예제나 봉건제를 넘어 신분 세습을 타파하고 '신분의 자유화' 시대를 가져다주었다. 뿐만 아니라 이전까지는 귀족이나 왕족이 누리던 호화로운 사치품을 일반 대중들까지 자유롭게 누리는 '소비의 대중화' 시대를 열었다. 여전히 문제는 있지만 과거의 절대 빈곤이나 궁핍, 굶주림 역시 대부분 해소됐다. 효율성 또는 생산성 향상의 결과다. 이 점들은 인류 역사 1만 년 중 5%밖에 되지 않는 자본주의의 역사적 성과다. 하지만 자본주의는 또한 상품, 화폐, 이윤 등으로 일컬어지는 교환 가치를 위한 생산이 주를 이루면서도 갈수록 경쟁이 치열하기에, 결국은 공황과 전쟁을 통해 온 세상을 파멸로 내몬다. 동시에 사람들의 정신세계마저 인간다움을 잃게 하고 물신주의에 빠지게 한다. 살아 있음의 기쁨과 관계 나눔의 기쁨보다 돈벌이의 기쁨, 돈 불림의 기쁨을 중시한다. 이제 사람이 살아 있어도 이미 영혼은 죽었기에 사회 구성원 대다수는 좀비(zombie)가 된다.

따라서 교환 가치 중심의 사회 경제 시스템, 즉 자본주의가 아니라 인간적 필요 중심의 새로운 사회 경제 시스템을 만들어야 비로소 사람이 사람답게 살 수 있음을 다시 한번 확인하게 된다.

실은 소련(蘇聯)●이나 동유럽에서 경험했던 사회주의나 공산주의조차 (자본주의의 병폐를 지양하겠다는 숭고한 약속에도 불구하고) 교환 가치 중심의 사회 경제 시스템을 넘어서지 못했다. 많은 학자들이 국가 자본주의라고 비판하는 근거이기도 하다. 특히 소련이나 동유럽의 사회주의조차 근대 산업주의 문명을 지양하기는커녕 그 토대 위에 구축되었다. 따라서 자본주의와 동일한 문제, 즉 자원 고갈, 지구 오염, 기후 위기 등을 초래했다. 게다가 국유화라는 이름 아래 사실상 당 관료들의 독과점 체제가 존속되었다. 이것은 풀뿌리 민주주의 입장에서 보면 또 다른 방식의 소외였다.

자본주의와 국가주의를 넘어설, 전혀 다른 대안

이런 면에서 우리가 향후 지향해야 할 새로운 시스템은 한편으로는 자본주의 상품 시장 체제를 넘어가야 하고, 다른 편으로는 국가주의 관료 독점 체제를 넘어가야 한다. 이런 대안은 사람과 사람, 사람과 자연이 더불어 사는 '생태 민주주의(eco-democracy)'로 압축된다. 이는 민초(특히 유기농 농민) 중심의 자율 자치 공동체라는 전망으로서, 자본에 의한 착취와 파괴도 없고, 국가에 의한 억압과 감시도 없는 사회를 말한다. 즉 자본도 아니고 국가도 아닌, 자치의 원리가 참된 제3의 길이다. 그래야 피터 모린이 말한 이자 놀이도, 교환 가치 생산도, 과잉 생산과 낭비도, 전쟁과 실업도 모두 예방할 수 있다. 나아가 오늘날 인류가 직면한 코로나19 사태나 기후 위기 역시 막을 수 있다.

이런 건강한 변화가 가능할 때 비로소 앞서 소개한 한 노인 부부의 비극(사실상의 자살)은 물론, 전 지구적으로 벌어지는 '집단 자살 시스템'을 중

● **소련(蘇聯)** : '소비에트 사회주의 연방 공화국'의 준말이다. 1917년의 러시아혁명(10월 혁명)으로 출범한 최초의 사회주의 국가로 옛 제정 러시아의 대부분과 우크라이나를 비롯한 15개 공화국으로 이루어졌다. 유럽 동부와 아시아 북부에 자리 잡고 있었으며 수도는 모스크바였다. 1991년의 사회주의 붕괴로 연방이 해체되었다. 현재의 러시아, 우크라이나, 카자흐스탄, 우즈베키스탄, 투르크메니스탄, 벨라루스 등이 당시 연방에 속했던 나라들이다.

지시킬 수 있다. 물론, 이는 큰 방향에 불과하다. 세세한 내용들은 보통사람들, 즉 민초들이 주체가 되어 왕성한 토론과 합의를 이뤄나가면서 '집단 지성'을 발휘하는 가운데 하나씩 만들어 나가야 한다. 과연 우리는 이러한 역사적 창조 과정에 기꺼이 참여할 의지와 용기가 있는가?

'청년에 대한 미안함'을 팔아

최근 각종 선거에서 2030세대는 여야 모두에게 '태풍의 눈'이 되어 매섭게 다가섰다. 이제 정치 거물급들은 물론 잠정적인 후보들도 청년들에게 다가가 '미안하다'며 정중한 자세로 그들의 말을 경청하려는 모습이다. 일견 바람직하다.

그러나 이런 노력들은 솔직히 말해 청년에 대한 미안함을 상품화하는 것에 불과하다. 돈으로 표심을 사려 하기 때문이다. 이 상품화조차 고약한 부분이, 청년의 마음을 사는 데 지불할 돈은 자기 돈이 아니라 국민들 혈세라는 점이다. 심하게 말하면 청년의 부모들로부터 받아낸 세금으로 청년의 표심을 사려고 하면서 '미안하다'는 마케팅 메시지까지 끼워 넣은 것이니, 사기성이 짙다. 자본주의 시장이 강조하는 등가 교환의 법칙도 아니라는 얘기다. 이 문제를 좀 깊이 보면 '꼼수'나 '사기'를 고발하는 수준을 넘어간다. 청년의 미래를 진심으로 걱정한다면 이들의 삶, 이 삶의 주인공 입장에서 봐야 한다. 2030세대는 향후 이삼십 년 뒤 이 사회를 이끌 주역들이다. 이런 점에서 이들이 실망과 좌절을 넘어 희망과 자신감으로 미래를 맞이하도록 하는 것은 기성세대 모두의 책임이다.

문제는 '어떻게?'다. 먼저 확인할 것은 쉽게 얻을 수 있는 좋은 해법은 없다는 점이다. 온라인 시장에서 미끼나 허위 매물을 빼면 '품질 좋고 값싼' 상품이 없듯, 선거 국면에서도 허위나 미끼 공약을 빼면 '좋고도 쉬운' 내용은 없다. 중고 자동차 허위 매물 경고 메시지 역시 "좋고도 값싼 차는 없다"는 것을 명심하라고 하지 않던가?

2030세대에게 솔직히 말하면, 현재의 상품, 화폐, 권력 물신주의 사회에서는 모두가 원하는 공정과 정의를 실제의 현실로서 구현할 수 없다. 만일 있다고 말하는 자가 있다면 이 자는 거짓말을 하는 것이다.

왜 그런가? 원래 물신주의(物神主義)란 사람들 사이의 친밀한 관계 대신 특정한 사물을 신처럼 숭배하는 것이다. 여기서 특정한 사물은 보통 돈이나 물건이다. 그렇다면 상품, 화폐, 권력 물신주의 사회란 요컨대 더 많은 상품, 화폐, 권력을 갖고자 목매는 사회다. 그래야 형식적이나마 '사람' 대접을 받기 때문이다. 실제로 우리 사회는 돈 있고 멋진 옷을 입고 고급 차를 굴리며 비싼 집에 사는 사람을 우러러보는 경향이 있다. 실은 자본주의 사회가 다 그렇다. 이게 물신주의다. '물신의 철학'이 아니라 '관계의 철학'이 우리에게 절실한 까닭이기도 하다.

사람과 자연의 생명력을 마지막까지 뽑아먹으려는 자본주의

사람이 근본인 민본(民本)이 아니라 돈이 근본인 자본(資本)의 사회가 되다 보니, 이제는 존재 자체를 인정받기 위해서라도 돈과 권력을 쥐어야 한다. 화폐 가치가 오늘날 모든 가치의 왕(王)이 된 배경이다.

그래서 지금까지는 돈과 권력을 향한 욕망을 좇아 명문 학교나 일류 학교를 나오고 일류 직장에 취업하고 승진하는 데 인생의 에너지를 다 소모했다. 그러나 이제는 그것조차 허상에 불과함이 갈수록 뚜렷해진다. 정치인들은 청년들의 기회를 넓히겠다고 하지만 불행히도 그 기회의 물적 토대 자체가 작아지고 허물어지고 있기 때문이다. 2008년 세계 금융 위기 이후 온 세상은 '불경기'로 허덕이고 있지 않던가? 물론 코로나19 감염병 국면에서 또 디지털 공간에서 천문학적 이윤을 뽑는 자본도 있지만 이것은 극히 예외적이라 보는 게 옳다.

2022년 2월 발효된 RCEP●는 세계 최대의 자유 무역 협정으로 불린다. 하지만 이 협정의 본질은 갈수록 이윤 공간이 좁아지는 위기에 처한 자본이 일종의 자구책으로 국가 간 장벽 제거와 시장 확대를 꾀하는 것이다. 이 RCEP에는 15개국이 가입 중인데 한국, 중국, 일본, 호주, 뉴질랜드, 아세안 10개국(라오스, 미얀마, 캄보디아, 태국, 인도네시아, 필리핀, 말레이시아, 싱가포르, 베트남, 브루나이) 등이다. 2018년에 출범한 CPTPP●●도 큰 흐름은 마찬가지다. CPTPP 회원국은 11개국인데 일본, 호주, 뉴질랜드, 말레이시아, 싱가포르, 베트남, 브루나이, 캐나다, 멕시코, 칠레, 페루 등이다. 우리나라도 뒤늦게나마 참여하려고 한다. 그러나 각국 민초의 입장에서 보면, 이러한 글로벌 협정들은 각국 자본이 더 많은 상품 수출로 더 많은 화폐를 벌어들이고자 하는, 새로운 시도에 불과하다. 이 과정에서 생기는 노동 억압, 차별, 자연 파괴 등은 별 고려가 안된다. 물론 이 과정에서 청년들의 '기회'가 좀 생길 수는 있다. 하지만 지극히 부분적이고 일시적이다.

요컨대 이미 오래전에 파산 선고를 받은 자본이 현실을 인정하지 않고 자기 체제를 연장하기 위해 발버둥 치는 것, 그 와중에 사람이나 자연의 생명력을 최후까지 뽑아내려 하는 것, 바로 이것이 오늘날 모든 불행의 뿌리요, 이미 오래전에 뚜껑이 열려 버린 판도라 상자. 그러나 그 상자 밑바닥엔 간신히 희망이 남았다지 않던가?

그렇다면 '좋지만 힘든' 해법이라도 있는가? 있다. 이걸 현실로 만들 방법은 없는가? 있다. 다만 조건이 있다. 이 조건은 현재의 상품, 화폐 물신주의를 타파하고 모든 기득권을 혁파하는 것이다. 한마디로, 원점(제로베이

● RCEP(Regional Comprehensive Economic Partnership) : '역내 포괄적 경제 동반자 협정'을 말한다. 아시아 태평양 지역을 관세 장벽 없는 하나의 자유 무역 지대로 통합하는 무역 협정이다.
●●CPTPP(Comprehensive and Progressive Agreement for Trans-Pacific Partnership) : '포괄적 · 점진적 환태평양 경제 동반자 협정'을 말한다. 일본을 비롯한 11개국이 참여하여 경제협력체를 형성하고자 하는 협정이다.

스)에서 새 출발하는 것이다. 이 원점이란 개인적으로는 공수래공수거(空手來空手去)●의 인생관이다. 그리고 사회적으로는 '모든 이에게 모든 것(Omnibus Omnia)'●●이라는 자세이고 만인만물(萬人萬物)의 철학이다.

현실을 보라. 천문학적 재산을 가진 재벌 회장조차 100년을 넘기지 못하고 빈손으로 세상을 떠난다. 태어날 때도 빈손이었다. 부모 잘 만나 평생 돈방석에 앉았을 따름! 그러나 99%의 보통사람들은 이럴 기회도 없다. 평생 허덕이다 겨우 자식들 공부 좀 시켜 놓고 떠난다. 역시 빈손이다. 삶의 과정은 불평등이되 그 시작과 종점은 빈부를 막론하고 평등하다.

만일 우리가 진정으로 삶의 과정들 역시 평등하기를 바란다면, 불평등을 초래하는 온갖 구조를 근본적으로 바꿔내고 스스로도 특혜나 기득권에의 강박적 집착을 과감히 버려야 한다. 나아가 우주의 눈으로 보면 이 지구 위에 사는 인류는 같은 배를 탄 승객에 불과하다. '지구호' 배의 항해 목적은 행복이다. 전 인류가 함께 행복하려면 전쟁 없이 평화와 우애를 나누면 된다. 국익 개념을 초월해야 하고 경쟁을 지양해야 한다. 우애로 사는 인류에게는 '모든 이에게 모든 것'이라는 철학이 오히려 자연스럽다. 국경이나 소유권 개념은 허망한 것일 뿐이다. 만인만물의 철학 아래서는 공기, 땅, 바다처럼 만물은 모두의 것이며, 모든 이는 모든 것을 고맙게 누리다가 후손에게 잘 물려주고 갈 뿐이다. 실제로 우리 조상들도 삼천리금수강산을 우리에게 물려주지 않았던가? 그러나 우리는 지난 60년 동안 개발지상주의, 황금만능주의에 병들어 삼천리를 '오염 강산'으로 만들고 말았다. 지금부터라도 되돌려야 한다.

● **공수래공수거(空手來空手去)** : 빈손으로 왔다가 빈손으로 간다는 뜻이다. 태어날 때 맨몸으로 태어나고 죽을 때도 아무것도 소유하지 못한 채 맨몸으로 죽는다는 것이다. 불교 의식집인 ≪석문의범(釋門儀範)≫의 〈영가법문(永嘉法文)〉에 나오는 말이다.
●●**모든 이에게 모든 것(Omnibus Omnia)** : ≪성경≫ 〈코린토 신자들에게 보낸 첫째 서간〉 9장 22절에 다음과 같은 구절이 나온다. "약한 이들을 얻으려고 약한 이들에게는 약한 사람처럼 되었습니다. 나는 어떻게 해서든지 몇 사람이라도 구원하려고 모든 이에게 모든 것이 되었습니다."

이미 오래전에
파산 선고를 받은 자본이
현실을 인정하지 않고
자기 체제를 연장하기 위해
발버둥 치는 것,

그 와중에
사람이나 자연의 생명력을
최후까지 뽑아내려 하는 것,

바로 이것이
오늘날 모든 불행의 뿌리요,
이미 오래전에 뚜껑이 열려 버린
판도라 상자다.

거듭 현실 타령만 하면서
진정한 변화를 이루지 못하면

이제 공수래공수거, 그리고 만인만물 원리를 우리의 2030세대가 처한 현실에 적용해 시급한 미래 지향적 과제를 설정하면 어떻게 될까?

첫째, 취업 전쟁을 그만하고 각자 하고 싶은 일을 하면서도 생계 걱정을 하지 않는 사회를 만든다. 그러려면 개성 있는 고교 평등화를 실시하여 청소년이 꿈과 개성을 살리도록 해야 하고, 나아가 대학 역시 개성 있는 대학 평등화를 이루어야 한다. 직장 또한 개성 있는 직업 평등화를 이루어야 한다. 직업 간 차별을 없애야 각자 하고픈 일을 하면서도 생계 걱정을 하지 않게 된다.

둘째, 집이나 땅을 재산 증식 도구가 아니라 누구나 소박한 행복을 누릴 수 있는 보금자리로 재설정하고 인간적 필요에 맞게 빌려 쓴다. 집과 땅을 더 이상 교환 가치로 보지 말자는 말이다. 만인의 권리인 거주권과 생활권을 보장하는 게 바람직하다. 구체적인 방법론은 민주적인 협의 절차를 거치면 된다. 그 과정에서 모든 민초가 성숙한 토론에 참여할 필요가 있다.

셋째, 육아와 교육을 개인 책임으로 돌리는 게 아니라 온 사회가 같이 해결하는 것으로, 또 교육의 목적을 출세가 아닌 사회 헌신으로 설정한다. 생각건대 '일류 인생'은 자아 발견, 실력 증진, 사회 헌신이라는 3요소로 이뤄진다. 이런 가치관을 가지면 누구나 일류 인생을 살 수 있도록 온 사회가 지원해야 한다. 육아, 교육, 진로 문제를 개인에게만 맡기면 안된다.

넷째, 중요한 사회적 의사 결정을 할 때마다 만민 공동회나 시민 의회와 같은, '숙의 민주주의' 방식을 활용한다. 일례로 스웨덴에서는 핵폐기물 저장소를 결정하기 위한 토론 및 숙의 과정이 무려 25년(1984-2009) 걸렸다. 또 독일에서는 2011년 3월 일본 후쿠시마 원전 붕괴 후 두 달 만에 초고속 숙의 과정을 거쳐 '탈원전'을 선언하고 2022년 말까지 17개의 원전 시설을 모두 폐쇄하기로 했다. 지금까지 이 계획은 착실히 진행되었고, 2022년 중에 마지막 3개 원전도 폐쇄한다. 우리나라도 각종 위원회나 만민 공동회, 시민 의회를 통한 숙의 민주주의가 가능하다. 물론 언론 개혁이나 검찰 개혁이 지지부진한 조건에서 이런 식의 변화를 곧장 이루긴 어렵다. 그래서 건전한 여론 형성과 올바른 사회 분위기 조성을 위해서라도 언론 개혁과 검찰 개혁이 급선무다.

지금까지 수십 년 간 그래온 것처럼 화폐 및 상품 물신주의에 중독된 채, 거듭 현실 타령만 하면서 진정한 변화를 이루지 못하면 결국 우리는 상품, 화폐, 권력 물신의 영원한 노예로 살다가 파국을 맞을지 모른다. 따라서 지금의 청소년이나 이삼십 대 청년들이 원하는 공정과 정의를 진정으로 구현하기 위해서라도 먼저 물신에서 해방돼야 한다.

사람과 사람, 자연이 함께 사는 길

―― 함석헌의 <생각하는 백성이라야 산다>가 주는 교훈

민주주의 언론인 함석헌(咸錫憲)●은 1958년 월간 교양지 ≪사상계≫ 8월호에 <생각하는 백성이라야 산다>라는 글을 썼다. 글의 부제는 '6·25 싸움이 주는 역사적 교훈'이었다.

당시는 1945년 일제로부터 형식적인 해방을 이룬 뒤 미군정 치하의 좌우 대립을 거쳐 1950년부터는 참혹한 한국전쟁을 거친 때였다. 국토, 시설, 제도, 마을, 사람, 정신이 죄다 파괴된 직후의 혼란기였던 것이다. 1948년 8월 출범한 이승만 정권은 1950년 6월 한국전쟁 개시 3일 만에 민초들보다 먼저 야반도주하면서도 한강 다리를 폭파하는 등 정권으로서의 타락과 무능을 유감없이 드러냈다. 그러고도 수치심이나 죄책감도 없었다. 심지어 1954년엔 이승만의 대통령 3선 연임을 가능하도록 하는 개헌안을 '사사오입(四捨伍入)'으로 통과시켰다. 이로써 1956년의 대통령 선거에서 당선돼 또다시 정

● **함석헌(咸錫憲) 1901-1989 :** 대한제국 시기인 1901년 평안도 용천군에서 태어났고 1923년 오산고등보통학교를 졸업했다. 1924년 일본으로 유학을 떠나 동경고등사범학교에서 공부했다. 1928년 귀국해 무교회주의 기독교 정신을 바탕으로 독립 운동을 했다. 해방 이후인 1947년 월남했으며 1956년 ≪사상계≫ 주필을 맡아 독재 정권을 비판하는 언론 활동을 펼쳤다. 1970년에는 ≪씨올의소리≫를 창간해 씨알인 민인(民人)의 말을 세상에 내놓고자 했다. 1989년 세상을 떠날 때까지 민권, 민주화 운동에 한 평생을 바쳤다. 1988년 한길사에서 그의 글을 모아 ≪뜻으로 본 한국 역사≫, ≪생각하는 백성이라야 산다≫, ≪씨알에게 보내는 편지≫ 등과 같은 제목으로 20권의 '전집'을 출간했다.

권을 장악하고 있었다. 따라서 1958년 함석헌의 글은 한편에서는 당시 이승만 정권의 무능, 무개념, 배신과 타락 등을 나무라면서도, 다른 편에서는 '생각'이 부족한 '낙제한 국민'을 향해 '국민 전체가 회개를' 하자고 호소했다.

함석헌은 1956년부터 월간 교양지 ≪사상계≫ 주필을 맡아 정권을 비판하는 글을 쓰며 정치 투쟁과 투옥을 거듭했다. ≪사상계≫가 폐간되자 1970년에는 직접 시사교양지 ≪씨올의소리≫를 창간했는데 이 잡지 또한 온갖 수난을 겪으며 폐간과 복간을 반복했다. ≪씨올의소리≫ 창간사에서 함석헌은 이렇게 말했다. "신문이 씨알에게 씨알이 마땅히 알아야 할 것을 가리고 보여주지 않을 뿐 아니라, 씨알이 하고 싶어 못견디는 말을 입을 막고 못하게 한다." 그래서 그 발행 목적도 첫째, "바른 말을 하자", 즉 "한 사람이 죽는 일이 있더라도 옳은 말을 하자"는 것, 둘째, "유기적인 공동체를 기르는 일을 하자"는 것이었다. '바른 말'과 '공동체'는 60년도 더 지난 지금, 특히 '가짜뉴스'나 '어불성설' 논리들이 난리굿을 벌이는 오늘날 여전히 유효하고도 절실하다.

1958년 ≪사상계≫에 쓴 〈생각하는 백성이라야 산다〉 역시 그 특유의 '바른 말', '옳은 말' 때문에 당시 이승만 정권의 눈엣가시로 보였다. 첫 필화였다. 이승만 정권은 ≪사상계≫ 발행인 장준하(張俊河, 1918-1975)와 함께 필자인 함석헌도 국가보안법 위반 혐의로 구속했다.

남한도 북한도 꼭두각시일 뿐이라는 '바른 말'

무엇보다 당시의 남한(이승만 정권)을 '꼭두각시'로 묘사한 것이 문제였다. 문제의 구절은 다음과 같았다. "남한은 북한을 소련·중공의 꼭두각시라 하고 북한은 남한을 미국의 꼭두각시라 하니 남이 볼 때 있는 것은 꼭두각시뿐이지 나라가 아니다. 우리는 나라 없는 백성이다. 6·25는 꼭두각시의 놀음이다. 민중의 시대에 민중이 살았어야 할 터인데 민중이 죽었으니 남의 꼭두각시밖에 될 것 없지 않은가?" 지금 우리가 보면 상식적인 말이지만 당시 정권으로서는 남한은 '정상' 국가, 북한은 '북괴'라 불러야 옳았다. 그러나 함석헌의 관점에서는 남한도 북한도 "이게 나라냐?"라는 말을 들어 싸다고 본 것이다. '바른 말'이었다.

〈생각하는 백성이라야 산다〉는 부제 '6·25 싸움이 주는 역사적 교훈'이 뜻하듯 한국전쟁의 가르침을 깊이 성찰하자는 호소다. "6·25사변은 아직 우리 목에 씌워져 있는 올가미요 목구멍에 걸려 있는 불덩이다." 올가미는 벗겨 버려야 하고 불덩이는 삼켜 버려야 한다. 그래야 "우리 맘이 언제나 답답하고 우리 눈알이 튀어나올 듯하고 우리 팔다리가 시들부들 늘어져만 있어 아무 노릇을 못"하는 현실을 바꿀 수 있다. 그러니 "죽을힘을 다해" 올가미를 벗기고 "눈을 딱 감고 죽자 하고 혀를 깨물고 목구멍을 좀 데면서라도 꿀꺽" 불덩이를 삼켜야 한다. 비록 불편하고 거북하더라도 '역사적 사건의 뜻'을 제대로 깨달아야 올가미나 불덩이가 더 이상 우리를 괴롭히지 않는다는 얘기다. 그래서 "전쟁을 치르고도 뜻도 모르면 개요 돼지"라고 나무랐다.

여기서 올가미나 불덩이는 한국전쟁이 남긴 상처, 즉 집단 트라우마(collective trauma)를 뜻한다. 왜 그런가? 이는 전쟁이 수많은 죽음을 낳았기 때문이다. 남북한 군인, 연합군, 중공군 등 전쟁에 참가한 군인 중 사망자 수는 80만 명을 넘었다. 민간인 피해도 엄청났는데 사망, 행방불명, 부상 등의 인명 피해는 남한이 약 100만 명, 북한이 약 250만 명에 달했다.●

그리고 이후 우리는 오랫동안 국가에 의해 "상기하자 6·25!"라거나 "때려잡자 공산당!"이라는 식의 기억을 강요당했다. 우리의 일상 의식도 "니들이 6·25를 알아?"라는, '전쟁을 겪은 세대'의 피해 의식 짙은 트라우마 앞에 주눅 들었다. 그 결과 우리는 여전히 좌우 대립이나 빨갱이라는 낙인, 좌파나 공산주의에 대한 두려움 때문에 국가나 자본주의에 대한 문제 제기조

● 한국전쟁 피해자 수 통계는 자료마다 다르다. 여기서 인용한 군인 사망자 수 및 민간인 피해자 수는 국가기록원, ≪한국민족문화대백과≫, ≪연합뉴스≫ 2020년 6월 21일 〈6·25전쟁 사상자 현황〉 기사 등의 자료이다.

차 금기시한다. 심지어 '국민보도연맹' 사건●과 같은 경우는 수십만 명의 민간인이 참혹하게 학살당했음에도, 희생자 유족들조차 이 일을 말하기 꺼렸다. 역사적 진실의 실체를 알고 이 일에 대해 말하는 것보다 빨갱이 낙인이 두려웠던 것이다.

그러나 '역사적 사건의 뜻'을 제대로 알고 이를 널리 공유해야 우리는 마음 깊이 각인된 트라우마와 두려움을 생산적으로 극복할 수 있다. 그러기 위해서라도 우리 사회에 만연한 집단 트라우마와 두려움을 직시할 필요가 있다. 여럿이 둘러앉아 경청과 공감의 자세로 그간 국가나 자본이 일방적으로 강요한 기억들을 하나씩 털어내면서 각자 가진 두려움이나 피하고 싶은 상처나 기억을 말하기 시작해야 한다. 새 출발, 새 시작이다.

하루를 살아도 생각을 가지고 살아야
제대로 사는 것

그렇다면 함석헌이 말한 '6·25 전쟁의 역사적 뜻'이란 무엇인가? 첫째, 한국전쟁의 원인은 직접적으로는 38선을 그은 미국과 소련 등 외세가 문제였다는 점이다. 둘째, 외세라는 고래 싸움에 터지도록 등을 내민 새우 격인 우리가 약소민족이었던 것 역시 문제였다는 말이다. 셋째, 조선이 약소민족에 머문 이유는 근대 민족 국가, 자본주의 중산층 형성에 실패했기 때문이라는 것이다. 넷째, 또 이렇게 된 까닭은 씨알(서민, 백성)이 잘 성장하지 못했기 때문이라는 것이다. 다섯째, 사태가 이렇게 된 '먼 역사의 흐름'은 고구려 패망, 신라의 협소한 통일, 고려시대 묘청(妙淸)의 난 진압, 조선시대 사대주의와 당파 싸움, 오랜 가렴주구 등이다. 여섯째, 형제 간 전쟁이 일어난 것은

● **국민보도연맹 사건** : 국민보도연맹은 좌익 인사 전향 및 교화를 목적으로, 1949년 6월 설립된 단체이다. 1949년 말까지 좌익 인사 약 30만 명을 가입시켰는데, 가입이 강제적이었고 지역별 할당제가 있어 아무 관련이 없는 민간인도 가입시키는 경우가 있었다. 한국전쟁이 일어나자 이승만 정부는 국민보도연맹원을 구금한 후 집단적으로 학살했다. 연맹원 상당수가 학살당한 것으로 알려져 있다.

아직 '참 자유', '참 해방'을 얻지 못했다는 것, 또 나라가 나라답지 못하다는 걸 뜻한다. 일곱째, '새 역사를 낳을 새 종교'를 구하라는 뜻이고, 또 "하나 되는 세계로 달리는 한 걸음"을 내딛으란 뜻이다.

따라서 '6·25 전쟁의 역사적 뜻'을 안다는 것은 과거, 현재, 미래를 일직 선상에 놓아 '이 끝에서 저 끝'을 다 내다보는 일이다. 그래야 비로소 우리가 역사의 주인이 된다. "이제라도 우리 손으로 다시 해방을 해야" 하는 까닭 이다. 이는 일찍이 독일 철학자 허버트 마르쿠제(Herbert Marcuse, 1898-1979)가 "노예 해방을 위해서는 먼저 노예 스스로 해방돼야 한다"고 했던 말과 일맥상통한다.

이런 맥락에서 함석헌은 이제부터라도 씨알들이 통일 정신, 독립 정신, 신앙 정신으로 올곧게 무장하여 역사의 주인 행세를 해야 한다고 역설했다. 그렇지 않으면 우리는 제대로 된 '주연'이 아니라 그저 '마소(馬牛)에 옷 입 힌' 존재일 뿐이다. 여기서 통일 정신이란 대동단결의 하나 됨을 말하고, 독 립 정신이란 상호 존중하면서도 '우주를 등에 지는' 마음으로 인격적으로 바 로 서는 것을 말한다. 그리고 신앙 정신이란 '깊은 인생관, 높은 세계관'에 기초해 뜻을 찾음이다. 지금도 이 정신들은 절실하다. 그러나 함석헌의 말 역시 우리가 성찰적 비판을 해야 한다.

함석헌에 따르면, 여태껏 우리가 '고난의 역사'만 살아온 것도 결국은 '생 각의 간난'으로 인해 당파 싸움과 분열만 일삼았고, 그로 인해 '인물 간난'까 지 생겨 '물자의 간난' 탓에 '못사는 나라'가 됐기 때문이다. 따라서 인물 간 난을 극복하기 위해서라도 생각의 간난, 철학의 간난, 종교의 간난을 극복 해야 한다. 그러니 '깊은 종교'를 낳기 위해서라도 '생각하는 민족', '철학하 는 백성'이 돼야 한다. 이것이야말로 제대로 사는 것이다. 생각이 없고 철학 이 없다면 지위 고하를 막론하고 살아도 산 게 아니다. '좀비(zombie)'일 뿐 이다. 우리는 '100세 시대' 운운하지만, 아무 생각 없이 오래 사는 것은 좀비 다. 하루를 살아도 철학을 가지고 의미 있게 살아야 한다.

함석헌의 통일 정신, 독립 정신, 신앙 정신은 현실 모순을 직시하면서도 현실을 넘어 바른 미래를 열기 위한 주체적 조건이다. 특히, '국가-재벌 복합체'가 사회를 지배하던 군사 독재 시기(1960년대 이후 1980년대까지)에 이 정신들은 민주화 운동의 필수물이었다. 하지만 1990년대 이후 우리나라 사회는 '재벌-국가 복합체'로 미묘한 지형 변화를 한다. 자본 우위의 사회가 안착한 것이다. 이런 사회적 조건을 감안한다면 이제부터라도 우리는 '탈(脫)자본'의 철학이 필요하다. 이게 그의 뜻을 이은 씨알로 거듭나는 방법론이다.

탈자본 철학의 필요성을 달리 볼 수도 있다. 그것은 자본주의가 사회를 통치하는 방식을 군사적 형태, 민주적 형태, 복지적 형태, 친환경적 형태 등으로 나눠 보는 것이다. 1950년대 한국전쟁 시기나 그 이후 1980년대까지의 독재 정부들은 한국 자본주의를 지탱하기 위한 군사적 형태였다. 그런데 1980년대 민주화 운동 이후 김영삼, 김대중, 노무현, 문재인 정부는 한국 자본주의를 '민주적으로' 관리하는 형태였다. 그 사이 이명박, 박근혜 정부는 그것조차 못마땅해 군사적 형태로 회귀하려 했다.

현재 우리는 민주적 형태에서 복지적, 친환경적 형태로 이행하려는 단계다. 현실적으로 가장 나은 정치가나 행정가조차 이런 전망 속에 머물러 있다. 달리 말해 아직 탈자본의 전망을 보여주는 정치가는 없다. 따라서 우리 씨알들은 그 통치 형태가 어떠하건 자본주의를 위한 정치 사회적 관리 형태를 넘어 탈자본의 시각을 가져야 한다. 진정으로 인간답게 살기 위해서다.

물론 이것이 곧 소련식의 사회주의나 공산주의를 의미하는 건 아니다. 과거 소련과 동유럽이 실패한 것은 자본주의 세계 체제라는 외인(外因)도 있지만, 씨알이 소외된 관료주의와 감시주의, 국유화라는 이름 아래 감춰진 노동 소외, 씨알의 소망과 의사가 배제된 관료들만의 계획 경제 등 내인(內因)이 더 문제였다. 이런 면에서 탈자본 정신은 사람과 사람, 사람과 자연이 더불어 사는 삶을 지향한다. 따라서 "자본주의냐 사회주의냐" 하는 이분법(흑백논리)에 갇힐 일이 아니라 제3의 길인 '생태 민주주의'를 지향해야 한다.

강자에게 알아서 복종해 온 집단적
'강자 동일시'의 역사

함석헌은 〈생각하는 백성이라야 산다〉에서 이렇게 말했다. "참 해방이 됐다면 참 자유하는 민족이 되었다면, 미·소 두 세력이 압박을 하거나 말거나 우리는 우리대로 섰을 것이다. 해방 전까지 없던 남북한의 대립이 두 나라 군대가 옴으로 말미암아 시작된 것은 우리 국민 정신이 진공 상태였던 것을 말하는 것이다." 그랬다. 거의 '진공'이었다. 남과 북의 형제 사이엔 우애가 없었고 간극만 벌어졌다.

이런 진공이다 보니 미국과 소련이 싸움을 부추기자 그저 싸워 이기려고만 들었다. 아무도 왜 싸워야 하는지 질문하지 않았다. 어느 누구도 문을 열고 이렇게 말하지 않았다. "들어오너라. 너를 대항해 죽이기보다는 나는 차라리 네 칼에 죽는 것이 마음 편하다. 땅이 소원이면 가져라, 물자가 목적이면 마음대로 해라, 정권이 쥐고 싶어 그런다면 그대로 하려무나. 내가 그것을 너하고야 바꾸겠느냐? 참과야 바꾸겠느냐?" 대적(fight) 아니면 도망(flight)이라는 이분법 프레임 안에서만 놀았다. 만일 '깊은 종교'를 가진 '생각하는 민족' 또는 '철학하는 백성'이었다면 '네 잘못이 내 잘못'이라며 회개하든지 "형제를 죽이고 훈장이 무슨 훈장이냐?"며 훈장을 내던졌을 것이다.

미국이나 소련에 속은 것은 권력과 욕심 때문이었다. "속아서 그 앞잡이 된 것은 정권 쥔 자들이요. 속은 것은 욕심 있기 때문이다. 더구나 그렇게 큰 전쟁이 일어나는데 그 날 아침까지 몰랐으니 정말 몰랐던가? 알고도 일부러 두었는가? 몰랐다면 성의 없고 어리석고, 알았다면 국민을 팔아넘긴 악질이다. 그러고는 밤이 깊도록 서울을 절대 아니 버린다고 열 번 스무 번 공포하고 슬쩍 도망을 쳤으니 국민이 믿으려 해도 믿을 수 없었다." 정치가들의 권력 욕망, 재물 욕망이 핵심 문제였다. 여기서 속은 것이란 기만이나 사기를 당했다기보다 '강자 동일시' 심리 구조에 스스로 속은 것이다.

강자 동일시 심리란 무엇인가? 그 힌트는 함석헌도 강조한 바, 우리가 '전쟁에 진 일본의 식민지였던 것', 즉 '약소민족'이었던 사실과 인식에 있다. 짧게는 한일합방 이후 36년간, 길게는 강화도조약 이후 70년간 제국주의 외세에 시달리면서 조선 사회 전체는 약소국의 서러움을 깊이 느꼈다. 외세의 군사적, 경제적 침략과 수탈은 조선 사회 전반에 집단 트라우마와 두려움을 남겼다. 생존의 두려움, 패배의 두려움, 낙후나 배제(망국)의 두려움! 두려움에 갇힌 개인이나 사회의 생존 전략은 대체로 강자 앞에 무릎 꿇고 "형님, 알아서 모시겠습니다"라며 복종을 맹세하는 것이다. 바로 집단적 차원의 '강자 동일시'다. 친일파들이 일제를 숭배한 것, 해방 후 친미파들이 미국을 숭배한 것, 나아가 모두가 자본주의 시스템을 당연하게 여기는 것이 바로 이것이다.

물론 이 집단적 강자 동일시는 역사적으로 뿌리 깊다. 함석헌도 간파했듯 멀리는 신라와 당나라의 관계, 고려와 원나라의 관계, 조선과 명나라·청나라의 관계, 조선과 일본의 관계가 그랬다. 또 조선시대 당파 싸움 역시 사화를 거듭 거치며 강자 동일시 심리를 강화했다. 일제 강점기 때의 친일파가 해방 후 친미파로 변신한 일은 이 강자 동일시 심리의 대표 사례다.

물론 약소국이라고 모두 강자 동일시 심리 구조를 갖는 건 아니다. 아시아의 부탄, 유럽의 스위스, 남아메리카의 베네수엘라 같은 나라는 나름 독자적인 길을 걸었다. 스스로 강대국 아래 복속하지 않았다. 이것이 더 건전하고 행복하다고 여겼기 때문이다. 조선의 경우도, 일례로 1894년의 동학농민운동이 성공했더라면 강자 동일시가 아니라 독자 노선을 택했을 것이다. 왜냐하면 동학농민운동은 12개 조항으로 이루어진 〈폐정 개혁안〉에서 인내천(人乃天) 사상에 기초한 변화의 기본 방향을 제시했기 때문이다. 〈폐정 개혁안〉은 비록 양반과 상놈의 신분제나 왕정의 폐지 같은 민주주의적 요구는 없었지만, 토지의 균등 분배, 노비 해방, 과부 재혼 허가, 불량한 유림과 양반의 못된 버릇 징계 등과 같은 내용을 담고 있었다. 이런 '아래로부터의' 운동이 발전하고 발전하면 결국 민주주의에 기초한 인간 해방, 나아가 생태 민주주의에까지 이를 수 있다.

문제는 안팎의 적들이다. 동학농민군은 1895년 들어 청나라 군과 일본군,

그리고 관군의 폭력 개입으로 처참히 진압됐다. 특히 일본군의 신식 총이 결정타였다. 아래로부터의 운동이 패배한 결과, 함석헌의 지적처럼 "백성은 줄곧 말라들기만 했다."

씨알이 힘 있게 자라지
못했기 때문에

그런데 함석헌은 〈생각하는 백성이라야 산다〉에서 자본주의 '중산층'에게 상당한 희망을 걸었다. "민족 국가, 경제에 있어서 자본주의 국가는 씨알 중에서도 중산층의 나라다. 중산층이란 다른 것 아니요 그 사회 제도가 씨알이 자라 제 힘으로 올라갈 수 있는 길이 열려 있다는 말이다. 그러므로 언제나 중산층이 튼튼히 있으면 그 나라가 성해가는 것은 천하가 다 아는 사실이다. 중산층이 살아 있는 만큼 씨알의 발달이 되어 있는 나라는 마치 맨 밑의 곧은 뿌리가 잘 자란 나무같이 어떤 역사적 변동이 와도 거기에 맞추고 그 기회를 타고 이겨나갈 수 있지만 그렇지 못한 나라는 망하는 수밖에 없다." 그러나 중산층이 튼튼하다는 것은 자본주의의 번영일 뿐 인간 행복의 충분조건이 아니다. 중산층이 많다는 현재도 우리의 불행 지수는 높지 않은가?

반봉건, 반외세를 외쳤던 동학농민운동이 패배한 결과 일본 등 제국주의가 본격 침탈했다. 이에 대해 함석헌은 이렇게 분석한다.

"우리는 왜 남의 식민지가 됐던가? 19세기에 와서 남들은 다 근대식의 민주 국가를 완성하는데 우리만이 그것을 못했다. 왜 못했나? 동해 바다 섬 속에 있어 문화로는 우리에게조차 업신여김을 당하던 일본도 그것을 하고 도리어 우리를 덮어 누르게 되는데, 툭하면 예의의 나라라 '작은 중화'라 자존심을 뽐내던 우리가 왜 못했나? 원인은 여러 말 할 것 없이 서민, 곧 이 백성이란 것이, 이 씨알이 힘 있게 자라지 못했기 때문 아닌가? 남들은 아무리 봉건 제도라 하며 정치가 아무리 본래 백성을 부려 먹는, 씨알 짜 먹는 일이라 하더라도 그 '오리'인 서민 계급을 길러가며 생산 방법을 가르쳐주며, 그 금알을 짜 먹을 만한 어짊과 인정은 있었는데, 우리나라 시대시대의 정치업

우리나라 시대시대의
정치업자 놈들은

예나 이제나 한결같이
그저 짜 먹으려만 들었다.

백성은 줄곧
말라들기만 했다.

함석헌,
<생각하는 백성이라야 산다>

자 놈들은 예나 이제나 한결같이 그저 짜 먹으려만 들었다."

즉 식민지가 된 까닭은 근대 민족 국가를 완성하지 못했기 때문이고, 그 게 안된 이유는 "씨알이 힘 있게 자라지 못했기 때문"이었다. 또 그 이유는 봉건 지배층의 백성 수탈, 가렴주구가 문제였다. 이러한 문제의식은 지금도 널리 공유된다.

인간다운 삶의 욕구를 출세욕으로
대체한 자본주의

그런데 여기서 우리는 찬찬히 따져 봐야 한다. 과연 근대 민족 국가를 어떻 게 볼 것인가? 근대 민족 국가는 경제적으로 '자본주의 국가'다. 오히려 이 렇게 볼 수도 있다. 자본주의는 그 발달 과정에서 근대 민족 국가라는 외형 을 빌린다. 이탈리아가 그랬고, 스페인과 포르투갈이 그랬으며, 영국이 그 랬고 프랑스와 독일이 그랬다. 각 지방마다 흩어져 존재했던 중세 봉건 영 토들이 민족 국가로 통일을 이루면서 근대 자본주의를 구축해 나갔다. 자본 주의 삶의 방식을 관철하기 위해 민족이나 국가의 틀이 필요했던 것이다.

그 와중에 영국의 산업혁명으로 자본주의가 '제 발로 서게' 되었다. 영국 의 애덤 스미스(Adam Smith, 1723-1790)가 1776년 ≪국부론≫에서 '이 기심'에 근거한 영업의 자유나 자유로운 시장 경쟁의 효율성을 논했다. 그러 나 이 이론은 갈수록 독과점 문제나 공황 앞에 그 모순을 드러냈다. 또 대량 생산의 효율은 국내 시장을 넘어 해외 시장 및 원료 공급지를 개척하게 강 제했다. 바로 이런 흐름에서 조선은 1876년 일본, 1882년 미국, 1883년 영 국과 독일, 1884년 이탈리아와 러시아, 1886년 프랑스와 통상 조약을 맺었 다. 그러나 제국주의 열강 간 식민지 경쟁은 결국 전쟁으로 가는데, 이게 저 유명한 제일차세계대전과 제이차세계대전이다. 자본주의는 평화 시엔 경제 경쟁으로 작동하고, 비상시엔 군사 전쟁으로 작동한다. 따라서 경제 경쟁과 군사 전쟁은 자본주의의 외형일 뿐이다. 함석헌이 그 뜻을 알아야 한다고 강조한 '6 · 25 싸움의 역사적 의미' 또한 바로 이 맥락으로 파악함이 바람직하다. 이런 뜻에서 미군정과 한국전쟁은 미국식 자본주의가 한반도(남한)에 뿌리내리기 위한 전초전이었다.

그것은 이미 ≪중독의 시대≫●에서도 다루었듯, 대한민국(남한)의 역사, 특히 해방 후 첫 8년의 역사(1945-1953)는, 자본의 자기실현을 위해 막대한 공포를 수단으로 순종적 국민을 창조하는 역사였다. 이로 인해 이념적, 도덕적 공백이 생겨났고, 그 결과 약 7년간(1953-1960) 정체와 사회적 무기력이 이어졌다. 가난과 굶주림은 현실적 고통으로, 하루빨리 벗어나고픈 '헬조선'이었다. 이 맥락에서 빈곤 트라우마는 반공정신을 내면화하고 동시에 비(非)자본주의의 전망을 억제했다. 즉 인간다운 삶의 욕구가 부자 욕망, 성공과 출세 욕망으로 대체됐다. 요컨대 한국전쟁은 최소한 남한에서라도 자본주의를 출범시키기 위한 인간 주체의 변형 과정으로서, 한편으로는 '불온한 대안적 상상력'을 폭압적으로 배제하는 과정, 다른 편으로는 '성공과 출세 욕망'을 대량으로 생산하는 과정에 다름 아니었다.

바로 이것이 1950년대 한국전쟁과 그 직후 헬 조선으로부터 1960년대 이후 수십 년 간 진행된 고도 경제 성장으로 도약하기 위한 역사적 과정이었다. 그러나 대규모 농촌 파괴나 노동력 착취, 삼천리 오염 강산 등을 동반한 고도의 경제 성장 과정을 정직하게 대면한다면 '박정희 신화' 같은 찬송가는 더 이상 부르기 어렵다.

이런 역사적 의미와 맥락을 진지하게 이해한다면 함석헌이 말한 '씨알'이 자본주의 국가를 위한 씨알이거나 '씨알 중에서도 중산층의 나라', 즉 중산층이 튼실한 자본주의를 위한 씨알이 되어선 곤란하다. 왜냐하면, 그의 '깊은 종교'의 맥락에서 보더라도 이 씨알은 무한 성장과 무한 이윤을 추구하는

● **≪중독의 시대≫**: 이 책의 지은이인 강수돌이 독일 브레멘대 명예교수인 홀거 하이데 (Holger Heide)와 함께 2018년에 낸 책이다. 우리 사회를 중독 사회로 규정하고 그 원인과 증상, 그리고 건강한 사회를 위한 대안을 다루고 있다. 우리 사회가 중독에 빠진 것은 두려움 때문이며, 이 중독에서 벗어나려면 가장 먼저 중독에 빠진 사실을 인정해야 한다고 말한다.

자본을 넘어 자연과 사람, 사람과 사람의 공생을 추구하는 인격체이자 생명체여야 하기 때문이다.

자본주의냐 사회주의냐의
이분법으로부터 벗어나야

한편 함석헌은 한국전쟁 당시 유엔 16개국이 파병한 일을 두고 이렇게 말했다. "참 利(이)는 의(義)다. 유엔군의 출동은 역사의 명령이었다. 우리는 이것을 밝히 알아야 한다. 그러므로 덕(德)을 본 것은 우리만이 아니다. 우리야 물론 덕을 입었다. 멸망을 면했으니 덕이요, 더구나 정신면에 있어서 영향은 크다. 전쟁 후 무너져 가는 민심을 이만큼이라도 거두고 우리나라의 썩고 썩은 관료 정신을 가지고도 이만큼 꾸려나갈 수 있는 것은 유엔군이 출동해서 그 의기가 고무되었기 때문이다."

평안도에서 평화롭게 살다가 마치 영화 ≪국제시장≫에서처럼 전쟁과 피란, 폭격과 잿더미 등을 경험하면서 함석헌 역시 엄청난 트라우마를 겪었을 것이다. 이런 맥락에서 유엔군은 평화군이요, 정의군으로 보였을 것이다. 그러나 이는 보다 큰 맥락에서 봐야 한다.

20세기에 영국 자본주의가 급성장했고 제국주의 열강들이 식민지 개척에 나섰으며, 두 번의 세계대전에서 힘겨루기를 했다. 제일차세계대전이 끝나갈 무렵 미국의 우드로 윌슨(Thomas Woodrow Wilson, 1856-1924) 대통령이 민족자결주의를 주창하면서 국제연맹(League of Nations) 창설을 이끌었다. 그리고 제이차세계대전 직후엔 미국 뉴욕에 본부를 둔 국제연합(UN ; United Nations)이 만들어졌고, 미국이 영국 대신 세계 최강이 된다. 자본주의 체제의 주도권이 바뀐 것이다. 이런 맥락에서 보면, 유엔군은 평화나 정의보다 세계 자본주의 평화의 수호자이자 반공주의의 보루라 해야 정확하다.

함석헌이 '6·25 싸움에 유엔이 손을 내밀었다는 사실'을 획기적으로 본 것은, 만일 그렇지 않았다면 "나라 전체가 공산화됐을 것"이라 보았기 때문이다. 공산화의 두려움은 그에게 막대했다. 이것은 그의 가족이 전쟁 발발 직후 고향인 평안도에 집과 땅을 두고 떠나야 했던 사정과 연관된다. 또 전쟁과 살상은 누구에게나 트라우마다. 따라서 유엔군이 남한을 도와 공산화를 저지한 것은 선생에게 "역사상 이런 일은 없었"을 정도로 획기적이었다.

그런데 공산화를 보는 다른 시각도 있다. 일례로 러시아 작가 보리스 파스테르나크(Boris Leonidovich Pasternak, 1890-1960)는 소설 ≪닥터 지바고≫에서 인류 역사상 처음으로 무계급 사회를 전망하던 1917년의 러시아혁명에 대해 이렇게 묘사했다. "러시아 전체가 뿌리째 뽑혔다. 모든 사람이 밖으로 나왔다. 전 러시아가 이리저리 움직이고 있었다. 그들은 말하고 있었다. 멈출 수가 없었다. 별들과 나무들이 만나서 대화를 하였다. 꽃들이 철학을 말하고, 집도 회의를 열었다." 러시아혁명은 러시아 씨알들에게 희망이었다. 모두가 역사의 주인이었다. 적어도 초기엔 그랬다. 혁명이 변질되기 전까지 말이다.

그러나 그렇게 시작된 소련은 별다른 성찰과 비판 없이 테일러리즘(Taylorism)과 같은 미국 자본주의를 도입했다. 테일러리즘은 미국의 경영학자 프레드릭 테일러(Frederick Winslow Taylor, 1856-1915)가 창안한 경영 관리 기법이다. 노동 표준화를 통하여 생산 효율성을 높이는 체계로, 구상과 실행의 분리, 노동 과정 파편화, 성과급 제도 등을 특징으로 한다. 소련은 미국의 테일러리즘을 포용하기 위해 전문가들을 소련으로 초빙하기도 했다. 이로써 소련은 단숨에 산업화, 군사화를 달성했다. 제이차세계대전 때는 스탈린그라드 전투에서 독일군도 격퇴했다. 그 결과 유럽의 최후진국 러시아가 얄타협정(Yalta Conference)●이후 세계적인 영향력을 지닌 강대

● **얄타협정(Yalta Conference)** : 1945년 2월 연합국의 국가 수반들이 제이차세계대전 전쟁 완수와 전후 처리 문제를 논의하기 위해 소련 크림반도의 얄타에서 회담을 갖고 체결한 협정이다. 국제연합 창설을 위한 회의 개최, 연합국 4개국에 의한 독일의 분할 점령, 범죄인 조사, 폴란드와 유고슬라비아 처리, 소련의 대일본 전쟁 참전, 몽골인민공화국 유지 등의 내용을 담고 있었다.

국으로 등장한다. 그런데 이 소련의 부상은 미국 자본주의에겐 두려움과 공포였다. 사회주의를 내걸었기 때문이다.

누차 강조하지만 우리는 자본주의냐 사회주의냐 하는 이분법으로부터 벗어나야 한다. 자본주의건 사회주의건 이촌향도(離村向都), 산업화, 부국강병을 추구하면, 결국 사람과 사람, 사람과 자연의 공생 사회를 만들 수 없다는 게 역사의 교훈이다. 이런 면에서 나는 탈자본 이후 삶의 전망으로 거듭 생태 민주주의를 제시한다. 생태 민주주의란, 사람과 사람, 사람과 자연이 소외 없이 더불어 사는 것, 특히 소농 중심의 자급자족 공동체를 이루며 사는 것이다.

이것이 제 동포의 시체 깎아 먹고 살아난 사람들인가?

한편 함석헌은 전쟁 중 종교인들의 모습을 통렬히 나무랐다. "전쟁 중에 가장 보기 싫은 것은 종교 단체들이었다. 피난을 가면 제 교도만 가려 하고, 구호물자 나오면 서로 싸우고, 썩 잘 쓴다는 것이 그것을 미끼로 교세 늘리려고나 하고, 그러고는 정부·군대의 하는 일, 그저 잘한다 잘한다 하고 날씨라도 맑아 인민군 폭격이라도 좀더 잘 되기를 바라는 정도였다. 대적을 불쌍히 여기는 사랑, 정치하는 자의 잘못을 책망하는 정말 의(義)의 빛을 보여 주고 그 때문에 핍박을 당한 일을 한번도 보지 못했다. 그 간난 중에서도 교회당은 굉장하게 짓고 예배 장소는 꽃처럼 단장한 사람으로 차지, 어디 베옷 입고 재에 앉았다는 교회를 보지 못했다." 차라리 종교인이 아니면 몰라도, 종교의 이름으로 오히려 편협한 이기심, 경쟁심, 적개심, 팽창주의, 강자 동일시 등을 드러낸 것은 수치임이 분명하다.

사실 반성과 회개, 속죄와 변화가 필요한 것은 종교인만이 아니라 지식인 전반, 나아가 국민 일반이었다. "종교인이나 비종교인이나 향락적인 생활은 마찬가지고 다른 나라 원조는 당연히 받을 것으로 알아 부끄러워할 줄 모를 뿐 아니라 그것을 잘 얻어오는 것이 공로요 솜씨로 알고" 있는 것 자체가 삶에 대한 주체성과 책임감의 결여였다. 함석헌은 한탄을 계속했다. "원조는 받는다면서, 사실 나라의 뿌리인 농촌은 나날이 말라 들어가는데, 도시에서는 한 집 건너 보석상, 두 집 건너 요릿집, 과자집, 그리고 다방, 댄스홀, 연극장, 미장원이다. 아무것도 없던 사람도 벼슬만 한번 하고 장교만 되면 큰 집을 턱턱 짓고 길거리에 넘치는 것은 오늘만을 알고 나만을 생각하는 먹자 놀자의 기분뿐이지 어느 모퉁이에도 허리띠를 졸라매고 먼 앞을 두고 계획을 세워 살자는 비장한 각오를 한 얼굴을 볼 수 없으니 이것이 전쟁 치른 백성인가? 전쟁 중에 있는 국민인가? 이것이 제 동포의 시체 깎아 먹고 살아난 사람들인가?" 이러한 모습은 결코 역사의 주인이 드러낼 모습이 아니었다.

알고 보면, 이런 일들은 미국 자본주의가 원조를 매개로 세계 곳곳에 뿌리내리려는 시도를 하는 와중에 발생했다. 이는 우리나라의 경우, 전쟁 직후인 1954년의 사사오입 헌법을 통해 나타났다. 1948년 제헌 헌법에 있었던 균등주의가 1954년 헌법에서는 '시장주의' 일색으로 바뀌었던 것이다. 제헌 헌법 당시엔 미국이 소련 눈치를 보며 '내정 간섭'을 자제했지만 한국 전쟁을 거치면서 노골적으로 정치 경제에 개입하는데, 바로 이 모습이 함석헌에게는 꼴불견이었다.

그래서 그는 이렇게 말했다. "국민 전체가 회개를 해야 할 것이다. 예배당에서 울음으로 하는 회개 말고(그것은 연극이다) 밭에서, 광산에서, 쓴 물결속에서, 부엌에서, 교실에서, 사무실에서, 피로 땀으로 하는 회개여야 할 것이다." '피로 땀으로 하는 회개'란 진심의 회개, 삶 전체를 성찰하는 회개다.

이러한 함석헌의 비판은 결국 정의와 평화를 향한 회개, 민주주의를 위한 저항, 가난하고 힘없는 이들과의 연대를 촉구한다. 따지고 보면 그는 1995년에 출범한 초국적 자본의 이익을 위한 세계무역기구(WTO ; World Trade Organization)나 1997년의 'IMF 외환 위기', 그리고 2008년 '리먼 브라더스' 파산으로 촉발된 세계 금융 위기와 이로 인한 사회 경제적 참사들을 보지 못하고 세상을 떠났다. 그럼에도 '피로 땀으로 하는 회개'를 촉구하는 그의 말은 여전히 울림을 준다. 이제 자본이 세상을 파국으로 몰아넣는

나는 탈자본 이후
삶의 전망으로 거듭
생태 민주주의를 제시한다.

생태 민주주의란,
사람과 사람,
사람과 자연이
소외 없이 더불어 사는 것,

특히 소농 중심의
자급자족 공동체를
이루며 사는 것이다.

이 시대에 '회개'는 자본과 권력에 대한 성찰로 이어져야 한다.

　　바로 여기서 나는 "지구는 모든 사람의 필요를 위해선 충분한 곳이지만, 모든 사람의 탐욕을 위해서는 지극히 불충분한 곳"이라는 마하트마 간디(Mahatma Gandhi, 1869-1948)의 말을 상기한다. 자본과 국가가 날마다 읊어대는 '경제 성장' 또는 '선진국' 타령과 '중산층 강화' 논리는 인간의 내면적 성숙에도, 지구의 건강한 지속에도 전혀 불필요하다. '소박한 필요'와 '인간적 공감'에 기초한 연대를 통해 사람과 사람, 사람과 자연이 더불어 살 길을 찾아 나서야 한다.

　　이제 우리 씨알들은, 무엇을 어떻게 공부하고 어떤 실천을 하면서 이 소중한 인생을 살아갈 것인가?

3장

자본은 과연
무엇으로 사는가?

'자본의 철학'이 시스템은 물론,
사람들의 느낌, 생각, 행동
속으로 깊숙이 스며들어
'사람의 철학'을 변형시켜 버렸다.

무한 증식하려는 자본이
우리의 생명과 건강을
무너뜨리고 있다.

우리의 노동, 우리의 믿음, 두려움과 분노까지

—— 톨스토이의 소설 ≪사람은 무엇으로 사는가≫을 읽으며

자본은 무엇으로 사는가? 자본은 사람의 노동, 신화, 탐욕, 두려움, 위기감, 분노, 증오를 먹고 산다. 사람의 살아 있는 노동, 이것이 상품을 만들고 가치를 만들며 이윤을 만든다. 인생의 목적이 행복이라면 자본의 목적은 이윤이다. 사람이 진정 행복하면 존재와 관계에 감사하고 타인도 배려한다. 사람은 밥 한 그릇 먹고 배부르면 만족하고 숟가락을 놓는다.

그러나 자본의 이윤 추구엔 절제나 만족이 없다. 자본주의의 가장 큰 맹점은 자본의 돈벌이를 위해 사람을 '잉여'로 만든다는 것이다.

러시아 작가 레프 톨스토이(Lev Nikolayevich Tolstoy ; 1828-1910)의 소설 중에 ≪사람은 무엇으로 사는가≫라는 것이 있다. 가난한 구두장이 세몬은 아내 마뜨료나와 아이들을 근근이 먹여 살린다. 세몬은 우연히 길거리에서 추위에 떨고 있던 나그네 미하일을 집으로 데려오고 마뜨료나는 그에게 빵을 권하며 돌보아준다. 그리고 그에게 구두 수선 일을 가르쳐 함께 약 7년간 구두 가게를 꾸린다. 그간 크게 두 가지 일이 생긴다. 하나는 거구의 부자 신사가 1년 이상 신을 독일제 가죽 장화를 주문한 일이고, 둘째는 정숙한 부인 마리아가 일곱 살배기 쌍둥이 여아들을 위해 봄맞이 구두를 주문한 것이다.

그런데 묘한 반전이 있다. 알고 보니, 미하일은 원래 천사였다. 하나님에 대한 명령 불복종에 대한 벌로 세 가지 질문에 대한 답을 찾고 있던 중이었

다. 그 질문은 이렇다. 첫째, 사람에게 있는 건 뭔가? 둘째, 사람에게 없는 건 뭔가? 셋째, 사람은 무엇으로 사는가? 결론부터 말하자면, 첫 번째와 마지막 질문의 답은 '사랑'이다. 이는 구체적으로, 타인의 아픔에 공감하고 환대하기다. 가난에 쪼들리는 세묜과 마뜨료나가 불청객 미하일에게 숙식을 베푼 것도, 마리아가 이웃집 고아 쌍둥이를 키워온 것도 모두 사랑이었다.

이 소설은 1880년대 제정 러시아 시기의 봉건제 사회를 배경으로 하고 있다. 그리고 140년이 지났다. 오늘날의 우리에겐 "자본은 무엇으로 사는가?"와 같은 질문이 필요하다. 사실 이 질문에 대해서는 톨스토이 이전에 칼 마르크스(Karl Heinrich Marx ; 1818-1883)가 답을 내놓았다. 자본은 사람의 '산 노동'을 먹고산다고. 사람의 살아 있는 노동, 이것이 상품을 만들고 가치를 만들며 이윤을 만든다. 인생의 목적이 행복이라면 자본의 목적은 이윤이다. 사람이 진정 행복하면 존재에 감사하고 타인도 배려한다. 그러나 자본의 이윤 추구엔 만족이 없다. 물불 가리지 않고 무한 증식을 위해 끝없이 달린다.

그러나 자본에 대해 "무엇이 그리 나쁜가?" 하는 반문을 던질 수 있다. 자본은 사람의 산 노동을 '강탈'하진 않는다. 등가 교환 법칙 아래 시장 교환을 한다. 이른바 공정한 계약이라고 하는 것이다. 게다가 자본은 일자리와 소득까지 준다. 또 자본은 '괴물'도 아닌 것이, 자본은 경제를 발전시킨 산업 건설의 주역이자 재산을 불려주는 마술피리다. 자본은 멋진 자동차요, 고급 명품이다. 그러니, 자본을 '흡혈귀'라 하고 인간 노동을 '착취'한다고 하면 대단한 오해요 배은망덕 아닌가…. 이렇게 볼 수 있다. 그런데 과연 그런가? 이것은 진실인가? 그렇지 않다.

우리는, 이기심은 없어도 살지만
사랑 없이는 못 산다

자본은 사람들이 믿는 '신화'를 먹고 산다. 경제 성장 신화가 가장 심각하다. 아무도 의심을 하지 않기 때문이다. 일례로 아름다운 솔섬으로 유명하던 강원도 삼척시 원덕읍의 한 작은 어촌 마을에서 일어난 일을 보자. 2008년 이 어촌 마을은 초대형 LNG 생산 기지와 발전 단지를 건립하는 6조 7,824억 원 규모의 국책 사업을 유치하는 일로 들썩거렸다. 이 사업이 확정되자 주민들은 "취업도 되고, 장사도 잘 될 거라"며 기뻐했다. 그러나 주민들은 곧 배신당했다. 해안 침식이 일어나면서 민박과 식당, 어업으로 생계를 잇던 주민들은 삶의 터전을 송두리째 잃어야 했다. 솔섬 뒤로 LNG 생산 기지가 들어서면서 이 아름다운 풍경을 찾던 관광객의 발길도 끊겼다. 공기와 건강이 나빠지고 보상 문제로 가족, 이웃 간 관계도 망가졌다. 당연히 당초 사업자 측이 말했던 고용 효과나 인구 유입 효과도 없었다. 직원들은 대부분 40km 거리의 삼척시 시내에서 출퇴근한다.● 민간 자본이든 공공 자본이든, 자본은 사람과 자연의 생명을 먹고 산다.

자본은 또한 우리의 '탐욕'을 먹고 산다. 얼마 전 서울시 그린벨트 논란을 보자. 안 그래도 1,000만 명의 인구가 모여 살기엔 숨 쉬기도 어려운 서울시다. 그린벨트는 사람으로 따지면 마지막 남은 허파의 일부다. 그런데 무한 이윤을 좇는 건설 자본과 부역자 학자들이 정치권을 움직여 이곳을 개발하려 했다. 이에 60%의 여론이 반대하자 대통령이 결단해 일단 멈췄다. 천만다행이다. 그런데 한사코 개발하자던 27% 집단엔 과연 건설 자본과 속물 학자들만 속할까? 개발 이익을 노린 주민이나 그 주변 일반인, 그와 연동된 부동산업계 종사자, 모두 알고 보면 우리의 이웃이다. 평범한 탐욕이 자본의 먹거리다.

좀더 깊이 따져 보면, 자본은 사람들의 두려움, 위기감, 분노, 증오를 먹고 산다. 자본주의를 마음속의 주인으로 모시는 우리는 이 자본주의 시스템이 무너질까 무척 두렵다. 위기 극복에도 먼저 나선다. 자본과 권력의 지배 전략엔 무심하나, 알량한 기득권이 침해되면 한사코 분노한다. 우리를 경쟁과 분열의 틀 속에 가둔 구조엔 충성하지만, 주변의 경쟁자는 죽도록 증오한다.

과연 무엇이 문제인가? 앞서 레프 톨스토이 소설 ≪사람은 무엇으로 사는가≫에서 거구의 부자는 뜻밖에도 일찍 죽는다. 튼실한 구두를 주문하고 나가다 문틀에 머리를 부딪쳐 뇌진탕으로 쓰러졌던 것이다. 천사였던 미하일은 이를 미리 알고 엉뚱하게 슬리퍼를 제작했다. 그래서 저 앞의 두 번째 물음, 즉 사람에게 '없는' 것이란 자신의 참 필요를 아는 예지와 통찰이다. 오늘날 우리 자신도 참된 필요를 잘 모르는 경우가 많다. 그래서 톨스토이는 암시한다. 우리는 이기심은 없이도 살지만, 사랑 없이는 못 산다. 우리의 참된 필요 역시 사람과 자연에 대한 사랑이다. 봉건제 시대를 살았던 톨스토이의 지혜는 금융·디지털 자본주의가 요란한 지금도, 특히 신종 코로나 19 감염병 사태와 같은 위기 상황에서도 여전히 유효하다. 아니 오히려 지금 이런 세상, 교환 가치, 즉 돈이 모든 인간적, 생태적 가치를 압도하는 세상에서 더욱 절실하다.

　다시 묻는다. 과연 자본은 무엇으로 사는가? 그리고 또 묻는다. 과연 사람은 무엇으로 사는가?

스님의 집,
해녀의 산소통

―――

"식당에서 밥을 먹는 중에는 모릅니다. 다 먹고 일어나야 얼마나 과식했는지 비로소 알게 돼요." 참 멋있는 말이다. 300만 부나 팔렸다는 혜민 스님의 ≪멈추면 비로소 보이는 것들≫에 나온다. 그렇다. 굳이 스님과 같은 수행자가 아니라도 사람이 제대로 잘 살려면 매 순간 깨어 있어야 한다. 너무 모자라도 문제고 너무 지나쳐도 문제다. 과유불급! 적정선을 잘 지키는지, 적정선을 잘 만들어 내는지, 스스로 경계할 일이다. 쉽지 않지만 늘 애써야 한다.

그런데 위의 말을 한 혜민 스님이 갑자기 큰 논란에 휘말린 적이 있다. 발단은 2020년 11월 어느 텔레비전 방송 프로그램에 자택이 공개되면서였다. 물론 그 전에도 스님을 문제 삼은 경우가 있었지만 공개적으로 문제가 되진 않았다. 논란의 내용은 크게 두 가지였다. 하나는 스님이 자가 주택을 소유하고 있는 것, 다른 하나는 '남산타워 뷰'가 보이는 삼청동의 멋진 집에 산다는 것이다. 이런 집은 보통사람들은 누리기 쉽지 않은 호사스러운 집이다. 스님의 집을 소개한 방송을 본 뒤 보통사람이라면 "스님이 그런 집에 살아도 되는 거야?" 또는 "스님도 사람인데, 그럴 수 있지, 뭐!"라거나 아니면 "와우, 부럽다, 부러워!" 정도로 끝났을지 모른다. 그러나 스님 세계에서는 좀더 다르게 보였나보다. 선배 격인 현각 스님이 노발대발하고 나섰다.

이미 널리 알려진 것처럼 현각 스님은 페이스북에 혜민 스님의 사진과 함께 글을 남기며 맹렬히 비난했다. 혜민 스님이 이제는 수행자가 아니라 "연

예인일 뿐"이라 하고, 심지어 "석가모니의 가르침을 전혀 모르는 도둑놈일 뿐"이라 했다. 더 심하게는 "부처님의 가르침을 (상품으로) 팔아먹는, 지옥으로 가고 있는 기생충일 뿐"이라는 막말까지 했다. 나는 혜민 스님의 평소 언행과 다른 모습에도 적잖이 놀랐지만 현각 스님의 날선 비판에는 더욱 놀랐다. 스님의 칼날이 학계의 칼날보다 더 날카로워 보였기 때문이다.

진심을 담은
사죄와 용서가 가르쳐 주는 것

솔직히 평소에 나는 프린스턴대를 나온 혜민 스님이나 예일대와 하버드대를 나온 현각 스님의 대중적 인기를 보면서 맘속으로 은근히 불편한 느낌이 있었다. 일단 두 분 다 영화배우처럼 너무 잘생긴 데다, 둘 다 이른바 아이비리그 (명문 사립대) 출신이라는 점도 좀 거슬렸다. 나도 모르게 치솟은 질투심인지도 모른다. 게다가 이런 화려한 외형과 소박함을 강조하는 불교의 분위기가 뭔가 잘 맞지 않는 것 같았다. 그러나 굳이 이걸 문제 삼을 이유는 없겠다. 외형의 화려함과 무관하게, 불교식 수행과 가르침의 실천이 더 중요하기 때문이다. 오히려 좀더 생각해 보면, 멋진 외모에다 쟁쟁한 학벌까지 가진 분들이 세속적인 출세보다 굳이 불교의 수도자가 되어 대중에게 큰 가르침을 주는 일은 차라리 존경할 만한 점이다.

그러나 다른 편으로 나는 이런 스님들이 쓴 글이나 말을 보면 대체로 사회 구조의 문제보다 마음가짐(태도)의 문제를 강조하는데, 마치 이런 게 종교 본연의 모습처럼 보여 실은 많이 불편했다. 그런데 2020년 늦가을 본의 아니게 '자가 주택 공개' 영상이 언론을 타면서 스님의 삶이 좀더 구체적으로 드러났다. 즉 혜민 스님이 그 비싼 서울시 삼청동 중에서도 전망이 아주 멋진 한옥 주택을 소유한 것에 대해 현각 스님이 작심 비판하는 것을 보면서 나는 현각 스님을 좀 달리 보게 되었다.

그런데 흥미롭게도, 방송 이후의 다양한 비판과 현각 스님의 혹독한 꾸짖음 앞에 혜민 스님이 곧장 진심어린 참회의 뜻을 밝히며 활동 중단을 선언

했다. "오늘부로 모든 활동을 내려놓고 대중 선원으로 돌아가 부처님 말씀을 다시 공부하고 수행 기도 정진 하겠다." 사실 혜민 스님이 이렇게 참회하는 모습은 각종 선거 국면에서 각 후보들이 보여주는 태도와는 너무나 달랐다. 대체로 정치가나 권력자들은 적반하장 또는 내로남불식 반응을 보이기 십상이기 때문이다. 적반하장은 도둑이 도리어 매를 든다는 말이고 내로남불은 자신이 하면 괜찮고 남이 하면 잘못이라는 말이다. 그런데 정치가나 권력자들은 잘못을 저지르고도 자기 잘못을 다른 사람에게 덮어씌우거나 회피하는 방식으로 상황을 모면하려 들기 일쑤다.

더욱 흥미로운 것은 이러한 혜민 스님의 진심 어린 사과를 보고 또 두 스님 사이에 70분 정도의 긴 대화가 오간 뒤, 현각 스님 역시 마음을 돌려 혜민 스님의 "순수한 마음을 존경한다"고 한 점이다. 무려 1시간 이상의 대화 속에서 '사랑과 상호 존중, 깊은 감사'를 느끼며 앞으로도 "연락을 하면서 서로 배우기로 했다"는 것이다. 귀하고도 아름다운 장면이다.

현각 스님은 혜민 스님을 일컬어 '인류에게 줄 선물이 많고 성실하고 믿을 수 없을 정도로 아름다운 사람'이라 말했다고 한다. 그리하여 두 스님은 '영원한 달마 형제'임을 재확인했다. 불과 얼마 전만 해도 '석가모니의 가르침을 전혀 모르는 도둑놈'이라든지 '부처님의 가르침을 (상품으로) 팔아먹는, 지옥으로 가고 있는 기생충'이라는 독설을 퍼부었는데, 깊은 참회의 마음을 확인한 뒤에는 180도 반대되는 용서와 화해의 모습을 보여주었다. 물론 그 사이 무심코 바라보던 일반 대중들은 저희들끼리 잘도 논다며 비아냥거렸을지도 모른다. 그러나 결국 참회와 용서, 화해로 이어지는 스님들의 소통 과정은 종교인의 눈이 아니더라도 참 아름답게 느껴졌다.

어찌하여 이렇게도 많이 소비하고 소유하려 하는가?

그럼에도 나는 혜민 스님의 위 사례를 보면서 우리 사부대중(四部大衆)● 이 좀더 생각하고 실천할 점들이 있다고 본다. 크게 세 측면만 따져 보자.

첫째, 자세한 경위는 잘 모르지만 단순함과 소박함을 강조하는 불교의 수도 자인 스님이 '건물주'가 된다는 건 아무래도 미심쩍다. 언론에 따르면 혜민 스님은 현 거주 건물을 8억원에 사서 9억원에 팔았다고 한다. 그 건물을 산 주체가 선원(禪院)인데 그 주인이 곧 혜민 스님 자신이라는 얘기도 있다. 또 형식적으로는 혜민 스님이 그 집을 선원으로부터 임대해서 쓰고 있다는데 이것도 참 이상하다. 여하간 (무)소유와 관련한 스님의 모습이 일개 사부대 중에 불과한 나로서는 이해하기 쉽지 않다. 물론 오늘날 교환 가치만 중시 하는 자본주의 사회에서 스님이라고 늘 떠돌이 생활을 하며 남의 집을 빌려 살 수는 없다. 오히려 해마다 임대료가 천정부지로 오르는 세태 속에서 자 가 주택 하나 장만한 뒤, 미친 부동산 물가와 무관하게 안정된 수행을 하는 게 나을지 모른다.

그러면 우리는 어떻게 사는 게 좋은가? 집 문제와 관련해 수많은 정책과 아이디어들이 있다. 하지만 중요한 문제는 집을 사용 가치 개념의 주거 공 간으로 볼 것인가, 아니면 교환 가치 개념의 '재산 증식 수단'으로 볼 것인가 이다. 자본의 논리가 아닌 생명의 논리로 보면 당연히 주거 공간으로 집을 봐야 한다. 정책이나 제도 역시 사람들의 주거권을 보장하는 형태로 가야 한다. 원래 법정 스님이 말한 '무소유'조차 아무것도 갖지 않는 것이 아니라 불필요한 것을 갖지 않는 것이라 했다. 사회적 필요나 인간적 욕구의 충족, 이것이 생태계의 조화 속에서 이뤄질 때 가장 건강한 삶이 된다.

둘째, 이런 모습을 어찌 스님에게만 요구할 것인가? 따지고 보면 우리는 죽을 때 모두 빈손으로 간다. 공수래공수거(空手來空手去)라 하지 않던가? 그런데 어찌하여 이렇게도 많이들 소유하고 소비하려 하는가? 적정 생활 기 준을 고민하고 실천할 필요가 있겠다. 솔직히 말하면 나 역시 소유나 소비

● **사부대중(四部大衆)** : 석가의 가르침을 따르는 네 부류의 사람을 가리킨다. 곧 출가한 남녀 수행승인 비구와 비구니, 남녀 신도인 우바새(優婆塞 ; 거사)와 우바이(優婆夷 ; 보살)이다. 여기서는 수행승인 스님 외의 일반인을 가리키는 말로 쓰였다.

의 유혹에서 자유롭지 않다. 세상 만물을 상품화하고 화폐 가치로 평가하는 시스템 속에 사는 한, 그 누구도 완전히 자유롭기는 어렵다.

따라서 사회적으로 적정하다고 판단되는 기준을 토론하고 합의하여 설정하고 자발적으로 이 기준을 지키면서 살면 이상적일 것이다. 하지만 이건 결코 자발적으로 될 일이 아니다. 금욕과 절제를 실천하는 극소수의 '미니멀리스트'들은 가능할지 모르겠다. 나 역시 그렇게 살고자 노력은 하지만 너무나 미약하다. 그렇다고 해서 국가나 감시 기구가 적정 수준을 정하고 사회 구성원들이 잘 따르도록 엄격히 통제할 수 있을까? 이 역시 반발도 심하고 실효성도 약할 것이다. 이런 면에서 당장 최선의 해법을 찾기는 어렵다. 지금부터라도 최소한 '적정 생활 수준'과 관련한 문제의식과 화두를 널리 공유하면서 그 구체적 해법에 대해선 역시 우리 민초들이 토론과 소통을 통해 미래 지향적인 방향을 찾아 나가면 좋겠다. 각 개인도 사회 전반적인 분위기가 바뀔 때까지만 기다리지 말고, 지금 여기서부터 그리고 나부터 할 수 있는 것을 하나씩 실천하는 것도 바람직하다. 예컨대 무조건 새 상품을 사는 것보다 이미 만들어진 것들 중에서 쓸 만한 것을 최대한 돌려쓰는 것이다. 아나바다 장터, 아름다운 가게, 당근 마켓 같은 것이 도움이 된다.

셋째, 현각 스님이 혜민 스님을 혹평했다가 다시 용서하고 사랑을 재확인한 것으로부터도 배울 점이 있다. 우리는 누구나 비판할 수 있고 또 비판을 받으면 반성과 사죄를 할 수 있으며, 나아가 그 사죄를 수용할 수도 있다. 이 모든 과정에서 핵심은, 비판에는 사랑이 담겨야 하고 사죄에는 진심이 담겨야 한다는 점이다.

우리가 정치가, 경제인, 판검사, 언론인 들의 언행에서 흔히 보는 것은 사익을 위한 비판, 그리고 위선이 가득한 사죄다. 이 모든 과정에 깃든 공통분모는 수치심을 모르는 뻔뻔함이자 무책임한 태도다. 이런 풍토에서는 아무리 민주적인 형식을 빌려 선거를 치른다 하더라도 제대로 된 일꾼을 뽑기 힘들다. 말이 좋아 '민주주의 선거'이지, 따지고 보면 오천만 국민들로부터 받는 세금과 나라 예산을 가지고 얼마나 큰 사익을 취할 것인가 하는 '기득권 게임'이기 쉽다.

　국가 예산이나 부채 문제는 좀더 차분히 따져야 하지만 갈수록 나라 전체의 부채가 감당하기 어려운 수준으로 늘어난다. 막대한 부채 상환의 부담은 다음 세대, 그리고 그 다음 세대로 전가된다. 만일 각 가정에서 부모가 엄청난 빚을 지고서는 자식들에게 대신 갚으라 하면 아마 자식들이 결사적으로 저항할 것이다. 그러나 나라 전체로 지금 세대가 큰 빚을 져 대물림을 하는데도 다음 세대들은 별 저항이 없다. 기이한 일이다. 그러나 우리는 그것도 모르고 당장 자기 동네에 무슨 큰 개발 사업이 진행된다 하면 대체로 박수를 치며 환영한다. 부동산 경제로 상징되는 돈 중심의 물신주의가 우리 삶을 포위한 탓이다.

"혼자 똑똑하다고 착각하지 말라"는
얀테의 법칙

앞서 두 저명한 스님들이 보여준 바, 사랑이 담긴 비판, 진심이 담긴 사죄는 나 같은 보통사람들에게 큰 울림을 준다. 그런데 달리 보면 스님들처럼 배움과 수행의 수준이 높은 경우라면 차라리 그 정도의 소통과 화해는 쉬운 일일지 모른다. 오히려 문제는 속세에서 사는 우리들 안에 더 많다. 그러나 우리 역시 부단한 배움과 깨침의 과정에 서 있지 않던가? 현실적으로 우리들은 독서량이나 성찰의 시간, 대화나 토론의 경험들에 따라 의식 수준이나 시각, 입장이 천차만별이다. 여기서 우리 민초도 분열과 경쟁을 넘어 소통과 연대를 강화하는 방법은 무엇일까?

　덴마크를 비롯한 노르웨이, 스웨덴, 핀란드, 아이슬란드 등의 북유럽 나라들에서 널리 통용되는 원리로 '얀테의 법칙(Jante's Law)'이란 게 있다. 이것은 원래 민주 시민들이 지켜야 할 여러 가지 원칙을 이야기한 것이다. 그런데 그 전체를 관통하는 하나의 원리만 꼽으면 "자기 혼자 똑똑하다고 착각하지 말라"는 것이다. 맞다. 누구나 나름 다 똑똑하다. 또 반대로 누구나 어느 정도 어리석다. 이런 면에서 늘 현명해지려 노력하되 겸손할 필요가 있다.

사실 아이나 어른이나 아무리 한심하게 보이는 사람의 의견이나 행동도
각자 나름의 진실이 있다. 모두 나름의 진실을 솔직하게 말할 필요가 있으
며, 상대방은 선입견이나 편견 없이 또, 성급한 충고나 판단 없이 '열린 마
음'으로 경청할 필요가 있다. 굳이 그 자리에서 최종 결론을 도출할 필요는
없다. 변화는 당사자가 진심으로 공감하고 마음으로 움직여야 가능하다. 따
라서 "누구나 나름의 진실을 갖고 있다"는 원리를 존중하면서 '열린 소통'
(비폭력 대화)을 꾸준히 해 나가는 것이 상호 배움과 상호 이해, 연대를 증
진할 수 있는 지름길이다.

제주 해녀가 산소통을
매지 않는 까닭

스님의 집 이야기는 주거권과 재산권 사이의 갈등을 잘 보여주는 면이 있
다. 반면 다음과 같은 해녀 이야기는 인간성과 효율성 사이의 갈등을 잘 보
여준다.

어느 추운 겨울날 제주도에서 한 해녀가 별 장비도 없이 해녀복만 입고
깊은 숨을 들이마신 채 물 아래로 들어간다. 그렇게 얼마나 지났을까? 해녀
는 불과 몇 분 만에 물 밖으로 불쑥 올라와 숨을 휘__, 몰아쉰다. 이 때 들리
는 특이한 소리를 '숨비소리'라 한다. 지나가던 외국 관광객이 '숨비소리'를
들으며 해녀의 물질 장면을 관찰하다가 해녀에게 다가가 말한다. "아주머
니, 이 추운 날씨에 별다른 장비도 없이 어떻게 그렇게 맨손으로 채취를 하
시나요?" 해녀가 말한다. "좀 춥긴 해도 참을 만해요." 이 말에 관광객이 제
안한다. "그러지 마시고 다음엔 등 뒤에 산소통을 하나 매고 좋은 장비를 갖
추어 작업 하시면 지금보다 열 배는 더 많이 잡을 겁니다." 이 멋진 제안에
해녀가 답한다. "아저씨, 말씀은 감사하나 제가 그걸 몰라서 안 하는 게 아
니에요. 만약 제가 그렇게 해산물을 열 배나 더 많이 잡으면 제 동료 해녀들
은 다 어떻게 먹고 사나요?"

이 짧지만 감동적인 이야기는 새로운 기술, 즉 '장빗빨'로 생산성을 올리는 것보다 공동체의 관계가 중요함을 말한다. 우리 인간이 원래부터 '호모 이코노미쿠스'(경제인) 즉, 자기 이익만 챙기려 하는 경쟁적 존재가 아님은 이미 앞에서 보았다. 호모 이코노미쿠스는 자본과 그 주변 세력이 만들어 가는 허상일 뿐이다. 오늘날 많은 이들이 가진 '강자 동일시' 심리나 돈만 많이 벌려는 마음조차 인간 본연의 모습이 아니라 오히려 고유의 인간성을 잃은 결과다. 차라리 매일 희로애락을 다 겪으며 아옹다옹 살아가는 실제의 인간들은 어차피 더불어 사는 존재, 즉 '호모 소시우스'(사회인)다. 위의 해녀가 보여준 모습처럼 삶이 다소 불편하고 일의 효율이 좀 떨어지더라도 다른 이들과 더불어 사는 것이 본연의 인간성에 부합한다.

이제, 우리는 한 걸음 더 들어가 생각해 보자. 만일 그 해녀가 관광객의 말을 듣고 장빗빨로 열 배 이상의 수확을 얻었다고 하자. 이렇게 되면 해산물 가격도 많이 저렴해질 것이고 소비자들도 더 많이 몰려들고 소비량도 훨씬 늘어날 것이다. 그러나 관광객이 너무 많이 몰리는 바람에 온갖 쓰레기가 폭증해 그 지역에서 감당이 안될지 모른다. 심하면 바다까지 오염된다. 동시에 다른 해녀들도 그에 못지않은 장빗빨을 갖추기 위해 너도나도 비싼 장비를 살 것이고, 온 마을에서 해산물 채취 경쟁이 심해질 것이다. 전체적으로 생산성이 급증해 해산물 가격이 폭락하고 마침내 그 지역에서 채취하던 해산물의 씨가 마를 날이 다가온다. 그 다음은? 죽은 바다가 되고 아무도 찾지 않는 곳이 된다. 파국이다!

과연 무엇이 잘 사는 길인가? 첨단 기술 경쟁은 마침내 사람도 죽이고 자연도 죽인다. 극소수 자본만이 배를 불릴 것이다. ≪작은 것이 아름답다≫를 쓴 에른스트 슈마허(Ernst Friedrich Schumacher, 1911-1977)의 말처럼, '적정 기술'이란 작고, 싸며, 단순한 것이다. 오히려 크고, 비싸며, 복잡한 것은 자본의 돈벌이용일 뿐이다. 따라서 누가 뭐라 하건 속지 말고, 사람과 자연이 한 가족처럼 더불어 사는 건강한 방식을 찾아야 한다.

한편 효율과 경쟁, 소유와 이익을 강조하는 이 시대적 흐름의 다른 편에

나는 이에 중간 기술이라는
이름을 붙였는데,
이는 이 기술이 과거의
유치한 기술보다는
훨씬 우수한 것이지만,
부유한 나라의 거대 기술보다는
훨씬 소박하고 값이 싸며
제약이 적다는
성격을 띠고 있다.

자립의 기술, 민주적 기술 또는
민중의 기술이라 할 수도 있다.
요컨대 누구나 사용할 수 있으며,
부자나 권력자들을 위한
기술이 아닌 것이다.

에른스트 슈마허
(Ernst Friedrich Schumacher),
≪작은 것이 아름답다≫

서는 사회 전체가 고유의 사회성을 잃어간다. 특히 사람들이 무한 경쟁을 당연시하는 '경쟁 공화국'에서 일종의 생존 전략으로 '강자 동일시' 심리를 지닌 채 너도나도 성공과 출세를 향해 앞만 보고 달리는 사이, 사회적 약자인 아이들이 부모의 '조건 없는 사랑'을 받기는커녕 학대당하다 못해 죽임까지 당하는 일들이 제법 많이 생긴다. 어린이뿐 아니라 노인, 장애인, 환자 등 돌봄과 보살핌이 필요한 사람은 기하급수적으로 증가하나, 그 돌봄과 보살핌을 주는 제도나 마음은 급감하고 있다. 이렇게 사회적 약자가 구석으로 내몰리는 현재의 상황, 모든 존재의 생명력이 자본이나 권력 앞에 짓밟히는 현실, 과연 우리는 이걸 어떻게 이겨낼 수 있을까?

하나가 필요할 땐 하나만 가져야지
둘을 가지면

이제 스님의 소유 이야기를 한 가지 더 해보자. 이번에는 오랜 세월 동안 베스트셀러가 된 《무소유》의 저자 법정 스님의 만년필 이야기다. 요즘은 펜글씨가 거의 사라졌지만, 내가 펜글씨를 배우던 1970년대 중반에는 만년필이 마치 자전거를 타던 시절에 등장한 자동차 같은 것이었다. 외제 파커 만년필 하나 있다고 자랑하며 어깨에 힘주고 다니던 친구가 있을 정도였다.

법정 스님의 만년필 이야기는 이렇다. 어느 날 스님은 일본 동경에 유학 중인 한 스님으로부터 촉이 가느다란 만년필 한 자루를 선물로 받았다. 그 마음에 감동과 감사를 느끼며 만년필과 친구가 되었고 그걸로 제법 많은 글을 썼다. 그런데 나중에 스님 자신이 프랑스 여행을 하던 중 우연히 어떤 가게에서 그와 똑같은 만년필이 잔뜩 있는 걸 보고 한 자루를 더 구입했다. 스님의 만년필 두 자루가 된 것이다. 그런데 문제는 그 다음부터였다. 우리나라로 돌아와서 글을 쓰긴 하지만 이상하게도 예전부터 써왔던 만년필에 대한 고마움과 살뜰함이 어디론가 사라져 버렸다. 아마도 스님은 마음속으로 불편함을 느꼈을 것이다. 그런데 스님의 해답은 간단했다. 그것은 프랑스에서 두 번째로 산 것을 또 다른 스님에게 선물로 준 것이다. 그러고 나니 이상하게 마음이 편해지고, 만년필과 스님의 관계도 처음처럼 살가워졌다.

스님이 이 경험 속에서 내린 결론은 필요한 것만 갖고 불필요한 것을 갖지 않는 것이 '무소유'의 삶이란 것이다. "하나가 필요할 땐 하나만 가져야지 둘을 갖게 되면 당초의 그 하나마저도 잃게 된다." 귀한 통찰이요, 소중한 지혜! 바로 여기서 우리에게 중요한 것은, 나의 필요나 욕구를 정확히 알아차리는 것이다. 무엇이 진정 나의 만족스러운 삶에 필요한가, 이것을 명확히 아는 것이 보다 건강하고 행복한 삶을 사는 출발점이다.

생각해 보면 요즘은 과잉의 시대다. 모든 것이 '너무 많아' 탈이다. 초등학교 교실에는 잃어버린 연필이나 우산이 수북이 쌓인다. 산업화의 진전으로 대량 생산 시스템이 발달한 결과 모든 게 너무 흔하고 많다 보니 작은 연필 한 자루, 우산 하나도 소중하게 느껴지지 않는다. "없으면 새로 사면 그만"이란 생각이 지배한다. 특히 하루가 달리 변하는 첨단 기술 세계는 이런 소중하고 살가운 관계를 구조적으로 해체한다. 컴퓨터나 휴대폰이 고장 나서 고치러 가면 이런 말을 종종 듣는다. "고객님, 수리비보다 새것 사는 게 더 싸요. 이참에 새것 하나 구입하시죠." 첨단 기술 영역만이 아니다. 상품 세계는 끊임없이 새것을 만들어 내고 광고나 유행을 통해 자꾸 새로운 소비를 촉진한다. 그래야 돈을 많이 벌기 때문이다.

더욱 서글픈 일은 우리가 만나는 사람들조차 한 사람 한 사람 소중하고 살갑게 대해야 하는데도 그저 일회용품처럼 가볍게 취급하고 만난다는 점이다. 그러나 이것은 원래 사람의 모습이 아니다. 상품 세계의 원리가 인간 세계를 오염시킨 결과다. 여기서 우리는 소중한 하나의 원리를 깨닫는다. 작은 물품 하나라도 소중하게 여기며 살가운 관계를 맺는 것은 근본적으로 사람의 논리 또는 생명의 논리임에 반해, 부단히 유행을 만들어 내며 대량 소비를 촉진하는 것은 곧 상품의 논리 또는 자본의 논리라는 점이다. '생명의 철학'이 구원인 까닭이다.

좀 겸연쩍은 짓이지만 스님의 만년필과 스님이 느낀 만족도를 잠시 수학적으로 표현해 보자. 상품이나 자본의 논리에서는 일반적으로 '1+1=2'라는 식으로 나타난다. 하나에서 느낀 만족도가 1이라면 두 개에서 느끼는 만족도는 2가 된다는 것이다. 경우에 따라선, 멋진 판촉 사원들이 이른바 '시너지 효과'라며 '1+1=2+α (단, α>0)'가 된다고 선전하기도 한다. 하지만 사람이나 생명의 논리에서는 그 만족도가 '1+1=0'으로 나타났다. 즉 하나에서 충분하다고 느끼던 만족감이 같은 것이 두 개가 되었을 때 예상과 달리 연기처럼 사라져 버린 것이다. 대단히 흥미로운 일이다.

물론 세상 만물과 우리의 만족도를 이 공식으로 모두 설명할 순 없다. 하지만 부부 관계나 자녀 관계 등에 이를 적용하면 정말 좋은 결과가 있을 것 같다. 남편과 아내가 서로 사랑하는 관계를 잘 이어 나가고 있는데, 어느 날 갑자기 남편이 둘이 되거나 아내가 둘이 된다고 상상해 보라. 우스갯소리로는 '참 좋겠다!'고 할지 모르나 금세 혼란과 불행에 휩싸이게 될 것이다.

자녀도 마찬가지다. 자녀가 하나가 아니라 둘, 또는 셋이라도 부모에게는 이 세상에 모두 둘도 없는 존재임이 틀림없다. 첫째는 첫째대로 고유하며, 둘째는 둘째대로 보배 같고, 막내는 막내대로 소중하다. 그런데 생명공학 덕택에 동일한 복제 아이가 하나씩 더 생긴다면 과연 맨 처음의 고유함과 소중함이 유지될 것인가? 세월호 참사에 아이 하나를 잃은 부모의 경우 설사 남은 자녀가 여러 명 있다 하더라도 그 부모의 마음은 마치 온 세상을 다 잃은 것과 같은 마음이 아니겠는가. 설사 누군가 생명공학으로 똑같은 아이를 만들어준다고 한들 과연 그 잃어버린 아이를 대체할 수 있을까?

세상에 하나밖에 없는
모든 소중한 존재들과

결국 우리가 이 세상에 단 하나밖에 없는 모든 소중한 존재들과 온 마음을 다해 살가운 관계를 맺고 잘 이어간다면, 여기에서 오는 만족도는 (내 필요와 욕구를 충족할 만큼) '충분히' 클 것이다. 물론 여기서 타 존재와 살가운 관계, '하나 됨'의 관계를 맺는다 할 때, 이 관계의 목적 또는 지향이 정치권력이나 물질적 이득과 같은 자본의 논리 속으로 재포섭되면 이야기는 달라진다.

필요에 따라 살되
욕망에 따라 살지는 말아야 한다.
욕망과 필요의 차이를
알아야 한다.

욕망은 분수 밖의 바람이고,
필요는 생활의 기본 조건이다.

하나가 필요할 때는
하나만 가져야지
둘을 갖게 되면 당초의
그 하나마저도 잃게 된다.

법정 스님, ≪산에는 꽃이 피네≫

한편 우리가 직장에서 만나는 동료 관계나 선임-후임 관계, 학교에서 맺는 스승-제자 관계 등도, 겉보기엔 동시에 다수가 관계하니까 한 자루의 만년필과 같은 소중하고 살가운 관계를 맺기 어려울 듯하지만 실은 모든 존재가 다 고유하다. 자본의 논리 안에서는 '그놈이 그놈'일지 모르나, 생명의 논리 안에서는 '모두 제각기' 소중한 존재다. 진정한 관계를 형성하려면 결국 자본의 논리를 넘어 생명의 논리로 접근할 필요가 있다. 또다시 '생명의 철학'!

사실 대부분의 부모는 자신은 힘들게 살아도 자식만큼은 좀 편하게 살 수 있길 바란다. 그래서 무조건 대학을 가야 한다고 말한다. 욕심을 더 부리면 서울에 있는 대학, 나아가 'SKY' 대학에 무조건 가야 한다고 고집하기도 한다. 어떤 경우는 자식의 성공이 곧 나의 성공이라며 부모가 못다 이룬 꿈, 또는 한을 풀기 위해 아이들을 어릴 적부터 닦달한다. 대리 만족을 위해서다. 이 경우 아이는 부모의 기대를 저버리지 않기 위해서라도 무조건 1등을 하거나 100점을 맞아야 한다고 생각한다. 그리고 마침내 일류대에 진학해야 효도를 다한 듯 느낀다. 하지만 부모-자녀 관계가 이런 식이라면, 부모는 부모대로 자기 고유의 삶을 살지 못하고 아이는 아이대로 자신만의 삶을 살지 못한다.

그러나 발상을 전환해 보라. 만약 부모가 자신의 고유한 삶을 멋지게 살면서도 아이 역시 자기만의 꿈을 꿀 수 있게 최대한 지지하고 격려한다면, 부모나 자식 둘 다 행복하게 살 수 있다. 그렇다. 이 세상 만물과 나와의 바람직한 관계는 요컨대, 둘이면서 하나이고 하나이면서 둘이다. 여기서 둘이라는 것은 각자 고유한 존재를 서로 인정하고 존중하는 것이며, 하나라는 것은 더불어 하나의 평화롭고 조화로운 삶을 만든다는 뜻에서 그러하다. 요컨대 생명의 철학은 '같이 또 따로, 따로 또 같이'로 압축된다.

'무소유'를 몸소 실천하신 법정 스님이 만년필 한 자루와 맺은 관계나 또 다른 스님과 맺은 관계도 결국 '따로 또 같이' 그리고 '같이 또 따로'가 아니던가? 현각 스님이 혜민 스님을 호되게 비판하면서도 우애와 화해, 성찰과 배움의 관계를 맺은 것도, 또 제주 해녀가 이웃 해녀와의 공존을 생각하며 소박한 기술로 해산물 채취를 한 것도, 모두 동일한 철학적 기반에서였다. 이렇게 '따로 또 같이, 같이 또 따로'의 원리를 일상 속에서 실천하며 세상과 멋진 관계를 맺는다면 우리는 좀더 행복할 수 있을 것이다. 세상과 나는, '둘'이면서도 '하나'다. '생명의 철학'은 따라서 존재의 철학이면서 관계의 철학이다.

"땅은 거짓말을 하지 않는다"는 거짓말

"그대들은 어떻게 저 하늘이나 땅의 온기를 사고 팔 수 있는가? 우리에게는 이상한 생각이다. 공기의 신선함과 반짝이는 물은 우리가 소유하고 있지도 않은데 어떻게 그들을 팔 수 있다는 말인가? 우리에게는 이 땅의 모든 부분이 거룩하다. 빛나는 솔잎, 모래 기슭, 어두운 숲속 안개, 맑게 노래하는 온갖 벌레들, 이 모든 것이 우리의 기억과 경험 속에는 신성한 것들이다.……우리는 땅의 한 부분이고 땅은 우리의 한 부분이다. 향기로운 꽃은 우리의 형제자매다. 바위산 꼭대기, 풀잎의 수맥, 조랑말과 인간의 체온, 모두가 한 가족이다."

우리는 땅의 한 부분이고
땅은 우리의 한 부분이다

널리 알려져 있는 〈시애틀 추장의 편지〉 중 일부이다. 이 편지는 1854년 인디언 수꾸아미(Suquami) 족의 시애틀 추장(Chief Seattle)이 부족의 땅을 팔라고 요구하는 백인 대표단에게 보낸 것이다. 오늘날 우리는 '부동산'이란 말을 전혀 어색하게 생각하지 않는다. 너도나도 부동산 투자를 잘해 돈 벌었다고 하면 부러워한다. 이런 우리에게 이 편지가 시사하는 바는 매우 크다. 근본적으로 뭇 생명의 바탕인 '신성한' 땅 자체를 자본주의 상품인 '부동산'이라 부르는 것 자체가 '이상한 생각'이다. 옳지 않다.

물론 오늘날 자본주의는 봉건제나 노예제를 극복한 역사적 업적이 있긴 하지만 그것을 상쇄하고도 남을, 인간과 자연을 상대로 한 착취와 파괴를 극도로 자행한다. 그러면서도 수치심이나 죄책감을 느끼지 않는다. 제도화된 무책임!

원래 땅(자연)은 생명의 어머니다. 땅은 사람들이 먹을거리를 얻는 토대이자 온갖 야생 동물까지 먹여 살린다. 우리는 풀과 꽃, 나비와 벌, 채소나 열매 없인 살기 힘들다. 범위를 넓혀 생각해 보면 강이나 바다조차 땅이다. 수산물, 해산물도 모두 땅의 산물이다. 집도 마찬가지다. 땅이 있으니 집을 짓고 산다. 허공의 아파트조차 땅의 기초 위에 세워져 있다. 이 땅에 길이 있어 사람들이 다닌다. 학교나 일터나 문화 등 이 모든 게 그래서 가능하다. 이렇게 살림살이 관점에서 보면 땅은 우리 삶의 가장 기본적인 토대이며, 그래서 고맙고도 소중한 것이다.

그런데 요즘은 땅이 돈인 세상이 되었다. 살림살이 관점이 아니라 돈벌이 관점으로 세상을 보니 모든 땅이 돈이다. 그래서 어느 부동산 중개업소의 간판은 "땅은 거짓말을 하지 않는다"고 외친다. 막연하게 돈을 불려 주겠다는 약속은 거짓말로 끝나기 쉽지만, 땅에 투자하면 거의 확실히 돈을 벌 수 있다는 뜻이다. 그러나 살림살이 관점에서 보면 이 말 자체가 거짓말이다. 왜 그런가? 아주 구체적인 사례를 보자.

서울시 강남구에 어느 기획 부동산이 있다. 자본금도 500만원밖에 되지 않는, 특수목적법인(SPC)이다. 특수목적법인(SPC)이란 부동산과 투기꾼을 상대로 마치 기동 타격대처럼 짧은 기간 안에 일확천금 작전을 수행한 후 갑자기 사라지는 일시적 조직이다. 다 그렇다고는 할 수 없을 것이나, 추후 피해자들과 수사 기관의 추적을 피하려는 꼼수다.

이들은 "무에서 유를 창조한다"는 철학을 강조하며 청년 알바를 고용한다. 연봉이 얼마며, 앞으로 전망이 어떠하다며 그럴듯하게 꼬드긴다. 이런 걸 청년 일자리라며 유혹하는 실태 자체가 참으로 서글프다. 이제 이들 청년들에게 전국의 시골 구석구석 골짜기까지 상세히 그려진 지도를 보게 한다. 요즘은 컴퓨터 또는 휴대폰으로 전국 곳곳을 들여다볼 수 있다. 이들이 하는 일은 특히 수도권 외곽 신도시, 혁신 도시, 세종시 등과 같이 새로 건설되는 곳, 즉 '기회의 땅'이 열리는 곳과 그 외곽까지를 마치 머리카락 속 이를 잡듯 샅샅이 뒤지는 것이다. 그리하여 마침내 그럴듯한 땅을 찾아내고 선 쾌재를 부른다. 여기서 그럴듯한 땅이란 미개발 농지나 임야 중에서 조금만 머리를 쓰면 얼마든지 개발 가능한 것처럼 보일 수 있는 곳, 즉 상대적으로 값싸지만 요리조리 작전만 잘 짜서 사람들을 속이면 금세 황금으로 바꿀 수 있는 곳이다. 이것은 마치 1492년● 이후 금이나 은 광산을 찾아 아메리카 대륙으로 몰려들던 스페인 사람들의 역사를 상기시킨다. 땅이 돈이 된 것이다.

이렇게 생명의 땅을 돈 되는 부동산으로 둔갑시키는 과정에서는 투자와 투기가 더 이상 구분되지 않는다. 근본적으로 보면, 원래 자본의 투자 자체가 일종의 투기다. 수익에 대한 위험성이 크다는 점에서도 그렇고, 시세 차익을 노린다는 점에서도 그렇다. 다만 투자는 경제학적인 용어이고 투기는 사회학적인 용어일 뿐이다.

부동산 회사의 '환상적인' 작전에 속아 넘어가는 법

이제 돈을 벌려면 이런 싼 땅을 확보한 뒤 비싸게 팔아야 한다. 누구에게? 중산층 이상, 돈이 좀 있는 이들에게다. 흔히들 소비자 또는 고객이라 부르지만 실은 '투기꾼'들이다. 그래서 부동산 개발 회사는 이들을 위해 매주 특정 요일을 정해 부동산 세미나를 연다. "누구는 어디에 투자해 1년 만에 몇억 벌었다." 이 한 마디면 모두 눈이 휘둥그레 뒤집힌다. 그래서 여남은 명 내외를 한 팀으로 꾸려 매주 세종시 일대나 혁신 도시 일대로 '부동산 투어'를 간다. 현장까지 소풍을 가는 셈이다. 나들이를 하며 맛집도 즐기고 돈벌

● 1492년은 크리스토퍼 콜럼버스(Christopher Columbus ; 1451-1506)가 유럽인들에게 아메리카 대륙의 존재를 알렸던 해이다.

이도 한다. "무슨 이런 환상적인 프로그램이 다 있나?" 하며 너도나도 몰려든다. 좋은 말로 투자라 하지만 실상은 투기판이 벌어지는 것이다.

그러나 막상 현장에 가보면 얼핏 집터로는 모호해 보이는 논밭이나 야산이 펼쳐져 있다. "저기에 어떻게 집을 짓나요?" 누가 이상해서 물으면, 부동산 회사는 멋진 설계도를 내민다. 잘 정리된 전원주택 단지 그림이 인쇄되어 있는 설계도다. 그럴듯하게 보인다. 게다가 분위기 잡는 핵심 요원이 한둘 섞여 있다. 뭔가 그럴듯한 말을 한다. "앞으로 전망이 괜찮네!" "나중에 멋진 집을 지어도 되고 정 안되면 좀 남기고 팔지 뭐." 그리고 자기가 먼저 계약을 하겠다고 나선다. 그러면 그 옆의 사람들도 조금 안심하며 계약한다. 속는(!) 순간이다. 이렇게 해서 필지마다 200평 안팎으로 쪼개진 논밭이나 야산이 순식간에 팔려 나간다. 법적으로 개발이 불가능한데도 분위기를 타고 불티가 난다.

원래 논밭이나 야산을 개발하려면 특정 용도가 있어야 하고 각종 허가 조건들이 맞아야 한다. 예컨대 통행이 가능한 진입로도 만들어야 하고, 전기, 수도, 오폐수 시설 등도 조성해야 하고 이와 관련하여 행정 당국으로부터 각종 인허가도 받아야 한다. 이 모든 걸 어느 개인이 하긴 힘드니 부동산 회사가 다 알아서 한다며 예비 투자자들을 안심시키면 잘도 넘어간다. 최근엔 '지분 투자' 방식으로 20-30평씩 쪼개어 팔고 사기도 한다. 처음부터 끝까지 투기다. 땅을 거의 '허위 매물' 수준으로 만들어 허공에서 시세 차익만 남긴다. 실질적인 사용 가치도 없이 단지 지도 안의 땅만 보고 매매하기 때문이다.

이제 투자자들은 도로 개설이나 상하수도, 전기 유입, 각종 인허가 등에 소요되는 전체 비용의 1/N씩만 부담하면 된다. 개인이면 엄두도 안날 일인데 부동산 회사가 다 알아서 한다니, 뭉칫돈 불리고 싶은 자들은 그냥 일정한 돈만 통장으로 '쏴 주면' 끝이다. 세상, 참 편리하다. 돈 놓고 돈 먹기가 정말 '식은 죽 먹기' 아닌가? 어차피 남아도는 돈, 일정 액수의 돈만 투자하면 집 지을 땅이 저절로 생기고, 일단 산을 허물어뜨린 뒤에 몇 년 기다리면

산 위 경치 좋은 곳에 별장을 하나 지을 수도 있고, '정 안되면' 시세 차익을 남기고 팔아넘기면 된다. 이런 식으로, "땅은 거짓말을 하지 않는다!"는 말이 유행어처럼 돌아다닌다. 전국 곳곳에 부동산, 컨설팅, 공인중개사, 복덕방, 떴다방 등이 우후죽순처럼 생겨나지 않던가? 나는 길거리에 이런 간판들이 줄 잇는 걸 보면 섬뜩하다.

그러나 회사나 사람은 땅과 달리 거짓말을 한다. 왜? 법이나 정책으로 규제되는 지역도 마치 규제가 없는 것처럼, 개발이 불가능한 보존 지역인데도 개발이 되는 것처럼 속이기 때문이다. 게다가 관청 공무원들 역시 높은 사람의 부탁이나 뇌물 앞에 거짓을 행하기 쉽다. 머리와 돈을 잘 쓰기만 하면 불법이 합법으로 둔갑한다. 각종 조작과 편법이 동원된다. 예컨대 거주자가 거의 없는 농경지 한복판에 근린 생활 시설 허가가 나고, 좁은 농로가 2차선 도로로 변한다. 실거주민이나 경작자도 모르게 '도로 지정' 회의가 열리고 도로 지정 공고가 나고 자기들끼리 잔치를 벌인다. 거주민이나 경작자는 얼핏 보기에 좁은 농로가 2차선 도로로 변하니 감사하다고 생각하기 쉽다. 그러나 사태의 본질은 부동산 개발을 통한 돈벌이 사업이 진행되는 것이다. 돈에 눈먼 자들은 오히려 그런 도로 지정을 환영한다. 땅값이 오를 것이기 때문이다.

땅 매매는 금지하고
건축물만 매매할 수 있도록 한다면

이런 식이다. 돈으로 사람을 매수하고 규정도 우회한다. 국회의원이나 지자체 의회 의원들은 각종 개발 정보를 남보다 우선 접하기에 남들보다 땅 투기에 나서기도 좋다. 한편 이 공무원들은 개발 사업자들을 잘 도와야 자기들이 미리 사 놓은 땅도 쉽게 큰돈으로 전환할 수 있다는 사실을 잘 안다. 주변에 판검사, 변호사, 회계사들도 꼬인다. 최근 성남 대장동 개발 사건에서도 여실히 드러난 바다. 그리하여 이들 사이엔 일심동체의 관계가 형성된다. 인생은 아름답고 땅은 황금 덩어리! 마치 영화 ≪내부자들≫에 나오는 장면들처럼 밤마다 고급 술집, 향락업소 등에서 그들만의 파티가 열린다. 이렇게 이들은 날마다 술잔치, 돈 잔치를 벌인다. 돈밖에 보이지 않는 자들이 순진한(?) 그러나 탐욕스러운 중산층을 꼬드겨 투기꾼으로 만드는 과정은 이렇게 진행된다. 처음엔 소비자나 투자자이지만 갈수록 투기꾼이 돼 간다. 그런 불법 사업을 억지로 가능하도록 만들기 위한 공작들이 '내부자들' 사이에서 밤마다 행해진다. 이런 식으로 삼천리금수강산이 '삼천리 투기 강산'으로 변하고 있다.

이런 투기 분위기가 만연한 상황에서 '묻지 마, 남북통일!' 또는 '통일은 대박!' 같은 구호를 함부로 외칠 수 있을까? 아이고-, 나는 심히 두렵다. 북한 땅 전체가 투기 대상이 될까 봐 두렵다. 이미 금강산이나 대동강 주변을 노리는 자들이 득실거린다는 얘기도 있다. 그러니 투기와 난개발, 기획 부동산, 쪼개기식 개발 등을 잡지 않으면, 경제도 통일도 모두 헛일이 된다. 따라서 중국, 싱가포르, 에티오피아 같은 나라처럼 땅을 모든 시민의 것이라 보고, 기본적으로 땅의 매매를 금지하되 건축물만 매매할 수 있게 하면 좋겠다. 이런 식으로 난개발과 투기를 확실히 잡을 최소한의 장치를 마련하기 전에 행정 수도 이전이라든지 지방 분권 강화, 무조건 남북통일 등을 성급하게 추진해선 안된다.

보다 나은 민주주의를 열망하는 정치가나 행정가들, 그리고 일반 시민들이여! 제발 정신 차리자! 약 170년 전 수꾸아미족의 시애틀 추장이 외친 것처럼, "우리는 땅의 한 부분이고 땅은 우리의 한 부분"임을 다시 한번 깊이 되새길 필요가 있다. 이런 정신과 철학을 기반으로 집이나 땅에 대한 제도를 완전히 새롭게 정비해야 한다. 갈 길이 아무리 멀어도 한 걸음씩 뚜벅뚜벅 갈 뿐이다. 우리 세대가 끝나면 다음 세대가 이어가면 된다. 언젠가 도달할 때까지.

땅을 살리고 밥을 살리는, 삭힌 똥

나는 시골에서 아내랑 "밥이 똥이고, 똥이 밥"이라며 세 아이를 키웠다. 아침마다 생태 뒷간에 똥오줌을 누고 잘 삭혔다가 텃밭으로 보냈다. 이렇게 20년 이상 땅을 살리니 제초제나 살충제 없이도 작물이 잘 컸다. 물론 상품으로 팔 건 없다. 그러고 싶지도 않다. 자급용이라 못생겨도 좋고 벌레가 좀 먹어도 건강한 열매나 채소를 먹으니 그저 행복할 뿐이다.

똥은 위생을 따져 자연에 내다 버리면 오염원이지만 거름으로 재활용했을 땐 더없이 귀한 자원이다. 그리고 이는 우리의 전통적인 농사법에서 입증해 온 바다. 1909년 조선, 일본, 중국을 방문한 미국의 토양학자 프랭클린 킹(Franklin Hiram King)은 이 동아시아 농부들의 토양 관리법을 유심히 관찰했다. 그리고 1911년에 낸 ≪4천 년의 농부≫에서 동아시아의 벼농사 나라들이 4천 년 이상 살아 있는 토양을 보존해 왔다며 놀라워했다.

거름으로 쓴 똥은
비위생적 오염원이 아니라 귀한 자원

그는 그 비결이 '똥'에 있다고 했다. "오늘날에도 집집마다 농촌 마을마다 심지어 177만 명이 반경 4마일 안에 몰려 살고 있는 한커우와 우창, 한양 같은 대도시에서도 배설물을 열심히 모으고 있다. 그래서 성인 4억 명이 1년에 인 15만 톤, 칼륨 37만 6,000톤, 질소 115만 8,000톤 등 1억 8,200만 톤이 넘는 배설물을 땅에 거름으로 주고 있다." 미국과 유럽은 위생적인 배설물 처리(예 ; 깔끔한 수세식 화장실)를 인류 문명이 이룬 위대한 성취라고 생각하지만 이는 오히려 착각이라는 것이다. 똥을 거름으로 사용하는 일은 위생적인 측면에서도 효율적인데, 그는 자신이 동북아시아 농촌을 여행하는 도중 파리 떼를 거의 본 적이 없다고 한다. 그는 이렇게 기록했다. "모든 배설물은 쓰임새 있는 곳으로 가도록 항상 잘 관리 감독하기 때문에 파리의 부화 장소 자체를 파괴하는 효과를 내고 있었다." 동아시아의 농부들은 사람이 밥을 먹고 싼 똥을 퇴비로 잘 삭혀 다시 땅으로 돌렸고, 이로써 흙을 살렸다.

똥 얘기가 나온 김에 한 걸음 더 나아가 보자. 오늘날 우리가 별생각 없이 쓰는 수세식 화장실은 손잡이를 한 번 내릴 때마다 물이 10리터씩 사라진다고 한다. 대변과 소변을 구분하거나 물통 안에 벽돌을 넣어서 물을 절약하기도 하지만, 여하간 용변을 볼 때마다 제법 많은 물이 소요된다. 게다가 이물이 지하수인 경우 물이 내려갈 때마다 양수기에서 전기가 소모된다. 땅밑 지하수를 위로 끌어올려야 하기 때문이다. 수돗물 역시 시스템 관리 차원에서 곳곳에 가압 펌프를 상시적으로 돌려주어야 물이 잘 나온다. 여기서도 전기는 필수다. 더 중요한 것은 대소변이 관로를 따라 내려가면 정화조로 흘러간다. 거기서 각종 기술 장치를 통해 '정화'가 된다. 정화된 물은 하수구로, 강으로, 마침내 바다로 흘러간다. 그러나 과연 대소변이 잘 정화가될까? 우리가 하수 종말 처리장 인근에 가보면 고개가 갸우뚱해진다. 냄새도 나고 물도 탁하다. 뭔가 오염 물질이 둥둥 떠내려간다. 전국의 5천만 인구가 1년 365일 꾸준히 배출하는 똥오줌, 과연 우리의 하천과 바다는 어떻게 될까? 심지어 각종 해안 개발 사업이 이어지면서 동해, 서해, 남해 등 3면의 바다가 가진 자연 정화 능력조차 급감하고 있지 않은가?

이런 면에서 똥오줌을 버리지 않고 조금 냄새가 나더라도 잘 분리해서 모아 퇴비로 돌리는 게 땅도 살리고 물도 살리는 길이다. 이렇게 해서 돈을 절약하자는 것보다 땅을 살리자는 것이 내가 진정 강조하고 싶은 것이다. 프랭클린 킹이 ≪4천년의 농부≫에서 말한 것도 바로 이런 순환의 원리가 아니던가? '순환'은 생명의 철학에서 또 다른 핵심 요소다. 이렇게 보면 우리가 늘 강조하는 깨끗함 또는 위생성이란 것도 적정 수준이 있을 듯하다. 내가 수십 년째 생태 화장실을 활용해 똥오줌을 퇴비로 순환하며 사는 것 역시 내 나름의 적정성을 찾는 과정이다. 하늘의 비가 나무와 농작물을 살린 뒤 지하수로 스며들고 또 그 지하수가 호수나 강, 바다와 함께 하늘로 증발해 비가 되듯이, 밥이 똥이 되고 똥이 밥이 되는 세상, 이게 건강한 세상이다.

난도질당하는 농지, 한숨만 나오는 농부

더 중요한 것은 땅에 대한 철학이다. 땅, 그중 농경지는 단순한 재산이 아니라 생명 살림의 토대다. 그런데 현실은 이를 비웃기라도 하는 듯하다.

얼마 전 한 국회의원의 부친이 서울시에 살면서 세종시 전의면의 논 3,000여 평을 매입한 사실이 언론에 오르내린 적이 있다. 이 국회의원의 부친은 '부재지주'였다. 세종시 전의면의 논을 매입했으면 스스로 농사를 지었어야 하고 이를 위해서는 서울시를 떠나 '영농이 가능한 거리'의 거주지로 이사를 해야 했다. 그러나 그는 서울시에서 계속 살았고 스스로 농사를 짓지도 않았다. 헌법 제121조엔 경자유전과 소작제 금지의 원칙이 있다.● 농사짓는 자가 아니면 농지를 소유하지 말라는 것이다. 이 원칙 아래 농지법에서도 "농지는 국민에게 식량을 공급하고 국토 환경을 보전하는 데 필요한 기반"이기에 투기를 금한다. 이런 면에서 이 국회의원의 부친만이 아니라 전국 농지의 모든 부재지주가 문제다. 이들 부재지주가 관심을 갖는 것은 이른바 '개발 호재'다. 세종시 전의면에 논을 산 국회의원의 부친 역시 개발 호재에 대한 정보를 가졌던 것으로 보인다. 해당 논은 개발 호재에 대한

● **헌법 제121조** : ① 국가는 농지에 관하여 경자유전(耕者有田)의 원칙이 달성될 수 있도록 노력하여야 하며, 농지의 소작제도는 금지된다. ② 농업생산성의 제고와 농지의 합리적인 이용을 위하거나 불가피한 사정으로 발생하는 농지의 임대차와 위탁경영은 법률이 정하는 바에 의하여 인정된다.

헌법 제121조 ①항 ;

국가는 농지에 관하여
경자유전(耕者有田)의
원칙이 달성될 수 있도록
노력하여야 하며,
농지의 소작제도는
금지된다.

정보 없인 외지인이 관심을 갖기 어려운 곳에 위치하고 있었다.

결국 온 국토가 개발로 난도질당한다. 농경지, 농촌을 없애고 건물을 짓거나 도시화하는 '돈 중독' 경제가 생명 살림의 토대인 땅을 없앤다. 투기와 난개발은 땅의 입장에서 보면 암 유발 요인 아니면 악성 바이러스다. 그러나 사람이 배고프면 밥을 먹어야지 돈 자체를 먹을 순 없다. 밥을 위해선 논밭이 살아야 한다. 논밭이 살려면 농민이 땅을 지키고 똥오줌을 순환시켜야 한다. 흙 1그램 속엔 미생물이 수천만 마리, 수억 마리나 산다고 한다. 한 줌의 흙조차 수천 년에 걸쳐 만들어졌다. 이런 흙이 지구를 살리고 사람을 살린다. 투기 심리로 땅을 봐선 안된다는 얘기다. '땅의 철학'은 '돈의 철학'과 천양지차다.

우리나라는 지난 60년 동안 '수출 산업화'란 구호 아래 농촌과 농사, 농민과 농심을 체계적으로 죽여 왔다. 지금 우리를 지배하는 심리는 황금만능주의다.

나는 초등학생(국민학생) 이후 선생님들로부터 "땅 파고 살지 않으려면 공부 열심히 하라"는 말을 들었다. 그러나 박사 공부까지 다 마치고 나니 오히려 "땅을 가까이하지 않으면 미래가 없다"는 느낌이 왔다. 그래서 나는 손톱 밑에 흙이 들어가도 즐겁게 밭을 일군다. 똥오줌을 버리지 않고 퇴비로 순환하니 기분도 좋다. 실은 이런 텃밭 정도야 재미다. 그런데 농사가 생업인 농민들은 농사를 지을수록 한숨만 나온다. 세상은 농민의 땀과 눈물을 알아주지 않는다. 도시의 투기꾼들과 개발업자, 금융업자들만 고급 승용차를 몰고 다니며 폼을 잡는다. 세종시나 전국의 혁신 도시 같은 신흥 개발 도시가 대표적이다. 수도권 분산 효과는 거의 없고 투기 심리만 코로나19 바이러스처럼 창궐한다. '투기 팬데믹'!

우리나라 식량 자급률은 2020년 기준 45.8%이다. 곡물 자급률은 더욱 심각한 수준인데, 2020년 기준 19.3%에 불과하다.● 그 터무니없던 새만금 간척 사업의 명분은 '식량 생산'이었다. 전라도 군산시와 부안군을 잇는 어마어마한 규모의 새만금 간척 사업●●은 1970년대의 세계적인 식량 파동,

1980년대의 벼 흉작을 해결하기 위해 시작되었다. 그러나 지금 와서는 가장 중요한 식량 자급률이나 곡물 자급률을 높이는 계획보다는 '돈'이 되는 관광 산업이나 물류 산업, 신재생 에너지 사업, 미래 산업을 위한 투자 등에 더 신경을 쓰고 있다. 이처럼 실제론 농사, 농촌, 농민에 대한 관심과 사랑은 눈곱 만큼도 없으면서 땅 투기와 난개발이 만연한 현실, 여기서 과연 사회 정의란 무엇일까?

이제 땅 갖고 치는 장난, 제발 그만하자! 실제로 농사를 짓는 경우가 아니라면 농지 소유를 엄격하게 규제하고, 투기꾼이 가진 땅은 농민에게 돌려주자. 땅 파고 살지 않으려면 농지를 그대로 두라. 그리고 유기농 농민을 공무원 대우하라. 식량 자급률과 곡물 자급률을 90% 이상으로 높이자. 투기와 난개발, 지구 온난화와 기후 위기 시대에 대한 대안으로, 소농 중심의 자급자족 공동체를 활성화하는 것이야말로 우리 모두가 미래 지향적으로 사는 길이다. 그래야 땅도 살고 농민도 산다. '땅의 정의'를 회복해야 사회 정의도 바로 선다. 사람이 땅을 닮아야지, 땅이 사람을 닮아선 안된다. 프랭클린 킹이 제대로 보았듯, 똥을 잘 순환시키는 것이 땅을 기름지게 하는 길이다. 그래서 또다시 외친다. "밥이 똥이고 똥이 밥이다!" 반면 돈의 경제는 결국 '돈맥경화'로 인해 파국으로 치닫게 되어 있다. 무엇이 현명한 삶인가?

● 식량 자급률은 주식용 곡물만으로 산정하고, 곡물 자급률은 가축 사료용 곡물을 포함한 모든 곡물을 대상으로 산정한다. 식량 자급률 45.8%는 농림축산식품부 발표 자료이고, 곡물 자급률 19.8%는 통계청 〈한국의 지속 가능 발전 목표〉 자료이다.
●●**새만금 간척 사업 :** 총 34km의 방조제를 축조하여, 간척 토지 291㎢(8,802만 평)을 조성하는 국책 사업이었다. 사업비는 약 23조원이 들어갔다.

생명 안전이
후순위로 밀려난 까닭

보통 '노동 문제!'라고 하면 좀 어려워한다. 불편해 하기도 한다. 그러나 노동 없이 밥, 옷, 집이 생기는가? 그 노동을 수행하는 이가 노동자다. 자본에 노동력을 제공하고 임금을 받아 생활한다. '인격체'인 노동자가 자본 아래로 들어가 일하는 동안 '노동력'으로 소모될 뿐이다. 따라서 인격체 차원과 노동력 차원이 늘 갈등한다. 따라서 노동 문제 해결의 열쇠는 이 둘 사이에 숨어 있다. 임금 수준도 갈등이고 정규직, 비정규직 등의 고용 형태도 갈등이다. 노동 시간도 갈등이고 상하 간 '갑질' 문제 역시 갈등이다.

산업 안전도 문제다. 돈도 시간도 갑질도 문제지만 만일 노동 과정에서 노동자의 생명 자체가 훼손된다면? 또 이런 재해가 수시로 반복된다면?

이천시 물류 창고 화재 참사는
왜 거듭 일어나는가?

2020년 4월 29일 오후 1시 30분경 경기도 이천시 모가면의 한 냉동 물류 창고 신축 공사장에서 화재가 발생했다. 이 화재로 서른여덟 명이 죽고 열 명이 부상을 당했다. 화재가 난 물류 창고는 2019년 4월 23일에 착공되어 2020년 6월 30일 완공 예정이었던 곳으로, 공정률은 85%였다. 그런데 화재 사건 이전에 한국산업안전보건공단이 물류 창고 공사 업체로부터 받은 〈유해 위험 방지 계획서〉를 보고 이미 화재 위험성을 경고하며 수차례 개선을 요구했다고 한다. 특히 환기에 문제가 있었다고 한다. 두 차례의 서류 심사와 네 차례의 현장 확인을 통해 〈유해 위험 방지 계획서〉의 문제점이 지적됐다. 그렇지만 현장 시공 회사는 문제점을 해결하지 않고 무리하게 작업을 속행하다 대형 사고를 초래했다.

몇 명이 구속되고 벌을 받았지만 죽어 간 노동자의 목숨은 누가 살리나? 그 어떤 피해 보상이 사람의 목숨을 되돌릴 수 있나? 사람답게 살아 보려고 일하러 나갔던 자, 또 그를 기다리는 가족과 아이들은 과연 누굴 믿고 살아야 하나?

더욱 놀랍고도 안타까운 사실은 동일한 형태의 사고가 반복된다는 점이다. 일례로 2020년 4월 29일의 사고와 판박이와도 같은 사고가 이로부터 12년 전에도 있었다. 2008년 12월 5일 정오를 조금 넘긴 시각, 이천시 마장면의 한 물류 창고에서 용접 작업 도중 큰 화재가 발생했다. 용접 불꽃이 튀어 샌드위치 패널로 옮겨붙는 바람에 불이 났다. 이 사고로 분류 작업을 하던 노동자 여덟 명이 숨지고 두 명이 다쳤다.

또 그 이전인 2008년 1월 7일에는 이천시 호법면의 한 냉동 물류 창고에서 역시 아주 비슷한 참사가 있었다. 이 참사로 당시 현장 노동자 마흔 명이 사망하고 아홉 명이 부상을 당했다. 화재와 폭발의 원인은 건물 지하에서 발포 작업 중이던 우레탄에 섞여 있던 시너와 냉매 가스가 터진 것이었다. 소방 당국에서 펴낸 '화재 백서'에 따르면 사고 발생 20여 일 전까지 약 283톤의 우레탄 발포 작업이 있었고 사고 발생 10일 전까지 매일 약 150kg 이상 유성 접착제를 이용한 보온 작업이 진행됐다. 수증기와 비슷한 유증기(油蒸氣)가 공기 중에 널리 퍼진, 극도의 위험 상태였던 것이다. 아니나 다를까, 국립과학수사연구원도 우레탄 발포 작업에 이어 유성 접착제 보온 작업 끝에 다량의 디클로로플루오르에탄(HCFC-141b) 유증기, 톨루엔과 아세톤 등이 발생함으로써 결국 급격한 화재 확산의 원인이 됐다고 발표했다.

과연 이렇게 반복되는 사건들에서 우리는 무엇을 배울 것인가? 분명히 경찰, 소방 당국, 국립과학수사연구원, 언론 등이 조사와 보고서를 통해 문제점을 밝혔는데도 왜 유사한 사건이 자꾸 반복되는가?

우선 짚고 넘어갈 점은 왜 하필이면 이천시에서 이런 일이 반복되는가, 하는 점이다. 이것은 이미 위 사건들의 공통점으로 드러난 바처럼 이천시 일대가 서울시와 수도권을 위한 물류 적지이기 때문이다. 실제로 우리나라 인구의 약 절반이 서울시와 경기도 일대에 모여 산다. 수도권 과잉 집중! 이 것이 이처럼 극도의 위험을 연출하는 배경이다. 우리나라 인구의 절반에 이르는 사람들의 일상생활, 특히 밥, 옷, 집 문제를 해결하는데 얼마나 많은 물 자가 필요하며, 또 이를 위한 대형 물류 창고가 얼마나 많이 필요한가?

효율성의 철학이 압도하는 사회 구조

그러나 물류 창고가 밀집해 있다고 해서 이것이 사람 목숨을 앗아가는 참사를 반복적으로 발생시키는 것은 아니다. 그렇다면 무엇이 문제인가? 앞의 화재 백서나 산업안전공단의 경고에 따르면 크게 두 가지가 직접적인 원인이다.

하나는 우레탄, 시너, 냉매, 유성 접착제 등으로 유증기가 공기 중에 퍼진 상태에서 불꽃 튀는 용접 작업 등을 진행한 것이다. 또 다른 하나는 유증기 물질이 가득한 공기 자체를 제대로 통풍, 환기하지 않은 것이다. 물리적으로 이 문제를 부정할 수는 없다. 그러나 유사한 참사의 빈발 또는 반복 발생의 원인이 이런 기술적 문제에만 있는 것은 아니다.

또 하나의 원인은 효율성의 철학이 안전성의 철학을 압도하게 만드는 사회적, 경제적 구조이다. 즉 그 이전에 유사한 참사가 있었음에도, 또 반복적인 문제 지적이나 경고들에도 불구하고 또다시 일정 기간이 지나면 같은 오류가 반복되는 것은 위험을 위험으로 인지하지 못하는 데 문제가 있는 것이다. 흔히 말하는 '안전 불감증'이 이것이다. 작업자의 부주의나 관리자의 책임 소홀, 가연성 소재의 과다 사용, 위험 작업의 하청화 등이 모두 안전 불감증의 소산이다. 결국 효율성의 철학이 안전성의 철학을 압도하지 못하게 구조적으로 막아야 한다.

같은 맥락에서, 기업살인법을 시행하는 영국에서와 같이 우리도 기업살인법을 제정하자는 제안이 사회적 공감을 얻었다. 산재(산업 재해)가 일어날 경우 단순한 노동법(산업안전법) 차원이 아니라 기업살인법(형법) 차원에서 보다 엄하게 다스리면 사업주들도 더 큰 책임감을 갖고 안전과 예방을 도모하리라는 논리다. 영국의 기업살인법●은 기업의 중대한 과실 또는 주의 의무 위반으로 사망 사고가 발생할 경우 해당 기업에 상한 없는 벌금, 피해자에 대한 구제 명령, 피의 사실 공표 명령 등의 형사적, 행정적 책임을 묻도록 하고 있다. 이 법에 따라 2011년 중소기업인 CGH사(Cotswold Geotechnical Holdings)가 최초의 유죄 판결을 받았는데 연 매출액의 250%에 달하는 벌금을 선고받았다.

그리하여 우리나라에서도 '기업살인법'을 제정하자는 여론이 크게 일었고, 마침내 2021년 1월에 불완전하나마 '중대재해처벌법'이 제정되었다. 이 법은 1년 유예 기간을 거친 뒤 2022년 1월 27일부터 50인 이상 사업장부터 시행하고 있다. 여기서 '중대 재해'란 1인 이상의 사망자가 발생하거나 다수의 부상자가 발생하는 '중대 산업 재해'와 '중대 시민 재해'를 말한다.●● 중대재해처벌법 제1조엔 "인체에 해로운 원료나 제조물을 취급하면서 안전·보건 조치 의무를 위반하여 인명 피해를 발생하게 한 경영 책임자"가 나오는데, 이들 사업주나 경영 책임자가 중대 재해의 책임을 지고 처벌을 받게 되었다. 즉 경영 책임자는 노동 현장에서 인명 피해가 발생하지 않도

● 2007년 제정돼 2008년 시행된 '기업 과실 치사 및 기업 살인법(the Corporate Manslaughter and Corporate Homicide Act 2007)'을 말한다.
●●중대 산업 재해는 다음과 같은 경우의 산업 재해를 말한다. ㉮ 사망자가 1명 이상 발생, ㉯ 동일한 사고로 6개월 이상 치료가 필요한 부상자가 2명 이상 발생, ㉰ 동일한 유해 요인으로 급성 중독 등 대통령령으로 정하는 직업상 질병자가 1년 이내에 3명 이상 발생. 그리고 중대 시민 재해는 특정 원료 또는 제조물, 공중 이용 시설 또는 공중 교통수단의 설계, 제조, 설치, 관리상의 결함을 원인으로 하여 발생한 것으로 다음과 같은 경우의 재해를 말한다. ㉮ 사망자가 1명 이상 발생, ㉯ 동일한 사고로 2개월 이상 치료가 필요한 부상자가 10명 이상 발생, ㉰ 동일한 원인으로 3개월 이상 치료가 필요한 질병자가 10명 이상 발생.

록 안전·보건 의무를 다해야 한다. 이렇게 하지 않을 경우 1년 이상의 징역 또는 10억원 이하의 벌금이라는 처벌을 받게 된다.

그런데 이 중대재해처벌법은 50인 미만 5인 이상의 사업장에서는 2024년 1월부터 적용된다. 또 5인 미만 사업장은 아예 적용 제외다. 현실적으로 5인 미만 사업장 또는 50인 미만 사업장에서의 산업 재해 발생 비중이 더 높다는 사실을 감안하면,● 이 법의 실효성에는 한계가 있다.

우리 생명까지 돈으로 환산하는 비용 편익 분석

그러나 우리의 질문은 한 걸음 더 나아가야 한다. 실제 노동 현장에서는 수많은 인명 피해와 이 피해에 대한 책임자 구속과 처벌이 있다 하더라도 '안전 불감증'이라 불리는 구조적 문제는 고쳐지지 않는다. 그리고 재해는 거의 반드시 재발한다. 지금도 해마다 2천 명 안팎의 노동자들이 산업 재해로 죽어 간다.●● 고용노동부의 공식적인 통계만 해도 그렇다. 숨겨진 경우까지 감안하면 그 수는 몇 배로 늘어날 것이다. 달리 말해 철저한 사업주 처벌과 별개로 산업 재해, 곧 기업에 의한 살인이 끊이지 않는 근본 원인은 무엇인가?

이것은 궁극적으로 현재의 경제 시스템이 '교환 가치 중독'에 걸려 있기 때문이다. 구체적으로 두 측면을 보자. 그 하나는 인간 노동력을 너무나 함부로 대하는, 인간 멸시의 경제 원리다. 다른 하나는 인간과 자연의 생명력을 무한 훼손하는 '대량 생산-대량 유통-대량 소비-대량 폐기'의 메커니즘이다.

첫째, 자본주의 경제의 틀에서 인간 노동력은 결국 인건비라는 명목의 돈

● 고용노동부 〈산업 재해 현황 분석〉 자료에 따르면, 2021년 우리나라 산업 재해 사망자 수는 2,080명이었다. 이 가운데 50인 미만 사업장 사망자 수는 1,359명으로 전체의 65%였고 5인 미만 사업장 사망자 수는 567명으로 전체의 27%였다.
●●우리나라 산업 재해 사망자 수는 2021년 2,080명, 2020년 2,062명, 2019년 2,020명 등이었다. 고용노동부 〈산업 재해 현황 분석〉 자료이다.

으로 치환된다. 노동력을 비용이 아닌 자산이나 투자로 보자고 제안하는 입장도 있지만, 이 시각조차 비용 편익 분석(Cost-Benefit Analysis)●을 토대로 한다. 자본의 입장에서는 늘 '비용·투자 대비 수익'이 얼마냐를 두고 경쟁하기 때문이다. 역시 돈의 철학이다. 그러니 사람의 안전이나 생명, 사고 예방이나 보호 등과 같은 구호는 늘 현수막이나 서류에서만 현란할 뿐이다. 실제 노동 과정에서는 '비용 절감'이라는 구호 앞에 이 모든 것이 부차적으로 변하고 만다. 결과적으로 노동자는 인건비와 동일시된다. 사람의 생명은 사라지고 계산된 비용만 남는다. 늘 이런 위험을 안고 진행되는 노동 과정은 사고가 안나는 게 천운일 뿐이다. 오히려 사고가 나는 게 정상처럼 되어 버렸을 정도다. 노동 현장 여기저기에 내걸린 구호처럼 '안전제일'을 진심으로 실천하는 현장은 드물다. 그래선 돈이 안되기 때문이다.

둘째, '대량 생산-대량 유통-대량 소비-대량 폐기'라는 경제 전반의 메커니즘이 갈수록 대형 참사를 재촉한다. 왜 그런가? 우선 자본은 낮은 이익으로 만족하는 법이 없다. 자본의 법칙, 자본의 철학은 언제나 무한 증식이다. 그래야 지주에게 임대료 주고 국가에 세금 내고 은행에 이자 갚으며 주주에게 배당금을 듬뿍 줄 수 있고, 나아가 경영자 보수와 재투자 잉여금까지 남길 수 있기 때문이다. 이해 당사자마다 만족이나 충분함을 모른 채 '다다익선'을 추구한다. 자본의 법칙이 갈수록 대규모, 무한대를 추구하는 것은 이런 자본 자체의 생리다. 게다가 경쟁까지 치열하다. 그러니 소량 생산과 소량 판매로는 만족하기 어렵다. 즉 '대량 생산-대량 판매-대량 이윤'을 위해 '대량 유통-대량 소비-대량 폐기' 시스템을 아무 탈 없이 지속해야 자본은 큰돈을 번다.

그런데 이 모든 연쇄 고리에 인간 노동력과 자연이 개입된다. 특히 사람

● **비용 편익 분석(Cost-Benefit Analysis) :** 기업이나 사회가 새로운 투자나 정책과 관련하여 의사 결정을 내릴 때 여러 대안의 비용과 편익을 따져 최적의 대안을 결정하는 방법을 말한다. 모든 비용과 편익을 화폐 단위로 측정해 계산한다.

이 일을 하지 않으면 아무것도 안된다. 하지만 여기서 인간 노동력과 자연 생태계는 자본에게 늘 '비용' 요인이기에, 이 모든 연쇄 고리에 비용 절감 압박이 가해진다. 생산과 유통, 소비와 폐기의 모든 과정에서 인간과 자연은 대상화, 결국 하향 통제를 당한다. 사람이나 생명의 가치는 무시되고 오로지 교환 가치가 모든 과정을 지배한다. 바로 이것이 안전 불감증을 주기적으로 재발하게 하고 대형 참사가 거듭 일어나는 뿌리다. 이 뿌리와 정면으로 맞서지 않는 해법은 대체로 헛발질로 끝나고 만다. 안타까운 재해가 거듭 발생하는 배경이다.

민주화 이후에도 사라지지 않는
자본의 폭력

여기서 하나의 의문이 생긴다. 이것은 1980년대 후반 이후로 민주화가 상당 정도 진전되었는데도 왜 여전히 노동 현장은 소외되고 산업 재해는 여전히 발생하는가, 하는 문제다. 매우 중요한 질문이다. 이에 답하기 위해선 잠시 민주화 이전과 이후를 간단히 살필 필요가 있다.

약 40여 년 전, 1980년 5월의 광주는 한편으로 저항, 다른 편으로 학살로 얼룩진 곳이었다. 군부 세력은 민주주의를 외치는 학생과 시민들을 '빨갱이'로 몰아갔지만, 사실상 그 배경엔 자본이 있었다. 인간 존엄성과 민주주의를 외치는 저항이란 자본에게 막대한 비용 요인이기 때문이다. 이런 저항이 없는 상태를 자본은 '사회 안정' 또는 '질서 유지'라 한다. 사회의 모든 구성원들이 사회 안정을 유지한 채 열심히 노동을 하고 소비를 해야 자본이 이윤을 획득하는 데 유리하다. 따라서 자본이 노동자의 불만이나 저항을 잠재울 물적 토대가 미약할 때는 경찰이나 군사력을 활용하여 노동 운동이나 사회 운동을 폭력적으로 억압한다.

그러나 1995년 민주노총(전국민주노동조합총연맹) 창립, 1997년 새정치국민회의의 대통령 선거 승리, 2000년 민주노동당 창당 등을 거친 후 자본의 대응 방식도 전반적으로 민주적인 형태를 띠게 된다. 이는 IMF 외환 위

노동자는 피해자이기도 하면서
공범자(협력자)이기도 하다.
'불편한 진실'이다.

노사가 협력하여
사회적 약자나 생태계를 희생시켜
더 많은 화폐를 획득하는 과정에
노동자 역시 공범자라는 진실을
솔직히 인정해야
비로소 출구가 보인다.

만일 늘 피해 의식에만 머문다면
언제나 좀더 많은 보상만 받고
상황은 종결되고
파괴 행렬은 부단히 지속된다.

기 시기와도 맞물리는데, 1998년 초기의 완강한 노동 저항(해고 위주의 구조 조정 반대 투쟁)을 잠재운 뒤부터는 일정한 범위 내에서 민주 노조를 인정하고 단체 교섭이나 경영 참가를 제도화한다. 미약하나마 노동 복지 체제도 구축된다. 달리 말해 이전의 박정희나 전두환식 노동 통제 체제는 사실상 종말을 고했다.

물론 그렇다고 해서 영원한 종말은 아니다. 자본이나 권력의 필요에 따라 얼마든지 폭력적 노동 통제는 부활한다. 예컨대 2009년 일어난 쌍용자동차 사태는 여전히 폭압적인 통제가 사라지지 않았음을 보여주었다. 즉 물적 토대가 상당 정도 구축된 상태라 하더라도 노동 저항이 '지나치다' 싶으면 언제든 폭력이 재등장한다. 쌍용자동차 노동자들에 대한 해고 반대 투쟁을 수개월 동안 감행했을 때, 용역 깡패나 경찰 특공대는 헬기와 최루탄, 테이저건까지 동원해 마치 적군을 상대로 전쟁을 수행하듯 폭력적으로 노동자들을 진압했다. 그 와중에 노동자나 가족 수십 명이 스스로 목숨을 끊었고 수많은 이들이 폭력의 충격(트라우마)에 시달렸다.●

그러나 사회 전반적으로 노동, 농민, 여성, 환경, 청년 등 각 영역마다 사회 운동이 활성화하면서 예전과 같은 방식은 통하지 않게 되었다. 민주화가 어느 정도 진척된 덕이다. 자본이나 정권 입장에서도 폭력적 진압 방식보다는 돈이나 자리를 통한 회유, 그리고 '손배·가압류'라고 하는 압박을 주 무기로 사용한다. 이런 의미에서 군부 독재나 민주 정부냐 하는 건 자본이 국가의 이름으로 사회를 통치하는 다양한 얼굴들에 불과하다. 달리 말해 정치적 통치 형태가 군부 독재건 민주 정부건, 전반적인 사회 경제 시스템을 움직이는 건 여전히 자본주의다. 이 점을 놓치면 헛발질이 반복된다.

요컨대 자본주의를 관리하는 통치 형태가 독재, 민주, 복지, 생태 등 다양

● 2009년 4월 쌍용자동차 자본은 경영 정상화를 명분으로 정규직 노동자 2,646명 등을 정리 해고했고 이에 맞서 노조는 77일 동안 옥쇄 파업에 돌입해 "해고는 살인이다! 함께 살자!"를 외치며 싸웠다. 결국 경찰 특공대와 용역 깡패 등의 강제 진압으로 노동자들은 쫓겨나야 했다. 이후 33명의 노동자와 그 가족이 목숨을 잃었다.

한 얼굴을 가질 뿐이다. 사회 운동이 이런 점을 직시하고 근본에서부터 바꾸지 못하면 늘 헛고생만 하다가 지치거나 체제에 동화되고 만다. 결국 '탈자본' 체제를 새롭게 구현하지 못하면 아무리 민주화를 해도 노동 현실엔 변함이 없다. 바로 이것이 민주화 이후에도 여전히 자본에 의한 노동자 살인이 반복되는 까닭이다.

우리 또한 자본의 공범자라는
사실을 솔직하게 인정해야

그렇다면 우리가 취할 수 있는 대안은 무엇인가? 참된 대안은 깊은 성찰에서 출발한다. 코로나19 감염병 사태에서 드러난 것처럼 자본은 돈벌이를 위해 부단히 자연 생태계와 야생 동물 서식지를 파괴해 왔다. 심지어 인간 스스로 야생 동물을 음식이나 놀이 도구, 애완동물 등 온갖 형태로 상품화하면서 이들의 생명권을 존중하지 않았다. 또 이런 식의 직접적 파괴가 아니라도 '대량 생산-대량 유통-대량 소비-대량 폐기'의 자본 운동은 지난 100년 이상 대량의 온실가스 방출과 함께 지구 온난화 및 기후 위기를 초래했다. 이 모든 과정들이 자본 운동, 즉 교환 가치 증식 운동의 부산물이다.

따라서 우리의 대안은 자본의 원리를 지양(止揚)하는 것이지 단지 부패하거나 무능한 정권을 바꾸는 것만은 아니다. 민주 정부 아래서도 여전히 자본에 의한 노동자 살인이 이어지는 까닭이다. 이제 이런 '불편한 진실'을 직면하는 것에서 다시 시작하자. 비긴 어겐(begin again)!

'자본의 철학'이 시스템은 물론, 사람들의 느낌, 생각, 태도, 행동 속으로 깊숙이 스며들어 와 '인간의 철학'을 변형시켜 버렸다. 무한 증식하려는 자본이 인간의 생명과 건강을 무너뜨리고 있다. '강자 동일시' 심리나 '경쟁의 내면화', '호모 이코노미쿠스'식 생활 방식 등이 그 증거다. 따라서 우리의 느낌과 생각, 태도와 논리부터 자본을 지양하려는 시도를 해야 한다. 그러나 이는 쉽고도 어렵다. 쉽다는 것은 '나부터' 할 수 있기 때문이고, 어렵다는 것은 그간 우리가 자본이 원하는 경쟁과 이윤의 원리를 너무나 강고하게

'내면화'한 상태이기 때문이다. 그러나 이런 고민을 하는 사람들끼리 모이기 시작하고 이야기를 나누기 시작하면 달라진다. 비긴 어겐(begin again)! 제대로 된 언론과 접촉하고 좋은 책도 두루 읽고 공부하면서 '탈자본'의 새 세상을 함께 꿈꾸어야 한다.

탈자본의 새 세상, 이래야 비로소 우리는 서로 존중하고 생명 가치가 무시되지 않는 새 삶을 살 수 있다. '근거 없는 낙관'이나 '공허한 긍정적 사고' 따위와 같은 '값싼 희망'을 가지라는 것이 아니다. 이 탈자본의 방향은 서둘러 희망과 기대를 말하거나 섣불리 이상적인 미래 사회의 설계도를 그리는 것보다 더 중요한 일이다.

솔직히 고백하자면, 우리 대다수는 지금까지 자본에 협력하고 순응함으로써 임금이나 이자 등을 받으며 사실상 공범으로 살아왔다. 인정하기 싫지만 바로 이런 고백이 온 사회를 지배하는 교환 가치 체제를 지양하고 그 대신 '생명 가치'를 구현할 가능성의 출발점이다.

이런 의미에서 우리는 아직 제대로 '출발'도 하지 못했다. 노동자는 늘 자본의 피해자라는 의식에만 머물러 있어서는 안된다. 피해 의식에 머물러 피해자 코스프레만 하면 자칫 공격자나 폭력자로 돌변하기 쉽다. 원래 의도한 자유나 해방, 평등과는 거리가 멀어진다. 그래서 다른 시각으로 접근해야 한다. 노동자는 피해자이기도 하면서 공범자(협력자)이기도 하다. '불편한 진실'이다. 노사가 협력하여 사회적 약자나 자연 생태계를 희생시켜 상품을 만들어 더 많은 화폐를 획득하는 과정에 노동자 역시 공범자라는 진실을 솔직히 인정해야 비로소 출구가 보인다. 만일 늘 피해 의식에만 머문다면 언제나 좀더 많은 보상만 받고 상황은 종결되고 파괴 행렬은 부단히 지속된다. 뼈를 저미는 이 진퇴양난의 상황, 누가 뭐래도 바로 여기서 우리는 다시 신발 끈을 동여매야 한다. 진지하게 둘러앉아 불편한 진실조차 허심탄회하게 나누면서 참된 대안을 모색하는 '성찰의 시간'이다.

다음번 노동절이
돌아올 때까지

해마다 5월 1일은 노동절이다. 이 노동절의 기원은 1886년 5월 1일에 있었던 미국 노동조합총연맹의 총파업이다. 당시 총파업의 핵심 구호는 '8시간 노동'이었다. 노동자들은 매일 예사로 12시간에서 15시간까지 일하면서도 굶주림과 멸시에 고통 받았다. 8시간 노동은 단순한 노동 시간 단축이 아니라 노동자도 인간답게 살아 보자는 구호였다.

1889년 7월 파리에서 조직된 제2인터내셔널(The Second International)은 5월 1일을 '만국 노동자 단결의 날'로 정했다. 제2인터내셔널은 유럽 각국의 사회주의 정당과 노동조합이 참여한 연합체인데, 이 조직이 기념일로 정한 '만국 노동자 단결의 날'은 이후 전 세계로 확산되면서 노동절(May Day)로 자리잡았다. 여기서 알 수 있는 것처럼 노동절은 단순히 노동자들이 하루 더 쉬는 날이 아니다. 이날에는 노동자의 삶에 관한 정치 경제적 의미가 깃들어 있다. 이날의 정치 경제적 성격은 날짜나 이름의 변화 과정에서도 잘 드러난다. 일례로 미국 정부는 1894년 노동절을 연방 공휴일로 정하면서 날짜를 5월 1일이 아니라 9월 첫 번째 월요일로 바꿔 놓았다. 5월 1일이 '사회주의' 냄새를 풍긴다는 이유에서였다. 그냥 가을의 하루를 더 쉬라는 뜻일까? 명칭도 '메이데이(May Day)'가 아니라 '레이버 데이(Labor Day)'로 고쳤다. 그리고 지금도 미국의 노동절은 노동자의 연대보다는 근로 의식을 고취하고 가족의 화목을 다지는 날이라는 의미가 더 강하다.

우리나라에서는 일제 강점기인 1923년 5월 1일 사회주의 노동 운동 단체인 조선노동연맹회에 의해 최초의 노동절 기념행사가 열렸다. 그 뒤 해방 후 1945년 11월 결성된 사회주의 색채의 노동 운동 단체 전평(全評 ; 조선노동조합전국평의회)과 1946년 3월 결성된 보수 극우 색채의 노동 단체 대한노총(대한독립촉성노동총연맹)이 1946년 5월에 각각 다른 노동절 행사를 진행했다. 물론 이들 간엔 긴장과 갈등도 꽤 컸다. 친미 보수 성향의 이승만 정권은 1958년부터 대한노총 창립일인 3월 10일을 '노동절'로 정했고, 박정희 정권은 1963년 이 3월 10일의 노동절 명칭을 '근로자의 날'로 바꿨다. 그러다가 1980년대 민주화 운동이 얼마간의 결실을 거두면서 1994년에는 이 '근로자의 날' 날짜가 5월 1일로 바뀌었다.

이렇게 해서 해마다 5월 1일은 노동자의 휴일이고 유급 휴일이다. 지금도 보수적인 이들은 '근로자의 날'이라 하고 진보적인 이들은 '노동자의 날'이라 부른다. '근로자'라는 말을 선호하는 이들은 별다른 저항이나 태만 없이 근면 성실한 자세로 열심히 일하는 일꾼의 이미지를 강조한다. 반면 '노동자'라는 말을 선호하는 이들은 역사의 주인이 곧 노동자이며 노동 계급 없이는 세상이 돌아가지 않는다는 점을 강조한다.

노동 시간의 '20대80' 사회

이제 해마다 돌아오는 노동절에 대해, 우리는 이를 사회적으로 어떻게 기억하는 게 좋을까? 이와 관련한 나름의 생각을 정리해 본다.

첫째, 1886년 '8시간 노동'을 내걸고 힘차게 싸웠던 미국 노동자의 역사를 다시금 살펴보고 역사적 교훈을 되새기는 일이 중요하다. 130여 년이나 지난 지금도 노동자의 현실은 여전히 척박하다. 그토록 많은 사람들이 노동자의 권익을 외치고 죽어 갔는데도 왜 현실이 그다지 나아지지 않았는가? 이런 문제들을 널리 토론해 나갈 필요가 있다. 그 필요성은 온 세상이 노동절을 기념하는데도 여전히 쉬지 못하고 일을 해야 하는 이주 노동자나 알바, 플랫폼 노동자들의 상황에서도 잘 나타난다.

둘째, 노동 시간과 관련한 모순에 대해 생각해 보아야 한다. 한편에서는 장시간 노동과 과로가 일상화화고 다른 편에서는 비정규직과 자투리 일자리, 실업이 일상화하는 모순이 나타나고 있다. 이는 노동 시간의 '20대80 사회'●라고 표현할 수도 있겠다. 이 모순을 제대로 극복하려면 어떻게 해야 할까? 이는 사회적 빈부 격차 문제를 푸는 것과도 연관된다. 생각건대 사회 진보의 방향으로 이 모순을 풀려면 복지 시스템 구축을 전제로 노동 시간 단축과 일자리 나누기를 해야 한다. 한 사회의 살림살이 전반을 해결하는 데 필요한 총 노동 시간을 구하고 이를 노동 가능 인구가 20년 동안만 나누어 일하는 것으로 재편하면 어떨까? 20년 노동 이후엔 그야말로 인생을 즐기며 살 수 있도록 노동 시간의 장기 계획과 복지 시스템을 함께 구축하면 된다.

셋째, 21세기 현재의 시점에서 '노동'의 의미를 되새길 필요가 있다. 노동 없이 인간의 삶이 불가능하다는 점에서 노동의 중요성은 아무리 강조해도 지나치지 않다. 노동이 정당한 사회적 대우를 받는 것이 필요하다. 일차적으로 '삶의 향상'을 위해 지금 여기서 투쟁하는 것은 매우 중요하다.

그러나 다른 한편 자본주의 노동이란 자본의 몸집을 불려주는 한에서만 생산적 노동으로 분류되기에 '가변 자본'이라 불린다. 인간의 산 노동이 상품 생산 과정에서 가변 자본, 즉 가치의 크기를 변동시키기 때문이다. 그것은 노동 시장에서는 노동력이 임금과 등가 법칙으로 교환되지만, 노동 과정에서는 그 노동력이 임금 가치 이상의 노동을 수행, 그만큼 더 큰 노동량, 즉 잉여 가치를 상품 속으로 투입('착취 법칙')하기 때문이다. 또 관리 과정에서는 "아래로 잘 갈구고 위로 잘 비벼야" 살아남기에 '갈비 법칙' 역시 작동

● **20대80 사회** : 전체 인구 중 20%가 전체 부의 80%를 차지한다는 이론, 또는 21세기 세계 경제에선 20%의 노동력만 쓸모 있고 나머지 80%는 비정규직이나 실업자로 잉여화한다는 이론이다. 1997년 나온 책 ≪세계화의 덫≫을 통해 널리 알려졌다. 여기서 노동 시간의 '20대80 사회'라고 한 것은 전체 노동력의 20%가 전체 노동 시간의 80%를 수행(반면 노동력의 80%는 노동 시간의 20%를 둘러싸고 치열한 경쟁)하고 있는 '번아웃 사회'를 지칭한다.

디지털 자본주의 또는
인공 지능 자본주의 시대가 열리면서
대다수 노동자들은
'잉여'로 만들어지고 있다.

'인간쓰레기' 취급을 받는 것이다.
이는 결코 개인의 책임이 아니라
구조적 문제이다.

이런 맥락에서
참된 노동 해방 없이
'노동 중심성' 또는
'노동자의 자부심'만 강조하는 것은
자본 종속적인
임금 노예 상태를 영구화할 뿐이다.

한다. 이런 식으로 인간의 살아 있는 노동력은 곧 자본의 일부가 된다.

달리 말해, 우리가 아는 노동과 자본의 대립이란 형식적인 차원(분배 차원)에서만 그렇고, 실질적인 차원(생산 과정 차원)으로는 노동이 자본의 일부로 작동하고 있다. 이런 의미에서 그 중요한 노동이 원래 의미를 온전히 발휘하려면 자본 아래서의 노동이 아니라 '자본을 벗어난 노동'(예 ; 활동, 운동)으로 재구성되어야 한다. 특히 21세기는 디지털 자본주의 또는 인공지능 자본주의 시대가 열리면서 대다수 노동자들은 '잉여'로 만들어지고 있다. '인간쓰레기' 취급을 받는 것이다. 이는 결코 개인의 책임이 아니라 구조적 문제이다. 이런 맥락에서 참된 노동 해방 없이 '노동 중심성' 또는 '노동자의 자부심'만 강조하는 것은 자본 종속적인 임금 노예 상태를 영구화할 뿐이다. 노동의 중요성 또는 노동의 신성성만 강조하다 보면 자기도 모르게 자본의 노예를 정당화할 위험이 있다. 따라서 21세기에 새로운 삶의 희망을 만들기 위해서라도 자본주의에 대한 공부를 더 깊이 해 나가야 한다.

부자 되기 경쟁을 멈추고
소박하게 살기 시작해야

넷째, 1886년 당시 노동자의 상황과 오늘날 노동자의 상황을 비교해 보면, 여전히 일각에서 '절대 빈곤'이 상존한다 하더라도 전반적인 상황은 크게 개선되었다. 오늘날 노동자들은 굶주림에 고통 받는 것보다 비만에 고통 받는 경우가 더 많다. 나아가 법과 제도를 통해 노동자의 권리는 상당 정도로 보장된다. 물론 생각만큼 잘 지켜지는 것은 아니지만, 130년 전에 비하면 상전벽해라 할 만한 수준이다.

그러나 노동자와 노동자 사이에서는 성별, 인종별, 지역별, 국적별, 고용 형태별 분열과 경쟁이 훨씬 심해진 면도 있다. 나아가 노동과 자본이 협력하여 잘 살기 운동을 벌이는 사이에 온 세상의 자원과 화석 연료는 고갈되고 있고 지구 온난화로 인한 기후 위기가 도래했으며 이제는 초미세먼지와 코로나19 바이러스 걱정을 매일 해야 할 지경이 되고 말았다. 요컨대 불쌍한 노동자를 기억하는 노동절을 넘어 불쌍한 세계 및 지구를 걱정해야 하는 노동절이 되었다. 만일 영화 ≪설국열차≫나 ≪투모로우(The Day After Tomorrow)≫●에서처럼 지구가 더 이상 감당하기 어려울 정도로 생태계 위기가 다가오면 과거에 공룡이 멸종했던 것처럼 인류 역시 멸종 위기를 맞을지 모른다. 오늘도 내일도 내가 하는 노동이 세상을 살리는 일인지 망치는 일인지 깊이 성찰할 필요가 있다는 얘기다. ≪투모로우≫는 호소한다. "깨어 있어라. 그 날이 다가온다." ≪설국열차≫는 외친다. "나는 닫힌 문을 열고 싶다."

다섯째, 이런 점에서 세상을 살려 내는 일을 하는 노동자들이 진정으로 세상을 제대로 살리기 위해 어떤 삶을 살아야 바람직한지 늘 고뇌해야 한다. 일종의 '인생 내비게이션'이 필요하다. 그 한 가지는 부자나 재벌처럼 돈을 많이 벌어 남부럽지 않게 소유하고 소비하는 삶이 아니라, 재미와 의미를 겸한 일을 하면서도 소박하게 사는 삶이다. 그렇다. "지구는 모든 사람의 필요를 위해선 충분한 곳이지만, 모든 사람의 탐욕을 위해서는 지극히 불충분한 곳"이라는 마하트마 간디의 말은 진리다. 소박한 필요의 철학! 이는 자본의 철학인 '무한 증식'의 철학과 정면으로 대립한다. 그래서 '탈자본'의 문제의식이 중요하다. 우리가 진정으로 세상을 살리면서도 사람들과 더불어 살고자 한다면 부자 되기 경쟁이 아니라 소박하게 살기를 삶의 기본 가치로 삼아야 한다.

이것은 마치 노동절의 기원이 되었던 1886년 당시 미국 자본가들이 수많은 노동자들의 희생(파괴) 위에 화려한 삶을 살 수 있었던 것처럼, 사치와 부유로 사는 삶 자체가 자연 생태계나 인류 공동체의 희생(파괴) 없이는 불

● ≪투모로우(The Day After Tomorrow)≫ : 지구 온난화로 지구가 갑작스럽게 빙하기로 빠져드는 상황에서, 이 재난을 경고하는 한 기후학자의 이야기를 그리고 있다. 2004년 영화가 나온 이후 세계적인 반향을 불러일으켰으며 지금까지도 기후 위기 영화의 대표작으로 손꼽히고 있다. 독일 출신 영화감독 롤랜드 에머리히(Roland Emmerich)가 미국에서 만들었다.

가능하기 때문이다. 나아가 오늘날 많은 노동자들 역시 주식이나 부동산 투자를 하면서 사실상 자본가가 되었다는 점도 반성해야 한다. 같은 노동자로서도 높은 직책에 있으면 '준관리자' 역할을 한다. 역시 자본의 모습이다. 노동자 스스로 자본을 내면화하여 살면서도 다른 쪽에서는 '노동의 인간화' 또는 '노동 해방'을 외쳐 봐야 아무 소용이 없다.

이 모든 면을 감안하면, 노동절엔 단순히 휴일을 즐기고 끝낼 일이 아니라 노동의 의미나 진정한 노동 해방이 무엇인지 생각할 일이다. 지금부터 내년 노동절까지 이 책의 독자들이 이웃이나 동료들과 함께 이런 통찰과 지혜를 얻는 시간을 많이 가지면 좋겠다.

과연 '선거는 민주주의의 꽃'인가?

누가 언제부터 말했는지 정확히 알 순 없으나 흔히들 '선거와 투표는 민주주의의 꽃'이라고 말한다. 왜 그런가? 여러 가지 근거가 있을 수 있지만, 지금까지 나온 핵심 근거를 세 가지만 들면 이렇다.

첫째, 민주 국가의 주인은 국민이기 때문이다. 대한민국 헌법 1조도 "주권은 국민에게 있고, 모든 권력은 국민으로부터 나온다"라고 명시한다. 따라서 민주 국가의 국민들은 나라의 주요 정책 결정에 참여할 권리와 의무가 있다. 요컨대 민주 시민으로서의 국민들이 나라의 중요 결정에 참여하는 통로가 선거와 투표라는 것이다. 둘째, 국가 단위의 규모가 너무 크기에 국민이 그 대리인을 선출해야 하기 때문이다. 그 대리인 선출 과정이 선거와 투표로 나타난다. 우리나라 역시 5천만 이상의 인구를 가진 나라로서, 모든 국민의 국정 참여가 현실적으로 어렵다. 따라서 민의를 반영하는 대리자를 선출해 국정을 담당할 사람을 뽑는 절차가 매우 중요하다. 이것이 선거이고 투표다. 셋째, 선거와 투표 과정이야말로 선의의 경쟁을 통해 최선 또는 차선의 국가 비전을 도출하기 때문이다. 민주주의 국가에서 선거는 다양한 국민의 요구와 소망을 담아내는 각종 정책이 제시되고 또 이런 정책들이 선의의 경쟁을 벌여 어떤 후보나 정당이 최선의 결과를 낳을지 결정하게 된다. 국민의 다양성도 인정하면서, 그 위에서 선의의 경쟁과 토론이 진행되면서 타협과 절충을 통해 국민 통합까지 이뤄내는 것이다.

'선거와 투표는
민주주의의 악'이라는 주장

물론 굳이 이런 근거를 대지 않더라도 선거와 투표에 참여하는 것은 매우 중요하다. 말하자면, 선거 없이 민주주의 없고 또 민주주의 없이 선거 없다. 하지만 과연 이게 끝인가? 따지고 보면 '선거와 투표가 민주주의의 꽃'이라는 명제에 대한 반론도 만만찮다. 굳이 명제화하면 '선거와 투표는 민주주의의 악'이라는 주장이다. 왜 그런가? 그 근거 역시 세 가지만 보자.

첫째, 선거와 투표는 다수결의 원리에 따른다. 구체적인 규칙에 따라 다를 수 있지만 대부분의 선거에서는 후보자 중 최다 득표자가 당선된다. 그러나 과연 최다 득표자가 국민의 민의를 대표하는 자라고 누가 확신할 수 있는가? 이것은 규칙일 뿐, 실제로 이를 입증할 근거는 빈약하다. 특히 오랫동안 특정 정당이 권력을 잡아온 상태라면 조직, 돈, 인맥 등 다양한 측면에서 유리한 조건을 지닌다. 이런 상황에서 최다 득표를 얻는 건 매우 쉽고, 이는 진정한 민의와 반드시 합치한다고 보기 어렵다. 이렇게 되면 나라의 주인인 국민은 선거를 통해 자신의 권력을 스스로 소외시키는 결과를 부른다.

둘째, 민주주의에서 국가의 주인은 국민이라 하지만 과연 그 국민들이 뽑은 대리인들이 실제로 주인의 말을 듣기 위해 일을 하는가 하는 문제도 있다. 국회의원이나 대통령, 군수나 시장, 지자체 의원들, 한마디로 기득권층이 국민이 아닌 자신들의 사회 경제적 이익을 지키기 위해 온갖 법을 만들고 정책을 펴는 경우가 많기 때문이다. 물론 100% 국민을 배신한다면 반란이나 혁명이 일어날 것이다. 따라서 이들 기득권 세력들은 국민을 위한 정책을 '부분적으로나마' 펴는 시늉을 한다. 하지만 대체적으로는 자기들 이익을 챙기는 방식으로 일한다. 선거로 대리인을 뽑았는데 그 대리인이 주로 대다수 국민이 아닌, 자기 이익을 위해 일을 한다면 이는 '사기(詐欺)'가 아닌가?

셋째, 선거 과정에서 선의의 경쟁, 정책 경쟁, 다양성 수용, 국민 통합 등의 좋은 효과를 기대할 수 있다고 하지만, 현실에서 벌어지는 선거 과정을 보라. 선의의 경쟁이 아니라 거짓말 대잔치가 벌어지고, 정책 경쟁이 아니라 각종 개발 공약을 남발하는 퍼 주기 경쟁이 난무한다. 다양성 수용은커녕 거대 정당 간 독과점 대결만 펼쳐진다. 국민 통합이 아니라 국민 분열만 깊어진다. 선량한 정책 토론이나 민주주의와 삶의 질을 고양하는 내용은 어디로 갔는가? 상대방 헐뜯기 대잔치가 벌어진다. 한마디로 '개판'이다. 그래서 많은 국민들은 정치에 신물이 난다고 한다. '그놈이 그놈'이란 말이 예사로 나오는 까닭이기도 하다. 그 결과 정치 혐오나 무관심층이 늘어나기도 한다.

이렇게 보면 '선거와 투표는 민주주의의 악'이란 말도 틀린 말은 아닌 듯하다. 하지만 과연 선거에 대해 이렇게 흑백 논리로 선명하게 찬반을 구분할 수 있을까? 쉽지는 않다. 둘 다 일리가 있지만, 둘 다 완벽한 논리도 아니다. 그렇다면 우리는 이 선거와 투표 제도에 대해 어떻게 대처해야 하나? 크게 세 가지 차원의 대응 방식이 있다. 서로 결이 다르지만 모두 경청할 필요가 있다.

첫째로, 개별 유권자 차원의 인식과 태도 변화가 있어야 한다. 당장 벌어지는 선거와 투표에 참여는 하되, 민주주의가 선거와 투표로 모두 이루어지는 것은 아님을 알아야 한다는 것이다. 현실적으로 우리는 최선을 선택하기 어렵다. 차선 또는 차악을 선택하는 것에 만족해야 하는 씁쓸함이 자주 몰려온다. 이게 우리 현실이니 어쩔 것인가? 하지만 바로 이런 현실을 '바꾸기' 위해 우리는 평소에 노력해야 한다. 지역마다 좋은 책을 읽고 모임을 가지며 평소에 다양한 삶의 문제들에 대해 토론과 소통을 해 나가야 한다. 대리인을 뽑아 놓고 이러쿵저러쿵하기 전에 우리 스스로 삶의 주인이 되어야 하기 때문이다. '그놈이 그놈'이라는 말만 하고 다닐 일이 아니라, 어떤 자가 되더라도 기층 민중 자체가 민주 의식에 투철해져야 하는 것이다. 민주주의는 민중의 수준을 반영한다.

둘째로, 정당 차원의 변화가 있어야 한다. 현재의 양대 정당 사이에서 그네타기 하듯 투표할 일이 아니라면, 정당 차원에서의 새로운 구조 변화를

민주적이고 혁신적인
제3의 정당을
만들 필요가 있다.

이 정당은 가능한 한
탈자본의 비전을
가지고 있어야 하고,

그러면서도 대중을
설득할 수 있는 능력을
가져야 한다.
물론 쉽지 않다.

모색할 필요가 있다. 양대 정당 외에 진보 민주 성향 소수 정당들의 상황은 너무나 열악하다. 그러나 더 근본적인 변혁을 원하는 국민들의 열망을 제대로 담아내려면, 확실한 적폐 청산과 더불어 (강력한 언론 개혁 및 검찰 개혁은 그 전제 조건이다) 전 방위적인 사회 개혁(실은 혁명)을 이뤄내야 한다. 그러기 위해서라도 현재의 정당 구조에서 벗어나 민주적이고 혁신적인 제3의 정당을 만들 필요가 있다. 이 정당은 가능한 한 탈자본의 비전을 가지고 있어야 하고, 그러면서도 대중을 설득할 수 있는 능력을 가져야 한다. 물론 쉽지 않다. 그러나 이런 정당이라야 유권자들 역시 믿고 지지할 수 있는 현실적 대안을 갖게 된다.

만일 사회적 조건이 아직 '제3의 정당'을 허용하지 않는다면, 기존의 '민주당 고쳐 쓰기'도 현실적으로 가능하다. 대통령이나 시장 등을 뽑을 때는 '민주 진보 연합'의 이름으로 연대할 필요가 있다. 동시에 국회의원이나 지방의회 의원을 뽑을 때는 완전한 정당별 비례 대표제를 실시해야 한다. 개인 후보의 득표수가 아니라 정당별 투표 획득에 비례하여 대표를 선출하면 그나마 거대 양당 체제를 종식할 수 있다. 요컨대, 민주 진보 선거 연합과 정당별 비례 대표제가 현실 정치의 대안이다.

선거와 투표 제도 자체의 한계를 정직하게 인정해야

셋째, 중장기적으로, 선거 자체가 갖는 한계를 정직하게 인정해야 한다. 즉 현재 벌어지는 정당 대결 구도나 한심한 거짓말 대잔치 또는 황당한 개발 경쟁 따위를 제대로 넘어가려면 기존의 선거나 정치 자체에 대한 근본적인 비판이 이뤄져야 한다. 따라서 제대로 된 민주주의 정치 전망을 다시 만들어 내려면 기존의 모든 제도화된 '정치'와 확실히 단절해야 한다.

보다 구체적으로, 기존 정당이나 제도들과 결별을 하고 나아가 대리인 정치나 위임의 정치와 근본적 결별을 해야 한다. 진정으로 필요한 것은, 새로운 형태의 직접 행동들, 예를 들면 민생 현장 및 광장의 정치, 진보 언론(유튜브) 활동, 근본 비판을 하는 각종 토론의 장들을 만들어 내고 때로는 촛불 광장에서의 민주 토론과 같은 것들을 자주 만들어 기존의 낡은 정치, 의회에 갇힌 정치를 완전히 바꿔내야 한다. 자본주의 화폐, 상품 관계에 갇힌 모든 구조를 바꿔내야 한다. 그래야 빚더미, 초미세먼지, 코로나19 감염병 사태, 자원 고갈, 노동 소외, 부패, 투기와 난개발, 사회 경제 양극화 등을 모두 극복할 수 있다.

보통 선거 제도가 도입된 지 거의 140년이 흐른 오늘날 아직도 투표함으로 달려가는 사람들은 프랑스의 작가이자 저널리스트였던 옥타브 미르보(Octave Mirbeau ; 1848-1917)가 1888년에 한 말을 조심스레 기억할 필요가 있다. "양들을 보라. 그들은 도살장으로 간다. 아무 말도 없고 아무 기대도 없다. 그러나 그들은 자신을 죽일 도살자를 위해, 나아가 자신들을 맛있게 먹을 부르주아를 위해 투표하진 않는다."

물론 코앞의 선거와 투표에 '참여'하는 것은 현실적으로 중요하다. 또 정치적 무관심이나 냉소주의를 넘어서는 것도 필요하다. 그렇지만 선거가 지닌 이 근본적 한계를 간과해선 안 된다. 이런 면에선 1906년엔 프랑스의 무정부주의자 알베르 리베르타드(Albert Libertad ; 1875-1908)가 한 말도 곱씹어볼 필요가 있다. "유권자는 곧 범죄자다. [⋯] 유권자, 당신은 현 상태를 수용하는 자다. 그렇게 선거 제도를 지지하는 바람에 결국 오늘의 이 모든 비참함을 미리 승인해준 거나 다름없다. 이런 식으로 유권자는 이 제도가 영원히 지키려는 노예 상태를 지지하고 만다." 정말 통렬하다. 이 말이 이해가 안 되는 이들은 거짓말쟁이나 투기꾼을 뽑아주는 유권자들을 생각해 보라. 그들은 범죄자 또는 공범자가 아니고 무엇인가? 그러니 이런 말이 일견 '불편'하다고 해서 결코 그 진의를 무시해선 안 된다. 이미 오래전부터 미르보나 리베르타드 같은 이들이 왜 그런 말을 했는지 생각하며 살아야 한다. 이것만이 '선거의 배신', '투표의 배신'을 거듭 당하지 않는 길이다.

이런 맥락에서 사람들이 일상의 삶 속에서 대안적인 현실을 만들어 내는 것은 대단히 중요한 생활 정치다. 일례로, 마을마다 작은 소모임을 만들고 수시로 모여서 독서와 토론을 하는 것, 삶의 중요 문제들(예; 자녀 교육, 밥상 살림, 주거 문제, 식량 자급, 에너지 자급 등)에 대한 미래 지향적 해법들을 모색하고 실험하는 것, 잘못된 정치 경제적 결정들에 대한 보통사람으로서의 의사를 명확히 표명하는 것 등이 모두 생활 정치의 내용이 될 수 있다. 코앞의 선거에 대해 참여를 하거나 제도적 개선을 요구하면서도 동시에 선거나 투표 너머를 상상하는 것, 그리하여 엘리트들에게 우리의 운명을 맡기는 것이 아니라 우리 스스로 삶의 주체로 나서는 것, 이것이 곧 바람직한 생활 정치다.

재난까지 기회로 삼는 자본주의

코로나19 감염병 사태가 지속되는 동안 재난 지원금과 관련된 논의가 활발하게 펼쳐졌다. 특히 수백만 명에 이르는 소상공인과 자영업자들을 어떻게 지원할 것인가 하는 문제를 둘러싸고 다양한 주장이 쏟아져 나왔다.

물론 이런 이슈가 논란이 된 것만 해도 우리 시민 사회의 수준이 꽤 높아졌다는 증거다. 왜냐하면 논리적으로 시장 경제에선 국가의 계획적 지원이 없기 때문이다. 그러나 좌우를 막론하고 국가의 지원과 통제가 없는 시장 경제는 존재하기 어렵다는 사실을 모두 잘 안다. 시장-국가 간 대립은 이론일 뿐 실제 현실은 늘 이 둘의 융합이다. 좌파와 우파의 입장 차이조차 대개 '정도 차이'만 있을 뿐이다.

일단 그 누구도 소상공인과 자영업자를 국가가 지원하는 데 반대하지는 않았다. 재난 지원금 지원을 둘러싼 핵심 의제 중 하나는 보편 지원이냐 선별 지원이냐였다. 대체로 정치권에서는 보편 지원을 주장했다. 그러나 나라 살림을 책임진 행정부에서는 선별 지원을 주장했다. 경제부총리는 전 국민을 대상으로 한 보편 지원은 반대했다. 경제부총리는 2021년 2월 "전 국민에게 드린 1차 재난 지원금이 14조 3천억원"인데 "한국개발연구원(KDI) 분석으로는 지원 금액의 30%가 소비 진작에 기여"했음이 확인됐다고 말했다. 무려 14조원이 소요된 보편 지원도 30% 효과밖에 없다니, 가성비가 그리 높지 않은 편이다. 그런데도 경제는 여전히 돈이 전방위적으로 두루 잘 돌지 못하는, '돈맥경화' 상태였다.

사실 이는 전반적인 사회 경제 양극화 구조와 연관이 있다. 즉 국민의 혈세는 정부의 재정 수입으로 잡혔다가 각종 지원금 형태로 풀려 나간다. 이 돈들은 처음엔 소상공인과 자영업자들의 갈증을 해소하는 효과가 있을 것이다. 하지만 얼마 지나지 않아 이 돈은 결국 건물주, 임대업자, 대기업, 금융권으로 흘러 들어가고 만다. 이는 매우 중요한 지점이다. 어쨌건 정부는 소상공인과 영세업자들에게 다양한 형태의 재난 지원금을 지원했다. 3차 재난 지원금 때 연매출 4억원 이하 소상공인 280만 명, 영업 제한 업종 자영업자 81만 명, 집합 금지 업종 소상공인 약 24만 명에게 각각 100만~300만원씩 지급했다. 4차 지원금 때는 소상공인, 특수 형태 근로 종사자, 프리랜서 등 385만 명을 대상으로 최대 500만원을 지급했다.

코로나19 감염병 사태 속에서 더욱 심해진 양극화

이렇게 코로나19 감염병 재난으로 생존 위기에 빠진 민생을 챙기는 건 매우 긴요하다. 그러나 재난 지원의 사회적 공론장에도 몇 가지 '사각 지대'가 보인다.

첫째, 국가가 앞장서 민생을 챙기는 건 "세상을 잘 다스려 백성을 구제한다"는 경세제민(經世濟民)의 원리에도 맞지만, 문제는 나무만 보고 숲을 보지 못할 때 오는 총체적 파산이다. 정부의 예산 규모는 2010년 292조원대에서, 2020년 554조원대, 2021년엔 604조원대로 크게 늘어났다. 더 놀라운 건 국가 채무가 2010년 392조원대에서 2020년 846조원대, 2021년 965조원대까지 치솟았다는 사실이다.● 가히 빚더미 공화국이라 할 만하다. 내가 우

● 정부 예산 규모는 국회예산정책처 재정경제통계시스템의 총지출 추정 기준 자료이다. 국가 채무는 국가통계포털(KOSIS) 〈국가 채무 현황〉, 기획재정부 〈2022년 재정 운용 모습〉 자료이다.

려하는 초점은 단지 빚이 많다거나 갈수록 늘어난다는 것보다는, 국가 채무 수준이 심각하다는 걸 알면서도 이를 해소하는 방향이 아니라 더 심각한 방향으로 가고 있다는 것이다.

5천만 국민의 대다수가 매일 열심히 일하는데, 예산 604조원대에 빚이 965조원대에 이른다. 여기에 공공 부문 부채까지 합치면 그 총액을 계산하기조차 힘들다. 게다가 가계 부채도 2021년 말 기준 1,862조원에 이른다. "설마 나라가 망할까?" 싶어도 25년 전 IMF 외환 위기 때처럼 '설마'가 사람 잡는다. 2021년 말 기준 우리나라 외환 보유고는 4,631억 달러에 달한다.● 이처럼 외환 보유고가 넉넉하니 별문제가 없는 걸까?

둘째, 빚더미 공화국 안에서도 사회 경제 양극화가 심각하다. 재벌의 경제력 집중을 보라.

우리나라 10대 재벌 그룹 상장사의 시가 총액은 2021년 말 기준 1,308조원대에 달했다. 이는 유가 증권 시장과 코스닥 시장 전체 상장사 시가 총액의 50.5%였다. 최근엔 카카오나 네이버 등 디지털 재벌 역시 시가 총액 상위권을 차지하고 있다. 코로나19 감염병 사태 속에서 온라인 수업, 회의·토론 관련 상품도 인기다. 주식(금융)이나 부동산까지 거품 충만한 활황(?)이다. 반면 실물 경제는 침체 일로다. 한편 청년들은 고용 절벽 위에 서 있고 노동자들은 고용 불안, 산업 재해, 스트레스로 힘들다. 나아가 644만 명에 이르는 소상공인들은 대부분 파산 공포에 떨고 있다.

그래서 이런 질문이 절실하다. 정부가 혈세를 부단히 쏟아붓는데, 어찌하여 '민생'은 나아지지 않고 돈이 엉뚱한 데로 흘러가나? 한쪽에는 돈 홍수, 다른 쪽엔 돈 가뭄, 이 모순을 어떻게 풀까?

셋째, 선별 지원이건 보편 지원이건, 기본 소득 방식이건 사회 복지 방식이건, 대중적 구매력을 높여 '상품-화폐-노동-자본'으로 이어지는 상공업 시스템을 지속하려는 프로그램이 과연 지속할 수 있는 것인지 진지하게 검토

● 통계청 〈월간 국제 통계〉 2022년 2월호 자료이다.

해야 한다. 그간 농업이건 상공업이건 무수한 지원금들이 들어간 뒤에 과연 그것이 새로운 에너지가 되어 사람들의 살림살이와 삶 전반을 활기차게 만들었는지 솔직하게 검토할 필요가 있다. 따지고 보면 이게 가장 중요한 면이다.

무한 이윤을 추구하는 자본주의는 재난까지도 기회로 삼는다. 따라서 개별 기업이나 자영업의 흥망성쇠와 관계없이, 화폐–상품 관계 전반을 지양하는 운동이 왕성하게 일어나야 한다. 그렇지 않으면 늘 우리는 '밑 빠진 독에 물'만 붓다가 결국 가성비 없는 헛발질로 마감하고 말 것이다.

생각건대 우리는 위기 때마다 단기적인 처방에만 몰두한다. 재난 지원의 '정도 차이'를 넘어 상품–화폐 가치 시스템을 지양하려는 장기적인 안목이 절실하다. 돈벌이를 넘어 진정한 살림살이를 추구하는 새 시스템을 기획하고 실행할 필요가 있다. 현실의 참상을 보는 따뜻한 눈도 필요하나, 그 참상의 깊은 뿌리와 대안을 보는 지혜의 눈이 더 절실하다. 코로나19 감염병 사태라는 재난 상황을 '돈'으로 돌파할 게 아니라, 새로운 삶의 방식을 도입하는 기회로 삼는 지혜와 용기는 우리에게 왜 부족할까?

4장   우리에게 필요한 철학은 무엇인가?

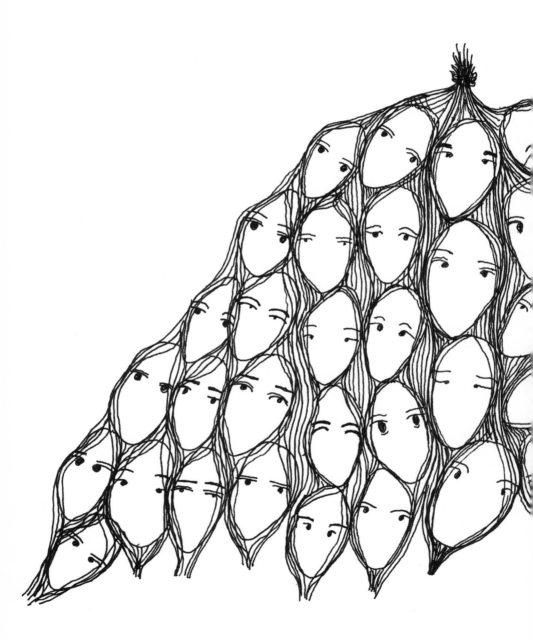

자본의 철학이 아니라
사람의 철학이다.

자본에게 점령당한
우리 마음을 되찾아 오는 일,

탈자본에 대한 두려움을
이겨내는 일, 여기에서
출발해야 한다.

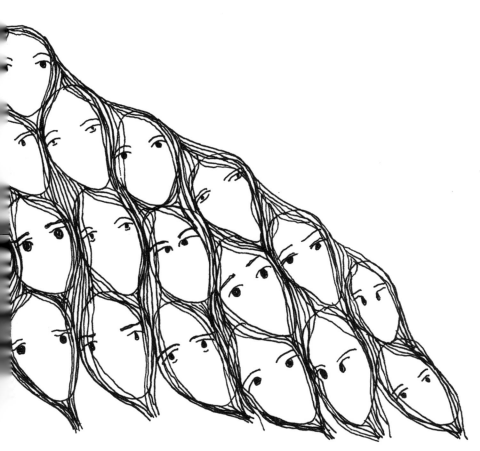

〈계란형 얼굴을 그렸다〉 김정건

중독 시스템에서 벗어날 '마음의 준비'

—— 연극 ≪마음의 준비≫가 우리에게 일러주는 것

뜻밖에 멋진 연극을 보았다. 2021년 대한민국연극제 출품작 ≪마음의 준비≫다. 제목만 봐도 어떤 내용일까 궁금했다. 누군가 임종 직전, 의사가 가족에게 하는 말이기에.

이 연극은 평소에 마음의 준비를 하라고 귀띔한다. 스토리는 크게 두 갈래다. 하나는 투레트 증후군(Tourette 症候群)● 탓에 말을 더듬고 욕을 해대는 여고생 '하늘이' 얘기다. 다른 하나는 출생의 비밀을 숨기려 돈과 명예에 매달리는 의사 '서 박사' 얘기다. 하늘이는 부모의 무관심, 불화와 폭력으로 얼룩진 분위기 탓에 투레트 증후군에 시달린다. 서 박사는 뒷돈을 받고 방송에서 특정 건강식품 과장 광고를 한 혐의로 검찰 조사를 받는다. 나중엔 서 박사가 하늘이의 난치병을 치료하는 특별 '쑈'까지 한다. 흥미롭게도 그 과정에서 두 사람의 대화가 지속되는 가운데, 서로 마음의 문이 열린다. 둘 다 자기 내면과 마주친다. 지금까지 속에 꼭꼭 감추었던 것들, 남에게 말하고 싶지 않은 것들, 드러나면 체면을 망치게 될 것들, 이런 것들까지 용기 있게 드러낸다. 치유와 회복의 과정이다. 이 연극은 우리에게 묻는다. 속마음을 드러낼 '마음의 준비'가 됐냐고.

● **투레트 증후군(Tourette 症候群) :** 신체 및 음성 틱 장애를 보이는 신경학적 장애이다. 눈 깜빡이기, 얼굴 찡그리기, 목청 가다듬기, 코 킁킁거리기, 팔 뻗기, 발로 차기 등과 같은 행동을 반복적으로 되풀이한다.

일 중독, 돈 중독, 권력 중독, 성장 중독

그러고 보면 대한민국은 '은폐' 공화국이다. 하늘이가 곧 우리 보통사람들이다. 우린 어릴 적부터 상처를 받으며 자란다. 무엇보다 폭력적 관계, 사랑의 결핍이 핵심 뿌리다. 생활고로 다투는 부모, 가정 폭력, 공감과 소통의 부재, 대학 입시 중압감, 미래에 대한 막연한 불안, 이런 게 겹쳐져 있다. 하늘이는 '태어난 것' 자체를 가장 후회한다. 이 정도면 삶의 의미도 기쁨도 없다. 그 고통이 수시로 욕을 하는 투레트 증후군으로 나타났다. 욕이라도 하지 않으면 죽을 것 같다. 이 난치병은 원래 현실의 고통에 기인하지만 그걸 솔직히 드러내고 풀지 않고 은폐하고 회피했기에 발병한다. '두려움' 때문일 테다.

서 박사 또한 상처가 깊다. 왜냐면 서 박사의 누나가 미혼모가 되면서 이를 감추고자 아들을 막냇동생으로 출생 신고한 것이다. 그러니 서 박사는 원래 누나가 낳은 아이이다. 이 아이가 커서 '군사부일체'란 이름의 폭력과 맹훈련으로 의사까지 됐다. 서 박사는 그동안 외할머니를 엄마로 알고 엄마를 누나라 부르면서 자란 것이다. 출생의 비밀이다. 하지만 비밀은 언젠가 밝혀지는 법이다.

그러나 진실과 대면하는 것 자체가 고통이다. 그래서 애써 숨기려 한다. 그런데 서 박사는 이미 상당한 돈과 지위를 가진 의사라 하늘이만큼 무력하진 않다. 그러나 그 역시 자신의 치부를 감춘 채 '강자 동일시' 심리 속에 갈수록 돈과 명예에 중독되어 간다. 그러나 모든 중독은 마침내 심리적, 사회적, 물리적 죽음을 부른다. 서 박사 역시 돈이란 중독에 걸려 감옥으로 가기 직전이다. 이 위기를 돌파하려고 특별한 '쑈'까지 벌인다. 하늘이의 난치병을 대화로 치유하겠다는 '메디칼 쑈'다.

솔직히 대한민국은 '중독 공화국'이다. 재벌(기업가)은 물론, 정치가, 행정가, 금융인, 판검사, 언론인 등 파워 엘리트들이 죄다 돈과 권력에 중독됐다. 공권력이나 조폭이 그 뒤를 봐주고 있다. 심지어 교육자, 언론인, 예술인, 종교인 등은 사회가 타락할 때 진실을 말하고 등불을 밝혀야 할 존재들인데 이들마저 '내부자'로 변질되고 말았다. 실상이 이러하니 그 어떤 보통 사람이 돈과 권력을 둘러싼 기득권 경쟁을 피할 수 있겠는가? 큰손들이 먹고 튀면, 잔챙이들이 남은 떡고물이라도 챙기려 든다. 지위 고하를 막론하고 모두 일 중독, 돈 중독, 권력 중독, 경제 성장 중독에 빠져드는 배경이다.

이게 또 대한민국을 투기 공화국으로 내몰기도 한다. 1970년대 새마을운동의 정신, '근면, 자조, 협동'은 그 자체로는 각기 좋은 가치지만, 박정희식 개발 독재라는 맥락에서는 이상한 가치로 돌변한다. 왜냐하면 그것은 한편으로 과잉의 농업 인구를 도시의 값싼 노동력으로 만드는 과정, 다른 편으로 농촌과 농민을 생산성 높은 방향으로 만드는 과정이었기 때문이다.

그리하여 지난 60년간 우리 사회의 흐름을 보면, '근면, 자조, 협동'의 가치들은 모두 배신당하고 말았다. 보통사람들, 즉 민초들은 나라가 시키는 대로 했지만, 과로까지 하며 근면하고 성실하게 일할수록 나중엔 바보가 된다. 배운 자, 높은 자, 가진 자, 약삭빠른 자들이 '자기들끼리 다 해 먹'었기 때문이다. 가수 김도향이 1977년에 만들고 불렀던 〈난 참 바보처럼 살았군요〉라는 노래가 여기서 갑자기 생각난다. "… 흘려버린 세월을, 찾을 수만 있다면, 얼마나 좋을까 좋을까~ 난~ 참~ 바보처럼 살았군요. …"

그동안 은폐해 온 진실을 밝히며
말문을 열어야 할 때

그래서 이제 '찌질이'들이나 '개미'들은 조급한 마음에 한탕주의에 기대고, 주식, 부동산, 가상 화폐에 강박적으로 몰려든다. 2021년 초 민변(민주사회를 위한 변호사모임)은 경기도 광명시와 시흥시 지역의 신도시 개발 계획과 관련하여 LH 직원들이 사전에 개발 정보를 입수해 투기에 나선 사실을 폭로했다. 이른바 'LH 사태'였다. 그러나 이 LH 사태조차 LH만의 문제는 아니다. 나라 전체가 문제다. 만일 '로또'나 '대박'은커녕 마지막 작은 희망(고통을 위로하는 가족이나 친구, 연인)마저 없다면 자살도 감행한다. 대한민국을 자살 공화국이라 하는 것도 결코 과장이 아니다. 돈벌이 경쟁 또는 기득권 경쟁을 하고 또 하다 마침내 심신이 지쳐가는 사람들, 이들을 위로할 마지막 희망은 따뜻한 사랑이다. 그러나 그마저도 없다면 대부분 절망하고 포기한다.

마치 앞의 연극에서 하늘이와 서 박사가 비록 치유의 '특별 쑈'를 벌였지만 뜻밖에 자아와 재접촉을 하는 바람에 마음의 문을 열었듯, 대한민국도 이제 과거에 숨겼던 어둡고 부끄러운 역사와 진실을 정면으로 응시하며 말문을 열기 시작해야 한다.

8·15 광복절이 매년 반복되어도 여전히 해방은 멀고, 1987년 이후 민주화가 되었으나 여전히 민주주의는 어디쯤 오고 있는지 아득하기만 하다. ≪마음의 준비≫라는 연극은 현재의 삶이 몹시 혼미할 때, 그 '끝'을 내다보면 작은 실마리라도 희미하게 보인다고 일러준다. 또 어른이나 성공한 자들이 마치 자기처럼 되는 것이 인생 성공이라며 자기 자녀나 다른 사람들을 상대로 훈육하고 통제할 필요가 없다는 암시까지 준다. 연극이 직접 말을 해주진 않지만, 이 모든 내용들은 우리가 돈벌이나 기득권 경쟁을 핵심으로 하는 '중독 시스템'과 과감히 단절해야 제대로 살 수 있음을 알려 주고 있다. 이제 당신도 대한민국 중독 시스템으로부터 벗어나 전혀 다른 방식으로, 보다 '홀가분하게' 살아갈 마음의 준비를 해야 한다.

'나부터' 실행할 수 있는 대안 밥상

———

여럿이 같이 모여 식사할 때 보통 "맛있게 많이 드세요"라고 말한다. 물론 이는 반드시 양을 많이 먹어야 한다는 얘기가 아니다. 예전에 정말 먹고살기 힘들었던 시절에는 '많이' 먹는 게 좋은 일이었다. 그러나 이제는 너무 많이 먹어 탈이다. 우리나라에서 하루에 약 1만 6,000톤● 이나 나오는 음식물 쓰레기 얘기를 하려는 게 아니다. 물론 전체 음식물의 1/7 정도가 음식물 쓰레기로 배출되고 있고 이로 인해 연간 무려 20조원이 낭비되고 있다는 환경부 통계도 있다. 이 음식물 쓰레기와 낭비도 문제지만, 가정이나 식당의 밥상에 오르는 음식은 자체로 더 심각한 문제를 지니고 있다.

어린이나 젊은이일수록 육고기(돼지고기, 쇠고기, 닭고기 등), 유제품(우유, 치즈, 버터, 요거트 등), 가공육(햄, 소시지, 베이컨, 통조림, 육포, 패티, 햄버거, 소스 등), 그리고 패스트푸드(햄버거, 피자, 감자튀김, 닭튀김, 탄산음료 등) 따위에 열광한다. 또 남녀노소 모두 생선이나 달걀을 좋아하는 편이다. '불금' 또는 '무한 리필'이란 말과 함께 금요일 저녁이면 고기를 구워 먹고 소주나 맥주를 한 잔 마셔야 행복하다는 인식이 많다. 따지고 보면 술이나 여타 음료(콜라, 사이다, 환타 등) 역시 음식이지만, 우리 몸에 어떤 영

● 환경부 〈폐기물 발생 현황〉 자료에 따르면, 우리나라 1일 음식물 쓰레기 배출량은 2019년 기준 1만 5,999톤이다.

향을 주는지에 대해선 잘 알지 못한다. 혹시 알더라도 '설마—' 하며 넘기거나 잊어버리곤 한다.

단백질은 모두 식물로부터 온 것

≪건강이란 무엇인가?(What the health)≫●라는 다큐멘터리 영화가 있다. 보통 우리는 골고루, 균형 있게, 제때에, 기분 좋게 먹으면 건강하다고 알고 있다. 하지만 이 영화는 "적당한 육식이란 존재하지 않으며, 육식 자체가 우리를 파괴한다"는 메시지를 전한다. 특히 '고기 없인 못 산다'는 철학을 가진 이들은 이 영화를 꼭 봐야 한다.

암, 당뇨병, 고혈압, 심장병, 비만 같은 만성 질환을 흔히 성인병이라고 한다. 하지만 이제는 어린이나 청소년 역시 이런 성인병에 걸리는 경우가 많다. 가족력도 있겠지만, 대개 음식이 문제다. 흥미롭게도 ≪건강이란 무엇인가?≫에서는 미국당뇨병학회가 그 홈페이지에서 당뇨병 유발 가능성이 높은 음식을 추천하고 있다고 고발한다. 암학회나 심장병학회 역시 마찬가지다. 그 예방을 위해 건강한 대안 식단을 추천해야 함에도 오히려 성인병 가능성이 높은 음식을 권하다니, 정말 기이한 일이다. 영화감독이 해당 학회 관계자를 만나 "왜 그런가?" "근거가 무엇인가?" 질문하면 이들은 답변을 회피하거나 아예 인터뷰를 거부하기도 한다.

알고 보니 해당 학회 뒤에는 축산업 또는 육류 가공 산업 자본이 후원자로 숨어 있었다. 실상은 학회 홈페이지만이 아니라 학회에 속한 많은 학자들이 제각기 영역별로 육류업계, 낙농업계, 제약업계의 돈을 받아 그 구미에 맞는 논문이나 책들을 낸다. 요컨대 미국 정부-낙농업계-육류업계-의료

● ≪건강이란 무엇인가(What the health)≫ : 2017년 영화 제작자 겸 감독 킵 앤더슨(Kip Andersen)이 만들었다. 만성 질환을 호전시키는 채식의 비밀에 대해, 감독이 직접 추적하는 과정을 보여준다. 이 과정에서 자신들의 이익을 위해 건강을 위한 보건 시스템을 방치하는 의료계, 제약 회사, 축산업계, 금융업계, 정부 등을 고발한다. 우리나라에는 ≪몸을 죽이는 자본의 밥상≫이라는 제목으로 소개되었다.

계-제약업계가 자본주의의 부패한 카르텔로 연결돼 일반 시민들을 상대로 거대한 사기 행각을 벌이고 있다. 그런데 바로 이런 일이 미국에서만 벌어질까? 이는 거의 세계적인 현상이다. 우리나라도 예외가 아니다. 이런 '부패의 네트워크(corrupted network)'가 민초들을 상대로 교묘한 사기를 치는 일이 우리의 일상적 밥상에서도 벌어지고 있다. 모두 생명 가치를 경시한 채 '돈의 가치'에 중독된 결과다.

세계보건기구(WHO)의 분류에 따르면 육고기(meat) 또한 1급 발암 물질이다. 과도한 태양광, 미세먼지, 석면 등과 마찬가지로 잘못된 음식 역시 암을 유발한다. 게다가 많은 인도주의 의사들에 따르면 우리의 음식 상식엔 오류가 많다. 예컨대 이렇다. "인간에 최적화된 모유는 그 어떤 포유류보다 단백질 함량이 낮다. 인간이 소젖을 먹어야 할 과학적인 어떤 근거도 없다." (마이클 그레거, 의사 겸 작가) "우유는 뼈 건강에 도움이 된다는 믿음은 미신에 불과하다. 보통 성인이 필요한 일일 영양소(단백질이나 칼슘)는 채식에서 얻는 것으로도 충분하며, 육류 섭취는 이를 과잉 상태로 만든다."(닐 버나드 '책임 있는 의료를 위한 의사회' 회장) "육류에서 단백질을 섭취한다고? 그 단백질은 모두 식물로부터 온 것이다."(밀튼 밀스 내과 전문의) 우리는 이와 같은 이야기들에 귀를 기울여야 한다.

꽤 오래전 제레미 리프킨(Jeremy Rifkin)의 ≪육식의 종말(Beyond Beef)≫이나 존 로빈스(John Robbins)의 ≪음식 혁명(The Food Revolution)≫에서도 말한 바, 육식은 건강도 망치고 세상도 망친다. 사실 우리의 '불금'이나 '무한 리필 고깃집' 등을 위해 얼마나 많은 숲이 파괴되는가? 대규모 축산 분뇨가 공기와 물을 얼마나 오염시키는가? 나아가 날마다 대규모로 도살당하는 소, 돼지, 닭, 오리 등의 눈(물)을 생각해 보라. 인간이 자연이나 동물들에게 얼마나 몹쓸 짓을 하고 있는가?

제레미 리프킨은 ≪육식의 종말≫에서 이렇게 말하고 있다. "소를 비롯한 다른 가축들은 지구에서 생산되는 곡물 중 상당량을 먹어 치우고 있다. 이는 지금까지 전혀 경험하지 못했던 새로운 농업 현상이라는 점에서 주목할 필요가 있다. 대단히 우스운 사실은 근대의 다른 어떤 단일 요소보다 토지 사용과 식량 배급은 정치적 측면에서 강력한 영향을 미치고 있음에도 식량에서 사료로의 전환은 거의 아무런 논란도 없이 이루어졌다는 것이다. 미국만 해도 그 수치는 충격적인 수준이다. 식량 경제학자 프랜시스 무어 라페는 1979년에 1억 4,500만 톤의 곡물과 콩이 소와 돼지, 가금류를 비롯한 가축 사료로 사용되었다는 사실을 지적했다. 이런 사료들 중에 고작 2,100만 톤이 에너지 전환 후 육류와 달걀 등 사람들이 소비할 수 있는 형태가 되었다. 나머지 1억 2,400만 톤의 곡물과 콩은 사람이 소비할 수 없게 되었다."

개인이나 마을 차원에서 텃밭 운동이 왕성해져야

우리가 이런 메시지를 진지하게 수용한다면 당장 여기서 '나부터' 실천할 일이 나온다. '나부터' 실행할 수 있는 대안은 무엇인가?

첫째, 밥상에서 육류를 점차 줄이고 채식을 늘려 나가야 한다. 처음부터 엄격한 채식주의자가 되진 못하더라도 점진적 채식주의자가 되어 보자. 육고기만이 아니라 콩, 곡물, 씨앗, 견과류, 채소 등에도 단백질이 충분히 들어 있다.

둘째, 채식 역시 살충제나 제초제, 화학 비료로 재배된 채소, 곡물, 과일이 아니라 유기농, 자연농, 무농약 등으로 재배된 것을 섭취해야 한다. 텃밭을 일구어 직접 재배해도 좋고 생협(생활협동조합) 회원이 되어 생산자를 살리면서 건강한 음식물을 사 먹어도 좋다. 한꺼번에 100%를 실천하지 못해도 조금씩 늘려 나가자. 결국엔 개인이나 마을 차원에서 텃밭 운동이 왕성하게 일어나면 좋겠다. 마치 1990년대 이후의 쿠바처럼 도시와 농촌을 가리지 않고 전 사회적으로 유기농 운동을 확대해서 식량 자급률을 90% 이상으로 올리면 좋겠다.

셋째, 이렇게 하기 위해서라도 유기농 농민을 공무원으로 대우하는 제도나 유기농 기본 소득제 같은 전향적인 제도를 만들도록 관심을 가져보자.

대통령이나 장관들부터 식량 자급률 높이기(현재의 45.8%에서 향후 90% 이상으로)에 관심을 갖고, 청년들이 농촌으로 가서 유기농에 종사하도록 집이나 땅, 소득을 적극 지원할 필요가 있다. 우리 밥상을 건강하게 지키기 위해서라도 온 사회가 건강해야 하고, 온 시민들이 자기 건강과 사회 건강에 다 같이 관심을 가질 필요가 있다. 밥상은 결코 엄마만의 일도 아니요, "내 돈 주고 내가 사 먹는데 누가 뭐래?"라는 식으로 말할 일도 아니다. 내가 건강하게 살기 위해서라도 세상이 건강해야 한다.

스스로 인격체로 성장할 기회를 주는 교육

최근의 코로나19 감염병 사태는 분명히 삶의 중차대한 위험이지만, 다른 편에선 문명 전환의 기회이기도 하다. 길게 보아 지난 500년, 짧게는 지난 100년 정도의 기간에 전개된 자본주의 근대 문명이 이제 마침내 마지막 단계에 온 것!

코로나19 바이러스의 기원에 대해서는 여러 가지 주장이 있다. 박쥐나 천산갑에 있던 바이러스가 사람에게 전파되었다는 주장도 있고 야생 동물 바이러스가 중간 숙주를 거쳐 사람에게 전파되었다는 주장도 있다. 냉동식품을 통한 전파 가능성을 말하는 경우도 있고 실험실에서 누출되었을 가능성에 대해 말하는 경우도 있다. 그러나 좀더 깊이 생각해 보면 이 코로나19 바이러스의 뿌리는 결국 자본주의적 삶의 방식이다. '소유 양식'의 삶 이다. 그 근거는 크게 세 가지다.

코로나19 감염병의 기원, 숲 파괴, 자본주의 생활 방식

첫째, 자본주의 경제 개발이란 것이 결국은 야생 동물 서식지인 숲을 파괴함으로써 야생 동물들이 더욱 인간과 가까운 곳으로 접근해 올 수밖에 없도록 만들었다는 것이다. 아파트 단지 건설, 도로 개설, 공업 단지 조성, 광산 개발, 축사 신설, 농경지 확대 등이 모두 야생 동물 서식지를 훼손한다.

남아메리카의 브라질에서는 축산 사료 작물을 재배하기 위해 엄청난 면적의 열대 우림을 농경지로 개간하고 있다. 아프리카의 콩고민주공화국에서는 전기차 개발에 필요한 코발트를 채굴하기 위해 대규모 숲을 없애고 있다. 또 전국 도시나 외곽의 대규모 아파트 단지 건설 과정에서 숲이 파괴된 결과 더 이상 갈 곳이 없어진 멧돼지나 고라니가 도심 한복판에 나타나는 현상, 고속 도로나 자동차 전용 도로 위의 야생 동물 로드킬 등도 우리 주변에서 흔히 보는 예다. 사실 고속 도로 등에서 로드킬이 자주 발생하는 것은 도로 위로 야생 동물이 뛰어든 사고가 아니라 원래 야생 동물들이 지나다니는 길을 도로가 절단해 버린 결과다. 그러나 우리는 개발과 발전, 성장과 편리의 이름으로 이 모든 일을 주저 없이 해낸다. 그 결과가 코로나19 바이러스와 같은, 자연의 역습이다.

둘째, 야생 동물 실험이나 '야생 동물 상품화' 역시 자본주의 돈벌이를 위한 것이다. 야생 동물이 식용, 애완용, 실험용 등 다양한 용도로 개발, 사용되는 과정에서 실수나 고의로 동물 속 바이러스가 인체로 옮겨 올 가능성이 있다. 육류 생산을 위한 공장식 축산 역시 문제다. 세계화와 더불어 각국에 관광 붐이 일면서 관광객들의 호기심을 자극하는 이색 요리가 많이 개발된다. 예컨대 영화 ≪컨테이전(Contagion)≫●에 나오듯 홍콩이나 중국에는 야생 박쥐, 천산갑 등 몸에 좋다는 특별 요리가 많이 개발되어 있다. 관광객이 이 이국적인 요리를 먹고 기념으로 주방장 요리사와 사진을 찍는다. 자기도 모르게 요리사 앞치마에 묻었던 동물 피가 사람에 옮겨 온다. 이 관광객은 나중에 영문도 모른 채 죽어 간다. 이런 식이다. 또 다른 영화 ≪아웃브레이크≫는 아프리카 원숭이를 미국으로 밀수해 판매하는 과정에서 바이러스가 퍼질 수 있음을 보여준다. 이렇게 만물을 상품화하고 이런 상품을 별생각

● ≪컨테이전(Contagion)≫ : 2011년 나온 미국 영화이다. 원인을 알 수 없는 신종 전염병이 발생하면서 공포에 휩싸인 사람들의 모습을 그리고 있다. 일상생활에서의 접촉만으로도 전파되는 이 신종 전염병은 야생 박쥐로부터 유래했고 정부 기관이 사회적 거리 두기를 강조한다. 이와 같은 설정이 최근의 코로나19 감염병 사태를 그대로 예견하는 듯했다.

없이 소비하는 일이 코로나19 감염병 등을 유발하는 한 경로임이 분명하다.

셋째, 자본주의적 생활 방식이 낳은 총체적 결과 중 하나인 지구 온난화는 시베리아 동토층, 히말라야 고원, 남극 대륙 얼음 속 등에 잠자고 있던 고대의 바이러스를 활성화한다. 실제로 2015년 미국과 중국의 공동 연구팀은 티베트고원 굴리아 빙하에서 무려 28종의 신종 바이러스를 발견했다고 한다. 또 프랑스와 러시아 공동 연구팀도 3만 년 전의 시베리아 동토층에서 고대 바이러스를 발견하고 되살리는 데 성공했다고 한다. 같은 이치로 북극이나 남극의 얼음 속 바이러스는 현대판 '판도라 상자'가 될 수 있다. 2016년 러시아에서는 76년 만에 탄저균이 번져 '시베리아 역병'으로 수천 마리의 순록이 생매장 당해야 했다. 오래전에 탄저균으로 죽었던 동물의 사체 속에 있던 균이 지구 온난화로 다시 활성화한 것이 그 원인이다.

결국 수백 년 동안 계속된 자본주의적 생활 방식이 마침내 코로나19 감염병 사태와 같은 재앙을 초래함으로써 삶의 위기가 왔다. 따라서 마스크 착용이나 사회적 거리두기, 격리 조치나 백신 접종, 온라인 강의나 비대면 모임 등을 통해 감염을 방지하는 것도 필요하지만, 중장기적으로는 자본주의적 생활 방식을 근본적으로 지양(止揚)해야 한다. 그 대안으로서 '생태 민주주의'를 제시하는 것도 이런 맥락이다. 생태 민주주의란 사람과 사람, 사람과 자연이 균형과 조화를 이루며 사는 공생의 사회관계다. 향후 교육 역시 이런 생태 민주주의를 현실화하는 방향으로 이루어져야 한다. 이런 맥락에서 근대 자본주의 문명을 넘어서는 '탈자본 교육(Education beyond Capital)'이 절실하다.

그러나 이런 근본적 관점의 문제 제기나 대안은 통상적으로 심각한 우려나 불편한 느낌, 심층적인 두려움을 야기한다. 그렇다고 근원적 해결책에 대한 탐색이나 논의를 외면한 채, 보다 익숙하고 손쉬운 방식, 기술주의적 해법, 국가 관료들에게 책임을 전가하기, 세금을 거두어 돈으로 해결하려는 발상 등을 또다시 반복해선 곤란하다. 동일한 문제를 다른 형태로 반복하기 때문이다. 그 최종 결과는 공멸(共滅) 또는 파국(破局)이기 때문이다.

오히려 정작 우리가 다소 불편한 느낌이 들더라도 정면 돌파해야 할 것은, 근본 대안에 대한 우리 자신의 느낌이나 태도에 보다 솔직하게 반응하는 일이다. 그리하여 우리가 느끼는 두려움이나 불편함이 보다 구체적으로 어떤 것인지, 정작 우리가 두려워하는 이유가 무엇인지, 혹시 우리가 감추고 싶거나 감히 말하기를 꺼려하는 게 무엇인지, 또 내 주변의 사람들은 근본적 대안을 어떻게 느끼는지, 이런 점들을 원탁에 둘러앉아 서로 허심탄회하게 이야기하는 것이 정말 중요한 과정이다. 이런 식의 '열린 대화'야말로 문명 전환의 출발점이다.

인적 자원 양성과는
기준이 다른 교육

한편 대안적 삶을 가르치는 교육이 가능하려면 교육 자치 또는 교육 민주주의에 대한 검토도 절실하다. 왜냐하면 나 자신이 국가 주도 공교육 체제의 수혜자로 성장했고 그 속에서도 일정한 성취를 이룬 그룹에 속하기에 자칫 기존의 시스템을 무비판적으로 생각하기 쉽기 때문이다. 이에 나 자신의 경험을 약술한다.

1995년 봄 첫 아이를 초등학교에 입학시킨다고 아이의 손을 잡고 학교로 향할 적에 나는 마음 깊은 곳에서 '송아지를 끌고 도살장으로 가는' 느낌을 받았다. (또 당시엔 1994년에 태어난 딸아이가 있었고, 1995년 11월에 태어날 막내도 엄마 배 속에 있었다.) 바로 이 깊은 모순, 즉 한편에서는 (공교육 내) 성취자로서의 모습과 다른 편에서는 (양심적 교육) 거부자로서의 모습이 충돌하는 이 모순을 어떻게 극복할 것인가가 당시 나와 아내의 깊은 고민이었다.

내 기억으로는 일단 공교육에 아이를 맡기되, 성적표 중심으로 생각하지 말자, 우리 나름의 다른 기준으로 키우자, 이렇게 기본 방향을 잡았다. 그 다른 기준들은 곧 아이들 심신이 건강하게 자라는 것, 친구를 잘 사귀는 것, 아이가 뭘 좋아하고 뭘 잘하는지 두루 경험하게 하면서 애정을 가지고 지켜보

더 중요한 것은
교육을 나중에 자본이나
국가가 써먹기 좋은
인적 자원('노동력')을
기르는 과정으로
규정할 것이 아니라

학생 당사자의 입장에서
더 나은 '인격체'로
성장하여 사회적으로
건강한 방향으로
자아실현을 하게
돕는 과정으로
재규정하는 일이다.

는 것, 나중에 아이가 꿈 같은 걸 찾으면 최선을 다해 지원하는 것, 이런 정도였다. 1995년 당시엔 경기도 과천시에 살았는데 1997년 봄부터 충청도 연기군(현재의 세종시) 조치원읍의 고려대학교 캠퍼스에 부임을 하게 되었다. 그래서 우리 가족은 경기도 과천시에서 충청도 청주시를 거쳐 조치원읍으로 단계별 귀촌(?)을 하게 되었다. 통상적인 경로(시골에서 도시로, 서울로)와는 다른 역주행이었다. 지금 생각하면 아주 잘한 결정이었다.

그 뒤 큰 아이가 공립 중학교에 다닐 때, "아빠, 꿈이 생겼어요"라고 했다. "중학교 교장이 되어 완전히 자유롭고 행복한 학교를 만들고 싶다"는 것이었다. 생각해 보니, 학교가 고통스럽다는 얘기였다. 그래서 경상도 산청군의 간디학교(고등학교 과정)에서 여는 여름 캠프(4박 5일)를 추천했는데, 참여한 결과 "아주 좋다!"고 해서 나중(2004년)에 간디학교로 진학하게 되었다. 이렇게 해서 큰 아이가 고등학교 과정을 대안 학교에서 보냈는데, 둘째와 셋째는 큰 아이가 행복한 생활을 하는 모습을 보고서 (공립 초등학교를 졸업한 뒤) "우리는 중학교부터 대안 학교 갈래요"라고 했다. 그래서 둘째와 셋째는 비인가 대안 학교인 충청도 제천시의 간디학교(중학교, 고등학교 과정)에 가게 되었다. 아이들은 나중에 중학교 및 고등학교 검정고시를 거쳐 대학에 진학했고 마침내 자기가 좋아하는 분야에서 일하며 산다.

이렇게 여기서 내가 굳이 아이들 얘기를 길게 하는 까닭은, 바로 교육 자치 또는 교육 민주주의의 문제를 나 자신이 어떻게 보고 있는가를 말하기 위해서다. 우선은 기존 공교육의 틀에서 아이가 고통을 호소했을 때 더 나은 곳을 선택할 수 있는 기회를 주는 것이 중요하다. 다음은 공교육 밖의 대안 교육에 대해 일정한 교과와 시간이 투입된 교육 과정이라면 학력 인정도 해주고 최소한의 재정적, 행정적 지원을 해주는 것이 필요하다고 본다.

더 중요한 것은 교육을 나중에 자본이나 국가가 써먹기 좋은 인적 자원('노동력')을 기르는 과정으로 규정할 것이 아니라 학생 당사자의 입장에서 더 나은 '인격체'로 성장하여 사회적으로 건강한 방향으로 자아실현을 하게 돕는 과정으로 재규정하는 일이다. 이게 교육 대전환에서 가장 중요한 철학적 관점이다. 즉 '노동력' 관점이 아니라 '인격체' 관점으로 전환해야 한다는 것이다.

노동력을 넘어 인격체 양성을 하는 것이 바른 교육이다. 따라서 '생태 민주주의'를 위한 '탈자본 교육'이라고 할 때도, 더 이상 노동력 양성 교육이 아닌 인격체로의 성장 지원 교육이 되어야 한다. 아이들, 아니 사람은 삶의 주체이지 관리 대상이나 돈벌이 수단이 아니기 때문이다. 노동력 양성 교육이 아닌 인격체 지원 교육으로 가기 위해선 수많은 산을 넘어야 하지만, 일단 큰 방향은 그렇다. 그리고 이를 위해서라도 학생회, 학부모회, 평교사회 같은, 교육 자치를 위한 자율 조직 활성화와 왕성한 운동이 필요하다. 이런 노력들이 교육에서도 형식적 민주주의를 넘어 실질적 민주주의를 앞당길 것이다.

이런 면에서 내가 생각하는 교육 자치 또는 교육 민주주의를 요약하면, 한편에서는 자본이나 시장으로부터 자유로운 교육, 그리고 다른 편에서는 권력이나 국가로부터 자유로운 교육이 되는 것이다. 여기서 자유롭다는 것은, 교육이 종속성, 통제성, 강박성 등에서 벗어나 자율성, 책임성, 연대성의 가치 위에 재정립된다는 의미다. 실질적 민주주의의 핵심도 바로 이 방향이다.

자본주의 무한 이윤 추구의 자가당착적 모순

이제 참된 민주 교육이 탈자본의 방향성을 가져야 하는 까닭을 보자. 앞서도 말한 바, 오늘날 우리가 겪는 삶의 모순과 고통들은 자본주의 삶의 양식과 밀접히 연결되어 있다. 코로나19 감염병 사태도 그러하고 초미세먼지나 기후 위기, 자원 고갈과 에너지 위기 등 역시 자본주의적 대량 생산과 대량 소비, 그리고 대량 폐기 시스템의 산물이다. 이런 생명 파괴적인 결과를 낳는 자본은 비단 그 결과 때문만이 아닌, 자본 내재적인 모순 때문에라도 자기 파멸적이다. 왜 그런가?

자본의 내재적 모순에 대해 결론을 말하면, 한편에서는 무한 이윤을 향한 욕망이 있고 다른 편에서는 경쟁력 향상을 위해 도입하는 혁신 기술이 이윤을 감소시키는 경향이 있다는 것이다. 여기서 이윤이란 곧 잉여 가치(Surplus Value)●를 말한다. 좀더 자세히 살펴보자.

원래 자본은 자기 몸을 불리기 위해 잉여 가치를 축적해 나가는데, 적정선에서 만족할 줄 모른다. 무한 증식을 추구하기 때문이다. 돈으로 표현된 가치에 무슨 한계가 있는가? 많으면 많을수록, 크면 클수록 좋다고 보는 게 자본이다. 이것은 일종의 강박증이다. 노예제나 봉건제를 무너뜨리면서 등장한 자본주의란 개별 자본들이 경쟁해, 승리한 자가 더 많은 잉여 가치를 가져가는 시스템이다. 경쟁을 통한 잉여 가치 추구, 바로 이것이 자본이다. 잉여 가치를 무한 축적해야 한다는 자본 본연의 욕망, 이게 바로 자본의 본질적 속성이다.

그런데 자본은 모순적이게도 스스로 잉여 가치를 축소하는 운동을 한다. 이는 경쟁 메커니즘 때문이다. 즉 하나의 개별 자본은 다른 개별 자본들과 경쟁하는 가운데 생존과 승리를 위해 매 순간 경쟁력 강화, 생산성 증대, 효율성 향상에 목숨을 건다. 이를 위한 가장 강력한 무기가 기술 혁신이다. 기술 혁신을 통해 투입 대비 산출을 늘리려 한다. 이게 생산성 향상이요, 경쟁력 강화다. 그런데 흥미롭게도 이 과정에서 효율성이 올라가는 만큼 상품 단위당 들어가는 인간 노동력(가치)이 줄어든다. 이는 '가치 비판론 학파'의 이론가 안젤름 야페(Anselm Jappe) 교수가 ≪파국이 온다≫라는 책에서 거듭 강조하는 바다. 일례로 특정 상품 하나를 생산하는 데 10분 걸리던 것이 기술적 효율 향상으로 5분으로 줄어들면 생산성이 2배 증가한 셈인데, 바로 여기에 반비례해서 상품 단위당 가치량은 절반으로 줄어든다. 상품 단위당 잉여 가치뿐만 아니라 총생산량에서 차지하는 잉여 가치 총량 역시 줄어든다.

경쟁을 통한 이윤 축적이라는 자본의 본질적 운동이 자본이 그토록 강조

● **잉여 가치(Surplus Value) :** 투하된 자본 가치에 대하여 자기 증식을 이룬 가치 부분을 말한다. 곧 자본을 투자하여 얻은 이윤이다.

하는 경쟁 메커니즘으로 말미암아 자가당착적 모순에 빠지게 되는 셈이다. 이것이 자본주의 가치 법칙의 역설이다.

잉여 인간을 양성하는
자본주의 교육 시스템

그런데 교육 영역에서 이 문제를 반추해 보면 훨씬 더 드라마틱한 모습이 나타난다. 우리는 한편으로 능력 있고 의욕 많은 인간 노동력을 육성해 왔다. 이들은 비판적 관점으로 보면, 기술의 노예, 자본의 노예, 권력의 노예가 되기 쉽다. 그런데 바로 이 노동력이 자본과 국가 경제 발전을 위해 날이면 날마다 효율적으로 일을 할수록 그 모든 전략적, 기술적, 조직적, 관리적 혁신들이 최종적으로 '잉여 인간'(실업자, 비정규직 등)을 대량으로 만들어 내는 것으로 귀결된다. 효율적인 노동력의 양성이 역설적으로 더 많은 인간을 잉여화, 무가치화한다는 것이다. 모순이다.

원칙적으로 우리의 교육적 노력이 원래 아이들의 자아실현과 사회 헌신을 도와 궁극적으로 개인의 행복과 사회의 행복이 조화되도록 만들기 위한 것임에 반해, 그 실제적 과정이나 결과는 대다수의 사람들을 잉여화한다는 모순에 봉착한다. 즉 다양한 경험을 통해, 심지어 실수나 실패를 통해 삶에 대한 지혜와 통찰을 얻는 일은 뒷전으로 밀려난다. 대신 교육은 아이들을 오로지 경쟁력 있는 '점수 기계'로 축소시킨다. 취업 전부터 이미 장시간 노동에 필요한 인내력과 충성심을 기르고 취업 이후엔 (식민지 개척이나 생태계 파괴적 개발을 통해) 인간과 사회, 자연을 희생시키면서 출세나 성공을 도모하도록 한다. 그것조차 날마다 과로 또는 일중독 방식으로 한다. 그리고 다른 편에서는 불완전 고용이나 실업자, 노숙자 형태로 '잉여 인간'(사람 쓰레기)을 대량으로 만든다. 바로 이것이 지금까지의 교육이 처한 본질적 모순이다. 그리고 이 모든 것은 자본의 근본적 모순, 즉 잉여 가치의 무한 추구와 잉여 가치의 축소 생산 사이에서 생성되는 모순과 정확히 부합한다.

솔직히 여태껏 우리의 교육은 바로 이런 점들을 깊이 헤아리지 못한 채,

대체로 개인적 출세 욕망을 자극하고 노동 시장에서의 생존 경쟁을 가속화하며 삶의 전반에 물신주의(fetishism)를 강화하는 방향으로 설계, 집행, 평가되어 왔다. 그리하여 우리는 지난 60년 이상 일중독자, 돈 중독자, 소비 중독자, 경제 성장 중독자들을 체계적으로 생산해 오고 말았다. 반성해야 한다. 그에 상응해 가정, 학교, 기업, 종교, 정부, 심지어 NGO 등이 죄다 비정상을 정상으로 여기면서도 무엇이 문제인지조차 모른다는 의미에서 '중독 조직'이나 '중독 사회'를 체계적으로 만들고 지탱해 왔던 것이다. 이제는 이를 비판적으로 성찰해야 한다. 요컨대 우리 대다수는 자본주의 '중독 시스템'의 톱니바퀴 속에서 살아가고 있음을 정직하게 인정하고 이 모습을 정면으로 응시해야 한다.

얼핏 이해가 좀 어려울 수 있지만 바로 이런 점들을 정직하게 통찰하고 인정해야 오늘날의 온갖 생태적, 사회적 모순을 제대로 해명할 수 있고, 나아가 진정한 대전환을 위한 탈자본 교육을 도출할 수 있게 된다.

생태 민주주의를 위한
탈자본 교육의 방향

바로 이런 성찰을 토대로 하여 향후 생태 민주주의를 위한 탈자본 교육의 방향을 나름대로 압축해 제시하면 이렇다.

① 노동력 교육이 아닌 인격체 교육 : 자본과 국가를 위한 인재(人材)를 양성하는 '노동력 교육' 패러다임에서 벗어난다. 대신 좋은 삶(good life)과 좋은 사회(good society)를 위해 살아가는 공동체적 주체의 성장을 지원하는 '인격체 교육' 패러다임으로 전환한다. 그래야 개인의 자아실현과 공동체의 조화로운 발전이 가능해진다.

② 고교 평등화, 대학 평등화, 직업 평등화 : 자본과 국가의 필요성, 즉 능력 있고 의욕 많은 인적 자원 확보의 필요성이 낳은 부산물인 대학 서열화나 상대 평가 방식의 대학 입시 제도를 지양하고, 학생들의 필요, 즉 생계 안정에 대한 우려 없이 본인의 소질이나 소망에 따른 자아실현이 가능하도록

고교 평등화, 대학 평등화, 직업 평등화를 추진해 나간다. 그 구체적인 경로나 방안들은 풀뿌리 민주주의 및 숙의 민주주의 방식으로 꾸준히 논의한다.

③ 생태적, 사회적 위기에 대한 대응 : 현재의 생태적, 사회적 위기나 삶의 실상이 무엇인지, 제대로 파악하는 학습과 동시에 이러한 위기나 문제가 발생하게 된 뿌리나 경로 같은 것을 심층적으로 학습한다. 이 과정에서 학생들이 자신의 잠재력이나 의지를 마음껏 펼쳐낼 수 있는 영역이나 분야를 찾을 수 있게 옆에서 지원한다.

④ 자본주의의 본질과 구조 이해 : 현재의 모순과 질곡(예, 지구 온난화, 책임의 외부화, 인간의 잉여화)을 초래한 자본주의에 대한 공부를 체계적으로 해 나가면서 대안적 이론이나 실천적 방법을 찾는다. 자본의 가치 법칙이 무엇인지 심층 학습하면서도, 이것이 우리의 일상생활이나 사회 구조에 어떤 식으로 반영되고 어떤 영향을 미치고 있는지 두루 살펴본다.

⑤ 기후 위기 극복을 위한 대전환 : 특히 기후 위기나 코로나19 감염병 위기가 우리에게 어떤 내용과 방향으로 성찰의 시간을 요구하고 있는지 탐색하고 토론한다. 그리고 개인적으로나 사회적 차원에서 어떻게 대처하고 실천하는 게 바람직한지 대안을 마련하고 이 대안을 실험해 나간다. 향후 지구 인류의 생존을 위해 허용된 시간은 일이십 년 정도라 한다. (세계 환경 위기 시계● 개념에 따르면 파멸의 시간은 총 12시간 중 불과 2시간 남았다. 갈수록 그 시계는 더 빨리 간다.) 이 모든 탐구와 토론, 실험, 실천에는 학생, 교사, 부모들이 '따로 또 같이' 참여할 필요가 있다. 목숨을 걸고 '탈탄소' 운동을 해야 한다. 이는 곧 탈자본 운동과 궤를 같이한다. 근대 자본주의 문명에서 생태 민주주의 문명으로, 그리고 집단 자살 체제에서 집단 공생 체제로 대전환을 이루어야 한다는 '시대 정신'은 우리 모두의 책임이자 과제다.

● **환경 위기 시계 :** 환경 파괴에 대한 위기감을 시각으로 표현한 시계이다. 0-3시는 좋음, 3-6시는 보통, 6-9시는 나쁨, 9-12시는 위험을 나타낸다. 세계 각국 정부, 연구소, 시민 단체 등에 소속된 환경 전문가들의 설문 조사를 바탕으로 측정된다. 2020년 기준 세계 환경 위기 시각은 9시 47분, 우리나라 환경 위기 시각은 9시 56분이다.

자본의 앞자리에
놓아야 할 '흙과 농사'

'환대'의 가톨릭 사회 운동가 피터 모린(Peter Maurin)은 성인(聖人)의 삶을 중심으로 역사를 성찰했다.

일례로 그는 요하네스 요르겐센을 인용하며 이탈리아 아씨시의 성인 프란치스코(St. Francis of Assisi ; 1181-1226)에 대해 이렇게 말했다. "성 프란치스코는 사람들이 여분의 소유물을 포기하기를 원했고, 사람들이 손으로 일하기를 원했다. 그는 사람들이 자신의 봉사를 선물로 제공하기를 원했고, 일이 잘 안풀릴 때 다른 사람들로부터 기꺼이 도움 받기를 원했다. 그는 사람들이 새처럼 자유롭게 살기를 원했고, 평생 신의 모든 선물에 대해 감사하면서 살기를 원했다." 이 말을 진지하게 곱씹어 보면, 이는 우리가 가난을 두려워하지 않을 때 가난은 곧 풍요가 된다는 뜻이다. '가난의 역설'이다.

이미 파산 선고를 받은 자본주의의
산소 호흡기

약 1만 년 전, 신석기 시대부터 인류는 농사를 짓고 살기 시작했다. 처음엔 씨족, 부족의 형태로 자연 속에서 공동체 생활을 했으나 잉여 농산물과 재산이 생기면서 계급 사회가 출현했다. 노예제 사회와 봉건제 사회를 거쳐 자본제 사회로 이어져 온 것이 바로 그 계급 사회의 구체적 형태들이다. 피터 모린이 성인의 삶을 중심으로 역사를 보자고 한 것에 견주면, 이 관점은 생산의 사회적 관계를 중심으로 역사를 보는 것이다. 둘 다 필요한 관점이긴 하다.

만일 우리가 자본제 사회를 영원무궁한 보편적 시스템이 아니라 역사적으로 특수한 시스템, 즉 역사적으로 특정한 시기에 존속하다가 소멸해가는 과도적 시스템으로 본다면, 지금부터라도 그 이후를 상상하고 준비할 필요가 있다. 탈자본의 상상력! 어쩌면 피터 모린 역시 바로 이런 관점에서 '오래된 미래'를 상상하고 실험하면서 일생을 살아 냈는지도 모른다. 그가 쓴 〈산업화〉라는 짧은 글은 그의 사상과 이론의 단초를 보여준다. "레닌은 말했다. '세계는 절반이 산업화하고, 절반이 농경으로 살아갈 수는 없다.' 영국, 독일, 일본, 그리고 미국은 산업화했다. 소비에트 러시아는 영국, 독일, 일본, 그리고 미국을 따라잡으려 하고 있다. 온 세계가 산업화하면 모든 나라는 해외 시장을 찾아 나설 것이다. 그러나 모든 나라가 산업화하면 해외 시장은 더 이상 존재하지 않을 것이다."

1990년 전후로 이른바 '현실 사회주의'는 자본주의로 전환되기 시작했다. 마침내 미국의 정치학자 프랜시스 후쿠야마(Francis Fukuyama)는 사회주의의 붕괴를 말한 ≪역사의 종말≫에서 자본주의가 영원한 승리자임을 선포했다. 그 이후 자본의 세계화는 더욱 가속화했고 금융 자본주의가 세상을 장악했다. 그러나 2008년 리먼 브라더스 사태로 상징되는 세계 금융 위기는 사실상 자본주의의 파산 선고였다.

미국이건 유럽이건 우리나라건, 사실상 파산한 자본을 국가 주도의 구제금융이라는 이름으로 구제하지 않았다면 지금쯤 세계 자본주의는 역사 속에서 사라졌을 것이다. 하지만 국가가 자본의 빚을 대신 갚는 반면, 사람들로부터 각종 세금을 받아 그 공백을 메우는 방식으로 자본을 구제하는 바람에 최근 '미국의 파산 위기 임박'이란 내용의 뉴스처럼 세계 각국은 빚으로 허덕인다. '그린 뉴딜' 같은 이야기도 결국은 위기에 빠진 자본주의를 또다시 '친환경'이라는 이름의 산소 호흡기 같은 걸로 억지 연명하려는 방책과 다름없다. 근본적으로, 자본주의는 지속 가능성이 없다.

따지고 보면, 아무리 산업혁명에 성공하고 디지털 혁명이 만세를 불러도 인간은 배고프면 밥을 먹어야 한다. 그 밥이 쌀이건 빵이건 콩이건, 원재료는 모두 땅에서 나온다. 모든 농산물은 땅의 기운과 하늘의 해와 비, 그리고 사람의 손길이 협동한 결과다. 따라서 아무리 산업화니 서비스화니 디지털화니 떠들어도 땅과 농사 자체가 사라지면 인류 생존은 위기에 빠진다. 실제로 코로나19 감염병 사태라든지 지구 온난화로 인한 기후 위기 상황은 인류 생존의 위기가 결코 빈말이 아님을 알게 한다. 우리에게는 정말 남은 시간이 별로 없다.

이런 점에서 최근의 서슴없는 농지 파괴는 우리 생존의 토대를 허물어뜨리는 일이다. 도로·철도·항만 설치, 아파트 등의 주거 단지 개발, 광업·공업 공장 건설, 관광·유통·숙박 단지 개발 등과 같은 사업으로 엄청난 규모의 농지가 사라지고 있다. 2016년부터 2020년까지 5년 동안 총 806㎢의 농지가 각종 개발 사업 부지로 전환됐다. 무려 2억 4,393만 평에 이르는 논밭이 사라진 것이다. 이렇게 사라진 논밭 위에는 그럴싸한 현대식 시설을 세우며 "일자리와 소득 창출에 기여할 것"이라는 찬사를 붙인다. 아이러니하게도 화석 연료 에너지 대신 재생 에너지를 얻는다고 추진하는 태양광 사업조차 대규모의 농지 파괴를 동반한다. 2016년부터 2020년까지 5년 동안 우리나라의 농지 105㎢가 태양광 사업 부지로 둔갑했다. 무려 3,178만 평에 이르는 규모. 참담하다.

2022년 3월의 대통령 선거 후보들이 오랫동안 논란을 벌인 '대장동 특혜' 이슈는 여당과 야당의 싸움을 넘어 정치가나 행정가, 검찰과 기업, 은행과 재벌의 고질적 문제, 즉 '개발 마피아' 문제를 잘 드러냈다. 주된 논란의 초점은 누가 얼마나 가져갔으며, 뇌물이나 부정부패가 있느냐 없느냐(즉, 분배 문제, 권력 문제) 하는 문제였지만, 내가 볼 때 여야를 떠나 근본적으로 자연을 파괴하고 돈벌이만 추구하는 풍토 자체가 문제의 핵심을 이룬다. 천문학적 돈이 왔다 갔다 했다는 이 프로젝트에서 사라진 것은, 논과 밭, 그리고 산과 숲이다. 과연 삶의 토대인 농지나 숲을 없애고 기술, 상품, 화폐, 자본이 세상을 장악하는 게 발전일까?

피터 모린의 지적처럼 모든 나라가 산업화를 추진하면 해외 시장은 물론 식량 토대까지 사라진다. 실은 해외 시장은 포화 상태로 그치지만 식량 토대는 아예 소멸하고 만다. 시장은 욕구 조작을 통해 새로 만들기도 하지만 농지는 새로 만들기 어렵다. 설사 일부 농지가 살아남는다 하더라도 기계화 영농이나 화학 영농이 대세를 이룬다면 인류의 건강한 삶은 더욱 불가능해진다. 소수의 부자나 특권층은 양질의 음식을 즐기며 살지 모르지만 대다수 민중은 농약투성이 유전자 조작(GMO) 음식을 먹으며 겨우 목숨만 부지하는 상태로 전락할까 두렵다. 영화 ≪설국열차≫ 안의 머리 칸 부자들과 꼬리 칸 무임 승차자들이 전혀 다른 수준의 삶을 유지하는 것과 비슷하다. 그러나 이런 식은 결코 오래가지 못한다.

흙과 농사를 존중하는 것이
사회 진보의 지름길

그래서 피터 모린은 산업화, 기술화, 관료화 패러다임을 버리지 못한 사회주의(공산주의) 방식을 거부하고 '자발적 가난'과 '우애와 환대'를 실천하며 흙과 농사를 존중하는 것이 사회 진보의 지름길이라 보았는지 모른다. 모린은 앤드류 넬슨 라이틀을 인용하며 말한 바 있다. "산업주의로부터의 탈출구는 사회주의도 소비에트주의도 아니다. 해답은 대다수 사람들이 농사에 종사하는 사회로 돌아가는 것이다. 실제로 그 어떤 문화도 흙에 대한 적절한 관심과 존중이 없다면 결코 건전하거나 건강할 수 없다. 그것은 아무리 많은 도시민들이 그들의 음식이 식료품점에서 나오고 우유가 깡통에서 나온다고 믿는다 하더라도 마찬가지다. 사람들이 무지하다고 해서 우리네 삶이 궁극적으로 흙과 농사에 의존한다는 사실이 사라지는 건 아니다."

≪녹색평론≫ 발행인이었던 김종철 선생이 일관되게 제시한 대안적 삶의 방식 역시 소농 중심의 자급자족 공동체이다. 사실 농민의 철학은 정직의 철학이다. "콩 심은 데 콩 나고 팥 심은 데 팥 난다." 콩을 심은 뒤 금을 캘 수는 없다. 그러나 자본의 철학은 거짓의 철학이다. '싸게 사서 비싸게 파는

아기들은 대부분 비교적
따뜻한 여름철에 출생한다.
아기가 태어나면
아버지는 일주일 동안 밭일을 피한다.
자기도 모르게 작은 곤충이라도 해쳐서
영혼을 어지럽힐 것을 염려해서이다.

어머니와 아기는 따로 떨어진 방에서
바깥세상으로부터 보호되어
평화롭게 지낸다.

가족들은 가장 신선하고 좋은 우유와
최상품의 야크버터를 가져다준다.
버드나무로 엮은 천정에는
행운의 화살을 걸어둔다.

헬레나 노르베리-호지
(Helena Norberg-Hodge),
《오래된 미래, 라다크로부터 배운다》

것'은 비단 상인만이 아니라 공장에서도 통용되는 원리다. 노동력의 가치는 임금인데, 그 임금으로 일하는 자는 임금 이상의 가치를 생산한다. 그것이 잉여 가치다. 자본은 이 잉여 가치를 더 많이 획득하기 위해 범지구적 경쟁을 마다하지 않는다.

자본제 사회에 살고 있는 우리는 흔히 "경제가 좋아지면 일자리가 늘어나고 소득이 향상되어 모두 잘사는 미래가 올 것"이라 믿는다. 하지만 선진국이나 후진국을 막론하고, 또 국내나 국외를 막론하고 실상을 자세히 들여다보면 이런 믿음은 우리를 가차 없이 배반한다. 세계 각국의 재벌과 슈퍼 부자들이 돈방석에 앉은 반면, 대다수는 고용 불안, 스트레스, 과로, 일중독, 빚더미, 그리고 코로나19 감염병이나 기후 위기 등으로 시달리고 있는 현실이 바로 그 증거다.

우리가 자본주의를 역사적으로 특수한 시스템으로 보아야 하는 까닭은 자본주의를 영원하고도 보편적인 것이 아니라 흥망성쇠를 거치는 유기체로, 생로병사하는 생명체로 봄으로써 그 역사적 성과를 인정하되, 이제 그 모순과 한계를 정직하게 보기 위해서다. 자본주의는 봉건제나 노예제의 신분 질서를 타파하고 유례없는 효율성으로 대중 소비 시대를 열었다. 역사적 성과다. 그러나 계급 격차는 벌어지고 삶은 불안하며 자원은 고갈된다. 특히 자본주의 기술 혁신이란 한편으로는 효율성 향상 때문에, 다른 편으로는 경쟁력 향상 때문에 갈수록 인간 노동력을 줄여 나간다. 그리하여 잉여 인력은 '잉여 인간'으로 변모하고, 마침내 사람이 '쓰레기' 취급을 당하게 된다. 이것은 자본주의 시스템을 관통하는 보편 법칙이다. 물론 초창기에는 공장을 짓고 상품을 만들면 다 잘 팔렸다. 그러나 수십 년, 수백 년이 지난 지금 시장은 국내건 해외건 포화 상태다. 물품 그 자체만 보면 이제 더 이상 만들지 않고 두루 잘 나눠 쓰기만 해도 풍족한 세상이 되었다. 굳이 더 할 일이 있다면 그 품질을 보다 향상하여 건강하고 건전하게, 또 지속 가능하게 만드는 일일 것이다.

반면 무한 이윤을 추구하는 자본은 무한 경쟁을 통해 더 많은 돈벌이에 나선다. 그러나 자본이 아무리 더 많은 잉여를 추구한다 하더라도, 이윤 또는 잉여 가치의 원천이 인간 노동에 있기 때문에 효율성이나 경쟁력 향상을 위해 기술 혁신을 감행할수록 인간 노동력의 비중은 줄어들고 그 결과 잉여 가치의 절대적, 상대적 양은 줄어들게 된다. 바로 이것이 자본제 사회가 지닌 가장 근본적인 모순이다.

물론 자본은 이 모순 앞에 굴하지 않고 발악을 한다. 더 많은 생산, 더 많은 시장, 더 많은 욕구를 창출하려 노력한다. 한미FTA 등 기존의 자유무역 협정 외에 2018년에 출범한 CPTPP(포괄적 · 점진적 환태평양 경제 동반자 협정), 그리고 2022년 2월 발효된 RCEP(역내 포괄적 경제 동반자 협정)도 바로 그 구체적 노력들이다. 그 과정에서 자본은 정부에 온갖 보조금, 지원금을 요구하거나 법률과 제도 개정을 부단히 요구한다. 앞서 말한 것처럼 이른바 민주 정부의 '그린 뉴딜'조차 모순과 위기에 몰린 자본에게 새 돌파구를 마련해주기 위한 방책이다. 돈은 돈대로 들고 땀은 땀대로 흘리되 성과는 거의 없는 헛발질만 반복된다.

노인 연금을 주는
장독대마을과 만수동마을 이야기

그에 비하면, 전통적인 농어촌 마을 공동체 안에는 '실업'이 없다. 피터 모린 역시 "농장에는 실업이 없다"고 했다. 농어촌 마을 공동체에서는 일정한 연령이 되면 누구나 작업 공동체의 일원으로서 무슨 일이건 할 수 있다. 땅을 갈고 씨를 뿌리고 농기구를 수리하며 농사를 짓는다. 풀이라도 한 포기 뽑는다. 집을 짓고 옷을 짓고 밥을 짓는다. 마을 학교에서 함께 아이들을 키운다. 손과 발을 쓰지 못하는 이들은 공동체 복지의 힘을 빌린다. 모여서 일하는 한 먹을거리도 풍성하다. 생계 걱정을 할 필요가 없다. 일을 많이 한 이나 조금밖에 하지 못한 이나 밥은 한 그릇씩 충분히 먹는다. 오늘과 같은 미세 플라스틱 쓰레기나 화학 물질 등으로 인한 자연 생태계 파괴는 거의 없다. 자연의 회복력 범위 안에서 살아가기 때문이다. 집집마다 밥상을 차리되, 종종 마을 공동의 식사를 차리기도 한다.

이런 점에서 다음과 같은 몇몇 마을의 사례는 주목할 만하다. 하나는 충청도 태안군의 만수동마을 (56가구, 126명) 사례다. 이 마을에서는 굴, 바지락 등을 채취해서 거둔 수입금으로 80세 이상 고령자, 장기 입원자, 장애자 등에 연 300만원의 마을 연금을 준다. 이들은 젊을 때 일하고 나이 들면 마을로부터 부양을 받는다. 두 번째는 경기도 포천시의 장독대마을 사례다. 이곳은 한탄강 댐 수몰민 등 25가구가 모여 사는데, 연 2만 명의 관광객이 몰리는 체험 마을, 음식 마을이다. 그 수익 중 일부를 노인 7명에게 연금으로 주고 있다. 이 역시 온 마을이 한 식구처럼 사는 사례로, 노인이 되면 온 마을로부터 지원과 사랑을 받는다. 세 번째는 전라도 여수시 하화도마을 사례다. 이 섬마을 주민은 하루 세끼 식사를 마을 식당에서 해결한다. 식당은 마을 부녀회 중심으로 운영하는데, 관광객에게는 돈을 받지만, 주민들에게는 돈을 받지 않는다. 부녀회가 마을 회관을 식당으로 개조해 사용하는데 특히 노인들이 많은 섬이라 함께 모여 식사를 하니 기분도 좋고 공동체적 관계도 증진된다. 부녀회의 구호는 "우리 돈 욕심 부리지 말자"이다.●

공동체 관계망으로 삶의 문제를 함께 해결하는 것이다. 바로 이런 게 곧 '오래된 미래'다. 마하트마 간디가 인도의 미래를 위한 구상으로 말한 '70만 개의 마을 공화국'이 곧 내가 강조하는 생태 민주주의의 비전이다.

이 오래된 미래를 이 전환의 시대에 잘 살려 내기 위한 토론과 합의 도출의 노력을 더 한층 경주할 때다. 자본 대신에 필요 물자를, 노동력 상품 대신에 두레 작업을, 화폐 대신에 상부상조를, 사유 재산 증식 대신에 공동체 마을 발전을 도모하면 된다. 이렇게 되면 정치나 행정가들도 더 이상 허가받은 도둑들이 아니라 각 마을 공화국의 질적 발전을 위한 일꾼으로 거듭날

● 만수동마을과 장독대마을 이야기는 ≪한겨레≫ 2020년 9월 9일자 〈일 못하는 어르신도 행복한 어촌 마을, 비결은 '마을 연금'〉 기사를 바탕으로 정리한 것이다. 하화도마을 이야기는 ≪프레시안≫ 2020년 5월 7일자 〈한여름 녹음방초! 여수 꽃섬으로 소풍 가요〉 기사를 바탕으로 정리한 것이다.

수 있다. 자급자족 공동체 또는 농업 중심 학교에서는 모두 같이 일하면서도 함께 모여 공부도 할 수 있다. 피터 모린이 구상하고 실험했던 교구 자급 농장(Parish Subsistence Camp)이나 농업 대학(Agronomic University)이 바로 그것이다. 모린은 이런 공동체에서 "모두 가난해지려 하는 가운데 아무도 가난해지지 않는" 역설을 구현하려 했다.

피터 모린은 이자 놀이를 근간으로 돈이 돌아가는 자본주의 경쟁 사회는 필경 과잉 생산과 공황을 유발함으로써 수많은 사람들을 실업자나 노숙자로 내몬다고 보았다. 이들을 흔히 낙오자로 보는 우리의 눈과 달리, 모린은 이들을 신의 특사라 하며 정성껏 환대하라고 했다. 그들은 결코 귀찮은 존재가 아니라 '선을 행할 기회'를 주는 고마운 존재라는 것이다.

당장 나에게 이로운 답을 내놓으라고
분노하는 대신

그러나 우리의 현실에서는 실업자나 노숙자는 물론 아직 해고되지 않은 사람들, 즉 직장인들조차 언제 잘릴지 모르는 불안감 속에서, 또 상급자의 갑질 속에서 쉽사리 스트레스나 우울증에 빠진다. '불황'을 뜻하는 영어 단어 '디프레션(depression)'은 또한 '우울증'이라는 뜻도 가지고 있다. 돈과 권력을 맘껏 누리는 극소수를 제외한 대다수 사람들을 주기적으로 불황과 우울이라는 이중의 덫에 가두는 시스템, 이것이 곧 자본주의다.

이 척박한 현실 앞에 우리는 흔히 '분노'로 응답한다. ≪분노하라≫의 저자 스테판 에셀(Stephane Hessel ; 1917-2013) 역시 이렇게 말했다. "분노할 실마리를 잡아서 분노할 줄 알고 정의롭지 못한 것에 저항할 줄 알되, 마음속에는 비폭력의 심지를 곧게 세우고 참여하여 새로운 현재와 미래를 창조하라." 여기서 분노-저항-창조의 연쇄 고리는 일견 멋진 비전처럼 보인다.

그런데 만일 우리가 분노의 밑바닥에 우리 자신의 두려움을 감추고 있다면 얘기가 달라진다. 예컨대 자본을 넘어 생명의 원리로 완전하게 새로운 세상을 여는 데는 두려움과 머뭇거림이 크다. 당장 그런 변화는 힘들기에 일단 제쳐둔다. 대신, 고용 절벽이나 비정규직, 성차별, 재난 지원금, 산재 보상, 세금 문제, 주식 폭락 등과 관련해 (근본적 대안보다) 당장 내게 이로운 답을 내놓으라는 입장이라면 분노가 치솟기 쉽다. 영화 ≪분노의 윤리학≫에서 말하듯 "인간의 희로애락 감정 중에서 분노가 제일 형님"이기 때문이다. ≪분노의 윤리학≫에서 말하는 근거는 이렇다. 사람은 분노하면 기쁨, 슬픔, 쾌락을 느끼지 못한다. 반면 기쁨, 슬픔, 쾌락을 느낄 때라도 언제든 분노가 터질 수 있다. 만약 분노가 증오와 결합하면 공격적, 파괴적으로 변한다. 최근 우리 사회에 만연한 온갖 혐오 현상을 보라. 한편 분노에 기초한 저항은 성공해도 대체로 실리주의적 해법으로 끝나기 쉽다. 노동 저항이나 시민 저항의 역사와 결과를 성찰해 보라.

따라서 참된 대안은 분노 아래 깔린 두려움을 직시하고 공감의 연대를 통해 근본적인 구조와 가치관을 바꾸는 것이다. 따라서 참된 대안을 열기 위해서는 분노를 넘어선 성찰이 필요하다. 이를 통해 내면 깊이 잠재한 두려움과 머뭇거림을 밖으로 끌어내야 한다. 그리하여 '열린 대화'를 통해 상호 연대감을 공유할 때 비로소 우리는 두려움 없이 근본 대안을 탐색할 수 있다.

물신주의를 근본적으로 극복할
문명 전환의 방향

근본 대안으로서 '문명 전환'이라는 중차대한 과제를 안고 있는 오늘날, 나는 참된 진보란 크게 세 가지 차원의 돌아가기라고 본다. 이는 사람과 사람, 사람과 자연이 공생하는 생태 민주주의를 구현하기 위한 주관적, 객관적 조건이다. 첫째, 자연으로 돌아가기, 둘째, 풀뿌리 민중으로 돌아가기, 셋째, 본심으로 돌아가기다. 이 세 차원의 돌아가기는 자본주의 상품 물신주의를 근원적으로 극복하기 위한 대안으로, 앞서 말한 여러 차원의 분리를 원래 자리로 되돌리는 것이다.● 이는 결국, 약 800여 년 전 이탈리아 아씨시의 성인 프란치스코가 보여준 삶을 본받아 사는 것이다. 그리하여 생산의 사회적 관계를 새롭게 형성하는 것이다. 이것이 우리의 오래된 미래다.

우선 자연으로 돌아간다는 것은 인류 문명이 이루어낸 그간의 성과를 인정하되 이제부터라도 흙과 농사, 자연 생태계의 중요성을 진심으로 그 앞자리로 가져다 놓자는 얘기다. 설사 산업혁명 이후의 상공업이 인간적으로 필요하다 하더라도 그것은 자연의 건강성을 해치지 않는 범위에서만 허용해야 한다는 것이다.

다음, 풀뿌리 민중으로 돌아간다는 것은 엘리트나 특권층 중심의 사회가 아니라 기층 민중이 마을 공화국마다 주인공으로 참여하는 사회로 돌아가자는 것이다. 이는 명실상부한 직접 민주주의를 촉진할 것이다. 여기서 나는 전태일(全泰壹)이 분신 항거 3개월 전 일기에 썼던 글귀를 떠올린다. 전태일은 1970년 "노동자는 기계가 아니다"라고 외치며 분신자살한 봉제 노동자이다. 이후 그는 1970년대 산업화 시기 우리나라 노동 운동을 상징하는 인물로 여겨졌다. 조영래 변호사의 ≪전태일 평전≫에서 소개하는 그 글귀는 이렇다. "나는 돌아가야 한다. 꼭 돌아가야 한다. 불쌍한 내 형제의 곁으로, 내 마음의 고향으로, 내 이상의 전부인 평화시장의 어린 동심 곁으로…." 바로 이런 마음이 '풀뿌리 민중으로 돌아가기'다. 이런 마음이 모이고 모여 굳센 연대를 이룰 때 마을 공화국이 가능할 것이다.

끝으로 본심으로 돌아간다는 것은 졸업장과 같은 외형이나 지위를 추구하는 삶, 거짓과 기만을 예사로 행하는 삶이 아니라 내면의 정직함과 상호 공감에 기초한 삶을 산다는 뜻이다. 그간의 사회 경제가 거품이나 중독에 의존하는 방식으로 존속되었음을 인정하는 것이기도 하다. 거품이나 중독을 뺀, 인간적 필요에 의거해 돌아가는 사회는 그 자체로 건전하고 지속 가능하다. 생산의 사회적 관계가 더 이상 지배와 착취, 억압과 파괴가 아니라 연대와 협동, 순환과 소통에 의해 이뤄지기 때문이다.

● ① 자연으로부터 인간의 분리, ② 공동체로부터 개인의 분리, ③ 인간 내면으로부터 외면의 분리, ④ 인격체로부터 노동력의 분리 등을 말한다. 이 책 〈봄날 풀빛이 명품보다 빛나는 경제〉 절에서 언급한 바 있다.

이처럼 자연, 풀뿌리, 본심으로 돌아간다는 의미에서의 진보란, 그간 우리가 믿어온 기술적 진보, 생산력의 진보, 물질적 진보 등과 같은 개념들과는 차원이 다르다. 피터 모린의 말처럼 "아무도 부유해지려 하지 않으면 모두가 부유해질 것이며, 모두가 가난해지려 하면 아무도 가난해지지 않는다." 즉 '가난의 역설'을 믿고 행하는 만큼 미래의 향방이 달라질 것이다.

자본의 경쟁 피라미드 납작하게 만들기

—— 영화 ≪노인을 위한 나라는 없다≫가 던지는 질문

영화 ≪노인을 위한 나라는 없다(No Country for Old Men)≫는 노인 복지를 주장하는 영화가 아니다. 영화감독 에단 코엔(Ethan Coen)과 조엘 코엔 (Joel Coen) 형제가 2007년에 만든 이 영화는 미국 텍사스주의 건조하면서도 광활한 사막을 배경으로, '빼앗은 걸 지키려는' 자와 '지키는 걸 빼앗으려는' 자 사이의 게임을 다룬다.

마약 거래상 사이에 총격전이 벌어진 현장에서 카우보이 르웰린 모스는 우연히 200만 달러가 들어있는 가방을 손에 쥔다. 그러나 이 가방을 찾는 또 다른 이가 있었으니 바로 살인 청부업자 안톤 쉬거다. 그는 산소통을 무기처럼 사용한다. 그는 우연의 논리를 믿는 듯, 상대방의 목숨을 살릴지 죽일지 판단할 때 '동전 던지기'를 한다. 그리고 이들의 뒤를 쫓는 보안관 벨까지 합세해 목숨을 건 추격전이 벌어진다. 특히 나이 든 보안관 벨은 날이 갈수록 급격하게 변화하는 범죄와 폭력에 적절히 대응하지 못하면서 가슴 깊이 무력감과 좌절감을 느낀다. 필연성이나 확실성이 아니라 차라리 우연성과 불확실성이 현실을 더 많이 규정하는 듯 보인다.

그러나 이 영화는 단순히 늙은 노인이 이 시대의 희생자나 약자가 되었다는 의미를 넘어, 그 모든 인물들이 함께 속해 있는 사회의 윤리, 정의, 규범 등을 천연덕스럽게 보여주는 가운데, 그 어떤 완전한 희생자나 폭력, 정해진 규칙조차 없다는 메시지를 던진다.

선악, 시비, 좌우, 흑백 따위가
복잡하게 뒤얽힌 세상

원래 이 영화는 퓰리처상 수상 작가인 코맥 매카시(Cormac McCarthy)의 소설을 영화화한 것이다. 그는 변모하는 미국 사회를 배경으로 다양한 작품을 발표했는데, 특히 ≪노인을 위한 나라는 없다≫는 긴장감 넘치는 이야기 전개 곳곳에 숨겨 놓은 블랙 코미디를 통해 무법적이고 폭력적인 현실 세계의 선과 악에 대해 심오한 질문을 던진다. 달리 말해, 행운과 불운, 효익과 비용, 합법과 불법, 평화와 폭력, 선과 악, 필연과 우연, 확실성과 불확실성 등 사이의 경계가 모호해진 현실, 즉 현실은 이 모든 요소들이 복잡하게 얽히고설켜 있음을 보여준다. 한마디로 과거의 흑백 논리나 이분법 논리로 정확한 현실 파악이 어렵다는 얘기다.

그럼에도 엘리스가 벨에게 한 말은 기억해둘 필요가 있다. "세월은 막을 수 없는 거야. 너를 기다려주지 않을 거고. 그게 바로 허무(인생무상)야." 살인마 안토 쉬거가 한 말 또한 잊기 힘들다. "인생은 매 순간이 갈림길이고 선택이지."

이제 이 영화를 염두(念頭)에 두고 우리나라 상황을 한번 살펴보자. 1960년대 이래 우리나라는 경제 성장 가도를 달리면서 "근면과 성실은 곧 빈곤 탈출"이라는 믿음을 갖게 했다. 특히 1980년대 중반 이후 민주 노동 운동의 성장과 더불어 이러한 믿음은 더욱 강고해졌다.

흥미롭게도 이 시기는 우리나라 경제가 가장 잘 나가던 시기로, 1986년부터 1996년까지의 약 10년간이었다. 돌이켜 보건대 이 시기는 1987년 7-9월의 노동자대투쟁, 1990년 1월의 전노협(전국노동조합협의회) 결성, 1995년의 민주노총(전국민주노동조합총연맹) 설립이 이뤄지기도 했던 때이면서, 경제 성장률 역시 매우 높았던 때이다. 따라서 노동 운동의 활성화와 더불어 높은 임금 인상이 이뤄졌고, 또 임금 인상이 되고 노동 조건이 개선될수록 노동자의 근로 의욕도 높아져 노동 생산성도 덩달아 높아졌다. 그러나 지금은 그 이후로도 20여 년이 흘렀다. 바야흐로 저성장, 마이너스 성장, 성장

정체, 축소 경제 시대다. 이제 1970-1980년대의 이삼십 대 노동자들은 70대 전후의 노인들이 되었다. 과연 이들에게 '노인을 위한 나라'가 있는가?

물론 기존 노동자 중에 집과 자동차 등을 소유하고 중산층의 삶을 영위하는 이들도 많다. 하지만 더 많은 이들은 지금도 허덕거린다. 게다가 어느 정도 성공한 노동자들(중산층 포함)조차 삶의 재미와 의미를 얼마나 느끼고 있을지는 의문이다. 나아가 1980-1990년대의 자신감으로 충만하던 '민주 노동 운동' 정신을 일관되게 유지하며 사는 노동자는 얼마나 있는가?

1990년대 말의 IMF 외환 위기 이후 사람들의 일반적 정서는 그 이전까지와는 조금 다르다. "언제 잘릴지 모르니 아직 남아 있을 때 최대한으로 벌자." "노동조합조차 고용을 확실히 지켜준다는 보장이 없으니 한 시간이라도 더 일하자." "나 혼자 살아남기도 버거운데 더 어려운 사람들과 연대하여 투쟁하는 것은 너무 힘들다." 이런 식이다. 심지어 60대에 퇴직하고 70대나 80대가 되어도 이런저런 일거리를 찾아 돈을 벌고자 하는 노인도 많다. 국가가 나서서 노인 일자리까지 마련해줄 정도다. 그렇다고 해서 '노인을 위한 나라'가 완성되었다고 할 수 있는가?

노인을 위한 나라가 없다면
청년을 위한 나라도 없어

바로 이런 맥락에서 다음 질문도 가능하다. "과연 청년을 위한 나라는 어디 있는가?" 실제로 과학 기술의 발달과 더불어 인간 노동력을 위한 일자리는 갈수록 줄어드는 반면, 기존 노동자들은 노동 시장을 잘 떠나지 않고 한사코 자기 자리를 오래 고수하려 한다. 중장년이나 노년들은 종종 '옛날에는 말이야…'라든지 '나 때는 말이야…'는 식으로 긴 이야기를 늘어놓는다. 이런 이야기는 대개 청년들 귀에는 꼰대 소리로 들린다. 특히 나이나 경력을 기준으로 임금, 승진 등을 결정하는 연공주의는 청년들에게 '무능하면서도 돈만 많이 받아 가는' 불공정을 대변하는 걸로 비친다.

"오늘날 20대는 집단적으로 억울하다"는 것이 최근 '공정성' 담론에 나오는 1990년대생들의 이야기다. 일자리만이 아니라 소득, 자산, 주거 문제 등 여러 지표에서 이들은 가장 낮은 곳을 차지한다. 이전 세대들에 비해 더 높은 수준의 교육을 받았지만, 더 이상 '인적 자본' 이론이 먹히지 않는다. 오랜 기간 취업 준비생으로 세월을 보내고 힘겹게 취업해도 비정규직이 대다수다. 경쟁은 갈수록 치열해지고 양질의 일자리는 턱없이 부족하다. 부동산 폭등은 내 집 마련의 꿈조차 포기하게 한다. 특히 이팔청춘 젊은 시절에 경험할 연애 기회도 놓친다. 부모인 386세대만 해도 사회적 지위 상승이 일부 가능했지만 이제는 부모의 지위가 거의 그대로 대물림된다. 그러니 만사가 '심히 불공정'하다. 사다리 걷어차기의 결과다. 올라탈 사다리 자체가 사라지니 사회적 불만이 속으로 쌓이면서 불특정 다수 또는 사회 전반을 향한 분노와 증오만 커진다.

그러나 이 분노나 증오의 시선에 갇히면 사회 문제를 개인의 차원으로 왜곡해 버리고 만다. 잘못된 사회 구조의 모순이나 불합리가 커지면 이 구조를 바꾸려는 집단적인 의지가 생겨나야 하는데 이 집단적 의지가 싹조차 틔우지 못하는 상황이 벌어지는 것이다. 2030청년들이 주식이나 가상 화폐(비트코인)에 쉽게 빠지는 것, 또 중장년이나 노년들에 대해 '라떼'식 '꼰대'라며 비아냥거리는 것이 대표적 예다. 물론 꼰대는 문제다. 남녀노소, 나이와 성별을 가리지 말고 열린 대화를 시작해야 한다. 네 탓도 아니고 내 탓도 아니다. 우리 탓이 아니다.

2030청년들의 공정성 담론에는 나름 일리가 있다. 하지만 다른 편에서는 자본의 논리에서 나온 비용 대비 효익 원칙을 내면화한 공정성이란 비판도 경청해야 한다. 또 이주민, 동물, 생명, 소수자, 장애인, 여성, 노인 등에 대한 배려심이 빠진 '선택적' 공정성이란 비판도 있다. 그럼에도 결론적으로 "청년을 위한 나라는 없다"란 점을 부정할 순 없다.

이제 정리를 해보자. 좋은 나라, 좋은 사회란 무엇인가? 그것은 남녀노소를 불문하고 사람이 사람답게 살아야 좋은 사회다. 남녀는 서로 존중하고 평등하게, 서로 아끼고 사랑하며 살아야 좋은 사회다. 청춘은 나름의 꿈을 키우면서도 진리, 정의, 자유의 정신으로 패기 있게 살아야 좋은 사회다. 노인은 마을을 지키는 큰 나무처럼 사회에 지혜와 경험을 풀어 사회를 더 풍요롭게 일굴 때 좋은 사회가 된다.

그러나 현실은 일(고용)과 돈(소득, 자산)을 둘러싸고 남녀노소가 경쟁과 투쟁을 벌이는 식으로 간다. 이런 현실에서 과연 노인을 위한 나라, 청년을 위한 나라는 어떻게 있을 수 있겠는가? 과연 누가 이런 현실을 만들었는가? 이런 현실은 가까이는 재벌과 보수 권력층이 만들었고, 멀리는 일제 강점기 이후 지주, 자본가, 독재 권력이 만들어 왔다. 이것을 나는 '재벌-국가 복합체'라 부른 바 있다. 결국 자본이 문제다. 자본이 돈벌이를 위해 만든 경쟁 피라미드는 문제 삼지 않고, 오직 이 피라미드의 틀 안에서 치열하게 경쟁을 벌이며 '내로남불'식으로 싸우면 절대로 공정한 세상은 열리지 않는다. 왜 자본이 만들어 놓은 사회적 틀에 얽매여 있는가? 왜 피라미드를 뒤집어서 납작하게 만들면 안되는가?

따라서 남녀 구분을 넘어, 노인을 위한 나라뿐만 아니라 청년을 위한 나라를 만들기 위해선, 상호 경쟁과 타자 희생 위에 이윤을 추구하는 자본의 게임 자체를 넘어 새로운 세상을 상상할 수 있어야 한다. 그 상상력의 출발점은 가족 공동체와 마을 공동체다. 가족을 보라. 어느 구성원 하나 소중하지 않은 이가 있는가? 마을 역시 남녀노소가 어우러지는 공간이다. 서아프리카의 코트디부아르에는 "노인 한 분의 죽음은 도서관 하나가 불에 타는 것과 같다"는 격언이 있다. 따지고 보면 전통적인 농어촌 마을에서는 노인들이 그 지혜로움으로 온 마을의 존경을 받았다.

그러나 능력이나 실적을 중시하는 성과 사회(meritocracy)는 노인보다 팔팔한 청년 노동력을 좋아하고, 그것조차 이윤에 더 많이 기여하는, 유능하고 충실한 청년 노동력을 더 좋아한다. 그러니 핵심 노동력을 제외한 대부분의 사회 구성원들은 자본에게 기생충으로 보일 뿐이다. 이러한 능력주의와 성과주의가 온 사회를 지배하게 되면, 하다못해 길에 나가서조차 속도 빠른 자동차의 흐름을 방해하는 노인은 위 영화 ≪노인을 위한 나라는 없다≫

에서처럼 가차 없는 죽임을 당하기 쉽고, 보험금이나 돈 때문에 죽어야 하는 존재가 된다. 나중에는 무엇이 옳고 그른지조차 판단할 수 없는 상황이 된다. 이런 상황이니 우리나라의 높은 노인 자살률●은 결코 우연이 아니다.

자본의 논리에 점령당한
우리 마음을 되찾아 오려면

앞서 공동체의 관계망으로 삶의 문제를 해결하는 마을 이야기를 소개한 바 있다.● 충청도 태안군의 만수동마을과 경기도 포천시의 장독대마을에서는 젊은이들이 공동 작업으로 번 수입을 모아 노인들에게 연금을 준다. 또 전라도 여수시의 하화도에서는 부녀회가 마을 회관에서 식당을 운영하는데, 관광객에게는 돈을 받지만 마을 노인들에게는 무료 급식을 한다. 물론 이런 사례들 역시 여전히 자본주의 상품, 화폐 범주 안에 갇혀 있다. 하지만 '각자도생'의 시대에도 공동체 안에서 상부상조하는 관계들만큼은 여전히 존속할 수 있음을 보여준다. 나아가 이런 모습이 향후 대안을 여는 실마리 역할을 할 수 있다.

요컨대 청년을 위한 나라가 돼야 노인을 위한 나라도 되고, 역으로 노인을 위한 나라가 돼야 청년을 위한 나라도 되는 셈이다. 그러니 청년 세대와 노인 세대를 구분 짓고 대결 구조로 파악하여 상호 불신과 갈등을 조장하는 것은 결코 바람직하지 않다. 경쟁하는 자본의 철학 대신 함께 나누는 '인간의 철학'을 가져야 한다. 달리 말해 성과나 능력으로 사람의 가치를 판단하고 그 가치에 따라 대우하는 시각에서 탈피해, 우애와 연대로 사람의 존재와 관계 자체를 존중하는 시각을 가져야 한다. 이렇게 할 때 비로소 개인이나 사회 구조 전반이 사람 냄새 나는 공간으로 재편된다.

● 2019년 기준 우리나라의 10만 명당 노인 자살률은 60대는 33.7명, 70대는 46.2명, 80세 이상은 67.4명이었다. 이는 전체 자살률 26.9명보다 압도적으로 높은 수치이다.
● 이 책 〈자본의 앞자리에 놓아야 할 '흙과 농사'〉 절에서 언급했다.

문제는 이미 우리 각 개인이 자기 심성과 습속 안에 단단히 내면화한 자본의 논리를 어떻게 털어낼 수 있는가이다. 이는 결코 쉽지도 않지만 불가능하지도 않다. 출발점은 정직한 성찰과 꾸준한 실천, 그리고 공동체적 관계의 복원이다. 물론 우리네 인생에는 필연성보다 우연성이, 확실성보다 불확실성이 더 많이 작용한다는 것도 기억할 필요가 있다.

그러나 무엇보다 확실한 점은, 우리 내면의 자본을 털어내지 않는다면, 또 '탈자본'에 대한 본능적인 두려움으로부터 자유로워지지 않는다면 생태적 공동체와 같은 대안은 결코 열리지 않는다는 사실이다. 두려움을 넘어서기 위한 공감의 연대가 절실한 까닭이다.

그대들의 삶의 방식을
경멸하기 위해

—— 안톤 체호프 단편 <내기>의 강렬한 메시지

러시아 작가 안톤 체호프(Anton Pavlovich Chekhov : 1860-1904)의 단편 중에 〈내기〉라는 것이 있다. 1888년에 나온 이 단편의 줄거리는 이렇다.

부유한 60대 은행가와 평범한 20대 변호사가 '사형제'와 관련, 거금을 걸고 뜻밖의 내기를 했다. 은행가는 자유를 박탈당하고 죽어야 감옥에서 해방된다면 차라리 한순간에 죽는 게 더 인간적이라 했다. 변호사의 입장은 누군가 아무리 중범죄자라도 바로 죽이는 사형보다야 오래 살리는 종신형이 훨씬 인간적이라 봤다. 논란이 길어지자 평정을 잃은 은행가가 탁자를 꽝~ 치며 말했다. "만일 당신이 독방에 5년간 갇혀 있을 수 있다면 200만 루블을 주겠소." 이 말에 젊은 변호사는 "진심이시라면 나는 15년도 갇혀 있겠소." 이렇게 해서 15년의 자유와 200만 루블의 내기가 시작되었다.

은행가는 정원 한 켠 바깥채에 사실상의 감옥 방을 만들어 경비원을 배치하고 변호사를 가두었다. 그 안에서는 독서나 편지 쓰기도 가능했고 술과 담배를 즐길 수도 있었다. 피아노도 있었다. 죄수가 된 변호사는 외부인 접촉이 금지됐고 외출도 못했다. 오로지 작은 창문을 통해 필요한 물품만 공급받았다. 그렇게 꼬박 15년을 잘 참고 견딘다면 변호사는 큰돈을 벌 수 있었다. 그러나 은행가는 변호사가 삼사 년도 채 안되어 포기하고 말 것이라고 생각했다. 처음 옥살이를 시작한 변호사는 고독과 무료함이 힘들었다. 피아노와 삼류 소설 같은 것으로 시간만 때웠다. 그러나 술과 담배는 참았다. 몸에 좋지 않아서였다. 이듬해부터 죄수는 차곡차곡 고전을 읽기 시작했다. 5년째 되던 해엔 다시 음악 소리가 들리고 술도 마시기 시작했다. 이후로도 외국어, 철학, 역사를 공부하고 복음서와 신학서도 읽었다. 마지막에는 화학, 의학, 철학 책도 두루 섭렵했다. 그리고 마침내 약속한 날짜가 하루 앞으로 다가왔다.

돈과 삶의 의미에 대한 강렬한 통찰

그런데 그 사이 은행가는 투자를 잘못해 재산을 거의 탕진해 버렸다. 갑자기 거액의 내기를 제안한 자신이 후회스러워졌다. 이제 새날이 밝으면 그는 죄수에게 200만 루블을 쥐야 하고 그러면 자신은 빚더미에 올라앉는다. 이에 은행가는 죄수를 죽일 결심을 하고 경비원이 잠든 새벽에 몰래 죄수의 방으로 들어간다. 그런데 방안의 책상 위에 종이 한 장이 놓여 있었다. 죄수를 죽이려던 은행가가 대체 무슨 내용인지 읽기 시작했다.

"내일 열두 시에 나는 자유를 얻는다. 그러나 그에 앞서 나는 그대들에게 몇 마디 하고 싶다. 나는 자유와 생명과 건강, 그리고 책들이 지상의 축복이라 하는 모든 걸 맹세코 경멸한다. 나는 책 속에서 온갖 기적이나 호사를 다 누렸고 통찰력도 얻었다. 동시에 나는 세상의 모든 행복과 지혜를 경멸한다. 모든 것이 시시하고 공허하다. 그대들은 분별을 잃고 잘못된 길을 걷고 있다. 나는 하늘을 땅으로 바꾸어 버린 그대들에게 놀라지 않을 수 없다. 나는 그대들의 삶의 방식을 경멸하기 위해 내가 한때 갈망했으나 이제는 하찮게 보이는 200만 루블을 거부한다. 그 돈에 대한 권리를 포기하기 위해 나는 약속 기한 다섯 시간 전에 여기서 나갈 것이다."

이 글을 읽은 은행가는 이 기인의 머리에 입을 맞춘 뒤 눈물을 떨구었다. 그간 한번도 경험하지 못한 자괴감과 극심한 자기혐오까지 느꼈다.

별로 길지 않은 이 소설은 별로 길지 않았던● 작가 안톤 체호프의 인생만큼이나 강렬하다. 젊은 변호사는 내기(계약)에서는 졌지만 인간으로서의 삶에서는 승리를 거두었다. 늙은 은행가는 내기(계약)에서 이겼으되 삶 전체를 통틀어 파산 선고를 받았다. 이 소설이 나에게 주는 강렬함은 쓰라림이기도 하다. 크게 세 가지 측면에서다.

첫째, 삶과 죽음에 대한 통찰의 강렬함이다. 과연 무엇이 잘 사는 것인가? 흔히 생각하듯 어릴 적에 공부를 잘해 명문 학교에 진학하고 각종 고시에 합격해 번듯한 자리를 차지하고 남부럽지 않게 소유하고 소비하며 오래오래 살기만 하면 되는가? 오늘날 각종 선거 앞에 권력을 차지하고자 물불을 가리지 않는 이들, 그러면서도 오래 살겠다고 각종 건강 관리에 몰두하는 이들을 보면 안톤 체호프가 느꼈던 경멸감이 내게도 솟구친다. 〈내기〉 속 은행가는 여든 살이 넘게 살았어도 산송장, 즉 좀비의 삶을 살았으니 평생 죽어 살았다. 반면 〈내기〉를 쓴 작가는 쉰 살도 못 돼 죽었지만 그 작품 속의 인간성은 여전히 살아 있고 울림이 크다. 나는 길을 걸을 때마다 우연히 스쳐가는 사람들, 그리고 언론에 나오는 엘리트들이 산송장이 아니라 진정 살아 있는 사람으로 살기를 기도한다.

둘째, 돈과 삶의 의미에 대한 강렬함이다. 〈내기〉 속 변호사는 사형(죽음)보다 종신형(삶)을 옹호했고 내기에서 사실상 이겨 거액의 돈을 딸 수 있었다. '인생 대박'의 기회였다. 그러나 그는 종이 한 장에다 세속적 부나 축복에 대한 경고를 하며 "약속 기한 다섯 시간 전에 여기서 나감"으로써 막대한 부를 스스로 포기한다. 동시에 그는 삶과 자유를 동시에 얻었다. 만일 그가 파산 직전의 은행가로부터 거액의 돈을 받았다면 그는 평생 죄책감 속에 좀비로 살았을지 모른다. 그러나 그는 15년간 옥중에서 읽은 책과 성찰을 통해 삶의 본질을 깨쳤다. 결과적으로 그는 사형보다 종신형이 삶의 가능성, 즉

● **안톤 체호프(Anton Pavlovich Chekhov) 1860-1904 :** 러시아의 소설가 겸 극작가이다. 이미 20대 초반에 단편 소설을 쓰기 시작했고 1895년 ≪사할린 섬(Ostrov Sakhalin)≫으로 큰 센세이션을 일으켰다. ≪갈매기≫, ≪세 자매≫ 등과 같은 희곡을 남겼다. 시대의 변화와 요구에 대한 올바른 목소리를 전달하는 작품을 많이 썼다. 오랫동안 폐결핵을 앓았으며 1904년 44세를 일기로 짧은 생을 마감했다.

인간 성숙의 가능성이라는 차원에서 보다 인간적임을 온몸으로 보여주었다. 돈은 없어도 삶이 가능하지만 삶이 없다면 돈은 전혀 무의미하다.

셋째, 자유와 속박의 개념에 대한 강렬함이다. 〈내기〉 속의 은행가는 겉보기에 자유로운 삶을 누렸다. 소유와 소비의 자유, 돈벌이의 자유, 투자와 투기의 자유를 만끽했다. 그러나 그 과정은 매 순간 불안과 초조, 긴장과 스트레스 덩어리였다. 그는 15년 내내 행여 죄수가 고집스럽게 버텨 낼까 봐 하루도 마음 편하지 않았다. 겉으로 자유로웠지만 속으론 속박의 삶을 살았다. 반면 변호사 죄수는 겉보기에 옥살이를 무려 15년간 했지만 다소 갈팡질팡하면서도 매일 삶을 즐겼다. 그는 자신이 좋아하는 것, 하고 싶은 것을 하며 때론 뒹굴뒹굴했다. 책을 통해 세상을 알아갔고 역사와 종교를 알아갔다. 그는 감옥 안에서 오히려 자유인으로 변화했다.

내면의 자유가 없는 외면의 화려함은 거품일 뿐

여기서 나는 《그리스인 조르바》의 작가 니코스 카잔차키스(Nīkos Kazantzakīs ; 1883-1957)의 묘비명을 떠올린다. 그의 묘비명은 이렇다. "나는 아무것도 바라지 않는다. 나는 아무것도 두려워하지 않는다. 나는 자유다." 반면 오늘날 우리 사회에서 '자유'를 외치는 정치 경제적 엘리트치고 진정 자유로운 이는 별로 없다. 내면이 자유로워야 진정 자유롭다. 내면이 자유로워지려면 권력, 재산, 지위, 체면, 위신, 권위 등에 매달리거나 속박되지 않아야 한다. 내면이 자유롭다는 것은 본성, 양심, 인간성, 영성에 충직하게 사는 것이다. 〈내기〉의 젊은 변호사가 그랬고 작가 체호프의 정신이 그랬다.

안톤 체호프가 살았던 19세기 후반의 제정 러시아는 봉건제와 자본제 사이의 과도기를 거치고 있었다. 1861년 알렉산드르2세(Aleksandr II ; 1818-1881) 치하에서 막 해방되기 시작한 농노들이 도시의 자본주의 노동 시장으로 흘러들어 가고 있었다. 기업과 은행이 만들어지고 돈벌이의 자유를 외치는 이들이 늘어나던 중이었다. 이들은 황제의 권력을 등에 업고 제국주의를 향해 나아가려 했다. 1884년 조선과 러시아 사이에 조·러통상수호조약이 성립되고 1904년에 러시아와 일본 사이에 전쟁이 일어났던 것도 이런 맥락이었다.

그 뒤 인간 해방을 외쳤던 러시아혁명도, 또 부국강병을 외친 미국, 일본, 한국의 경제 번영도 약 100년이 흐른 오늘날의 관점에서 보면 허망하기 그지없다. 안톤 체호프의 말마따나 "모든 것이 시시하고 공허하다." 내면의 자유가 없는 외형적 화려함 자체가 거품이기 때문이다.

그러나 그렇다고 해서 일상적 삶의 과정이 무가치하다거나 역사 전반이 무용하다고 할 순 없다. 오히려 물질 만능주의의 공허함을 직시한 〈내기〉의 변호사처럼 "기존의 삶의 방식을 경멸하기 위해 내가 한때 갈망했으나 이제는 하찮게 보이는 200만 루블을 거부하는" 식의 줏대 있는 태도로 살아가는 것, 아니 기존 방식에 대한 경멸을 넘어 새로운 방식을 자유로이 창조하는 것, 바로 이것이 우리의 소중한 삶에 대한 책임성 있는 자세가 아닐까? 이렇게 사는 것이 잘 사는 것이요, 동시에 잘 죽는 것이니까. 이런 면에서 '인권'이란 인간성에 대한 권리이자 인간성에의 책임이기도 하다.

나무를 심는 것만으로는 부족하다

—— 장 지오노의 ≪나무를 심은 사람≫, 레이첼 카슨의 ≪침묵의 봄≫

프랑스 작가 장 지오노(Jean Giono ; 1895-1970)의 ≪나무를 심은 사람≫
은 대략 이런 이야기다.

주인공은 5년간 군인으로 전쟁터에 갔다 온 뒤인 1913년, 프랑스 남부 고
산 지대를 여행한다. 불모의 땅을 헤매던 주인공은 한 양치기를 만나 음식과
잠자리를 제공 받는다. 이 양치기는 엘제아르 부피에라는 이름의 55세 노인
으로서, 아내와 아이를 잃고 혼자 살고 있다. 이 양치기 노인은 매일 황폐한
산비탈에 도토리를 100개씩 심었는데, 무려 3년 동안 그렇게 했다. 그래서
죽어 가던 황무지에는 다시 떡갈나무들이 자라고 있었다. 이렇게 수십 년 세
월이 흐르고 흘러 이제 커다란 숲이 만들어졌다. 두 차례의 세계대전이 벌어
지는 와중에도 이 양치기 노인은 쉬지 않고 도토리를 심고 떡갈나무 숲을 지
켰다. 그 사이 숲엔 새들이 알을 낳고 노래를 부르며 온갖 들짐승이 집을 지
었다. 맑고 시원한 샘물까지 생겨났다. 처음엔 사람이 거의 살지 못했던 황
무지였으나, 울창한 숲과 샘물이 생기면서 근처 마을은 마침내 1만 명이 모
여 사는 곳으로 되었다. 텃밭에선 싱싱하고 맛깔스런 채소도 자랐다. 주인공
은 이 양치기 노인의 이야기를 책으로 쓴다.

이 아름다운 이야기와는 분위기가 전혀 다른 이야기도 있다. 미국의 생물학
자 레이첼 카슨(Rachel Carson ; 1907-1964)이 1962년에 쓴 ≪침묵의 봄≫이
다. 이 책은 무분별한 살충제 사용으로 인한 생태계 파괴를 고발한 책이다.

과학과 기술을 맹신하던 20세기 중반의 미국 자본주의 사회에서 레이첼 카슨은 과학자와 기업가들이 진실을 은폐하며 자연을 망치고 나아가 사람들의 건강까지 해친다고 고발했다. 왜 '침묵의 봄'인가? 평화롭고 아름답던 시골 마을에 갑자기 동물이 죽어 나가고, 숲과 강은 서서히 생명력을 잃다가 들새와 물새도 사라지는 등 봄의 소리가 사라졌다. 봄이 되면 새소리로 시끄러워야 하는데 너무나 조용하다. 그래서 '침묵의 봄'이다.

도토리의 선순환 경로와
DDT의 악순환 경로

원인이 무엇인가? 알고 보니 농업 생산성을 높이고자 사람들이 뿌린 '흰색 가루'가 원인이었다. 이 가루는 DDT●라 불리는 화학 물질이었는데, 살충제와 제초제 용도로 쓰이고 있었다. 벌레를 죽이고 풀을 없애기 위해 이 농약을 뿌려 대니 벌레가 사라져 갔다. 벌레가 없으니 새들이 올 리 만무하다. 살충제이자 제초제인 이 농약은 지하수도 오염시키고 흙 속에도 쌓인다. 이 유해 물질은 생명체의 몸속에 축적되는 특징이 있다. 그래서 식물, 동물, 사람 등 먹이 사슬의 뒤로 갈수록 고농도로 축적된다. 마침내 암을 유발하기도 하고 유전자에 문제를 일으키기도 한다.

　그런데 제초제와 살충제를 뿌리고 나면 극히 일부의 풀이나 벌레는 내성이 생겨 더 강한 존재가 된다. 결국엔 더 강한 농약이 나온다. 마침내 사람도 버티지 못한다. 비극적이게도 이를 연구하고 책을 쓴 레이첼 카슨조차 암으로 죽는다. 레이첼 카슨은 생전의 한 인터뷰에서 "자연은 정복하는 게 아니

● DDT(dichloro-diphenyl-trichloroethane) : 유기염소 계열의 농약이다. 강력한 살충 효과와 제초 효과를 가지고 있다. 제이차세계대전 때 미국에서 살충제로 실용화되었다. 인체에 무해한 것으로 알려져 있었고 모기가 옮기는 말라리아에 매우 효과적이었기 때문에 매우 급속하게 보급되었다. 1955년 국제건강기구(WHO)는 전세계적인 말라리아 추방을 위해 이 농약 사용을 적극적으로 권장했고 말라리아 사망률이 10만 명당 192명에서 7명으로까지 줄어들었다. 현재는 암을 유발할 수 있다는 경고 때문에 대부분의 나라에서 농약으로 사용하는 것을 금지하고 있다.

바람도 씨앗들을
퍼뜨려 주었다.
물이 다시 나타나자
그와 함께
버드나무와 갈대가,
풀밭과 기름진 땅이,
꽃들이,

그리고 삶의
이유 같은 것들이
되돌아 왔다.

장 지오노(Jean Giono),
≪나무를 심은 사람≫

라 함께 손을 맞잡아야 하는 것"이라 했다.

그런데 과연 이 ≪침묵의 봄≫이란 책이 별문제 없이 출간되었을까? 아니다. 이 책이 나온다는 소문을 듣고 농약 제조업체와 화학업체 등에서 각종 모략과 방해를 했고, 그들에게서 정치 자금을 받은 정치인들도 한패로 움직였다. 우여곡절이 많았다. 그럼에도 일단 책이 나오자 큰 반향을 일으켰다. 당시 존 F. 케네디 미국 대통령은 이 책을 감명 깊게 읽은 뒤 1963년에 '환경 문제 자문 위원회'를 백악관에 설치했다. 그리고 미국 환경부는 1972년부터 DDT 사용을 금지시켰다. 이후 전 세계적으로 DDT 살포가 중단되었고, 이때부터 전 세계 사람들이 환경 문제에 대한 인식을 갖게 되었다.

장 지오노의 아름다운 이야기와 레이첼 카슨의 충격적인 이야기를 굳이 여기서 함께 말하는 이유가 무엇인가? 간단히 세 가지 질문을 던져 본다.

첫째, 이 두 가지 대조적인 이야기를 통해 우리는 지금 어떻게 살아야 할 것인가, 하는 질문이다. 나무를 심는 일과 DDT를 뿌리는 일이 지극히 대조적이다. 특히 나무의 선순환 경로와 DDT의 악순환 경로를 비교해 보면, 개인적 차원을 넘어 사회적 차원에서 어떤 일이 일어날지 상상하기가 어렵지 않다. 나무의 선순환 경로는 이렇다. 〈불모의 황무지→도토리 심기→나무 성장→숲 발달→새와 동물 서식→샘물과 개울→마을 형성〉. 반면 DDT의 악순환 경로는 이렇다. 〈농작물에 DDT 살포→풀벌레 말살→새들이 죽거나 오지 않음→숲 황폐화→수질, 토질 오염→인체 오염→마을 쇠퇴〉. 전자가 삶의 경로라면 후자는 죽음의 경로다. '살림의 철학'과 '죽임의 철학'이 위 두 사례를 통해 대비된다.

지구의 파국을 앞당기는 데
동참할 것인가?

둘째, 우리는 이렇게 질문할 수 있다. 이 두 경로를 차이 나게 한 근본 원리는 무엇인가? 나무의 선순환 경로 뒤엔 인간성, 생명성, 일관성의 원리가 작용한다. 이 속에 깃든 마음도 다르다. 아무리 척박한 황무지라도, 아무리 혼

봄을 알리는 철새들의 소리를
더 이상 들을 수 없는 지역이
점점 늘어나고 있다.

한때 새들의 아름다운 노랫소리로
가득 찼던 아침을 맞는 것은
어색한 고요함뿐이다.

노래하던 새들은
갑작스럽게 사라졌고,
그들이 우리에게 가져다주던
화려한 생기와 아름다움과 감흥도
우리가 모르는 사이에
너무도 빨리 사라져 버렸다.

레이첼 카슨(Rachel Carson),
≪침묵의 봄≫

자 사는 노인이라도, 매일 할 수 있는 실천을 통해 황무지를 숲과 마을로 바꿀 수 있다. 우공이산(愚公移山)의 철학이다. 서두를 필요가 없다. 하루 100개의 도토리 중에 10개만 살아남아도 숲은 만들어진다. 인디언 기우제처럼 '될 때까지' 하면 된다. 올바르고 건강한 방향이니까. 노인이 심는 나무는 상품이나 화폐, 자본, 노동과 전혀 무관하다. 그는 돈을 벌기 위한 노동을 한 것이 아니다. 누구의 지시나 명령을 받은 것도 아니다. 그저 마음이 가는 대로 움직일 뿐이다. 놀이와 취미와 일이 구분이 안되는 통합적, 전일적(全一的) 수준이다.

반면 DDT의 악순환 경로 밑바닥에는 상품성, 효율성, 생산성, 수익성 원리가 작동한다. 여기서는 농작물 또한 하나의 상품이다. 이왕이면 같은 땅에서 더 많은 곡식과 채소를 수확해야 한다. 벌레가 조금만 먹어도 상품성이 떨어지므로 벌레는 박멸해야 한다. 풀은 농작물의 햇빛과 영양분을 빼앗아가니 없애 버려야 한다. 더 빨리 더 많이 수익을 올려야 한다. 남보다 경쟁력 있는 농산물을 만들기 위해 DDT는 필수다. 인체에 좀 해롭더라도 금세 문제는 나타나지 않으니 좀 참을 수 있다. 중요한 것은 돈과 상품이다. 이게 자본의 철학이다. 여기서 자본은 생명과 적대한다.

셋째 질문은 과연 자본주의 패러다임은 지속할 수 있는 것일까, 하는 것이다. 2020년 초 스위스 다보스에서 열린 다보스포럼(Davos Forum)●에서 미국 대통령 도널드 트럼프와 스웨덴 청년 환경운동가 그레타 툰베리(Greta Thunberg)가 만났을 때다. 트럼프는 "우리도 나무 1조 그루를 심는 데 동참하겠다"며 "비관보다 낙관할 때다"라고 말했다. 이로써 은근히 그레타를 비판한 것이다. 이에 그레타는 트럼프에게 "나무 심는 걸로는 부족하며 당장 온실가스 배출을 중단해야 한다"고 맞섰다. 그레타의 문제의식을 보다 심층

● **다보스포럼(Davos Forum)** : 세계경제포럼 연례 총회를 말한다. 대통령, 총리, 장관, 대기업 최고경영자 등 세계 각국의 정치인, 경제인들이 모여 각종 정보를 교환하고 세계 경제의 방향에 대해 의견을 나눈다. 주요 인사들이 중대한 발표를 하기도 하고 극비의 개별 회담이 열리기도 하기 때문에 국제적으로 큰 영향력을 가지고 있다.

적으로 보면, 자본주의 성장 패러다임을 당장 중단해야 지구가 겨우 살까 말까 하다는 것이다.

이제 나는, 그리고 우리는 어떤 실천을 할 수 있을까? 나무를 심더라도 엘제아르 부피에 같은 사람이 될 것인가, 트럼프 같은 사람이 될 것인가? 아니면 상품, 화폐, 자본, 노동 물신주의에 빠져 그저 지구의 파국을 앞당기는 데 동참할 것인가?

우리 모두가 정말로 섬겨야 할 것

—— 권정생의 동화 ≪장군님과 농부≫가 주는 가르침

≪강아지똥≫으로 유명한 동화 작가 권정생(1937-2007) 선생은 자연, 생명, 어린이, 약자 들의 이야기를 많이 썼다. 하찮고 보잘것없는 사물들과 어려운 상황에서도 희망을 잃지 않는 사람들의 모습을 따뜻하게 그려냈다. 선생이 쓴 동화 중에 ≪장군님과 농부≫라는 것이 있다. 이런 이야기다.

전쟁에 나갔던 장군님은 적군에게 포위당한 상태에서 위험을 뚫고 겨우 도망칠 수 있었다. 산 넘고 물 건너 어느 시골 마을에 이르러 텅 빈 집들을 헤매다 한 오두막에서 늙은 농부 한 명을 만난다. 이 농부는 장군님의 군복과 계급장을 보자마자 "오, 장군님"이라고 인사하며 먹을 것을 갖다준다. "총알이 빗발쳐 부하들은 죽었지만 간신히 살아났다"고 말하는 장군님에게 농부는 "위대한 장군님은 절대 죽어선 안된다"고 답한다.

장군님이 목이 마르다 하자 늙은 농부는 물도 떠다 드리고 몸이 피곤하실 터이니 잠자리도 마련해준다. 한참 지난 뒤 대포 쏘는 소리에 장군은 놀라 일어난다. 장군님과 농부는 같이 도망을 친다. 농부는 감자를 한 부대 짊어지고 떠났다. 바닷가에 이르러 작은 배라도 만들어야 하는데 도구가 없다. 농부가 지혜롭게 돌로 도끼와 칼을 만든다. 농부는 마침내 뗏목을 만들어 타고 비바람을 헤치며 바다를 건너 무인도에 다다른다. 농부는 오두막을 짓고 농사를 지으며 장군님을 지극히 모신다. "다음에 전쟁이 끝나면 최고의 훈장을 드리겠습니다"라고 장군님이 농부에게 말했다. 누군가 구해주러 올 것을 기다린 끝에 배 하나가 푸른 깃발을 달고 나타났다.

그 배에서 병사와 백성들이 내렸다. 그들은 "장군님!"이라고 말하며 절을 했다. 그런데 그 절은 장군님이 아닌 늙은 농부에게 한 절이었다. 농부가 놀라 말했다. "장군님은 저 분이오. 내가 아니오." 그러나 병사와 백성들은 "아니오, 저 사람은 가짜요"라며 "우리 병사들과 백성들을 전쟁터에 남겨 두고 혼자서만 도망친 자요"라고 단호하게 말했다. 한 병사가 농부의 손을 잡고 "이 분은 정말 나라를 사랑하고 사람 목숨을 사랑하는 분이오"라고 말했다. 그러면서 이 분의 손을 보라고 했다. "앞으로 할아버지를 우리의 장군님으로 모시겠습니다." 너도나도 나섰다. 그러나 노인은 이를 거절했다. "아니오, 나는 장군이 될 수도 없고, 장군이 되는 것도 싫소." 그러자 사람들은 이렇게 말했다. "그렇습니다. 그렇게 장군이 되기 싫은 분이 바로 장군의 자격이 있습니다. 모든 백성들이 바로 장군입니다."

이렇게 해서 백성들과 농부는 장군님을 홀로 남겨 두고 떠난다. 백성들은 장군님에게 이렇게 말했다. "당신은 혼자 있기 좋아하니까 그 섬에서 혼자 사세요. 우릴 버리고 도망간 걸 생각하면 벌을 주고 싶지만, 사람 목숨은 함부로 할 수 없으니 그냥 살려 두는 거요." 또 이렇게 요구했다. "만일 당신이 우리처럼 진정 백성을 사랑하고 나라를 사랑하고 싶다면 스스로 배를 만들어 타고 건너오시오. 그리고 함께 일하며 남을 섬기며 살도록 하시오."

이 나쁜 장군님만큼이나
몹쓸 존재들

가난하고 힘없고, 무시당하는 이들에 대한 동화 작가의 따스한 시선은 이 동화에서도 여전하다. 이 동화에서 우리는 무엇을 느끼고 배울 수 있는가?

첫째, 백성을 섬기는 농부 같은 이가 진정한 장군감이요, 백성을 버리고 자기만 살겠다고 도망친 장군님은 참으로 나쁜 사람이란 점을 다시 확인한다. 지금도 논밭이나 바다에서 온갖 먹을거리를 생산하는 농부와 어부들이야말로 우리 모두가 섬겨야 할 훌륭한 분들이다. 반면 백성들이 낸 혈세를

'눈먼 돈'으로 여기고 서로 더 많이 차지하려고 안달하는 정치가들, 관료들, 기업가들, 전문가들은 저 나쁜 장군님만큼이나 몹쓸 존재다. 하물며 논밭을 일구는 농민들을 무시하듯 선글라스와 멋진 옷을 두른 채 고급 승용차를 타고 다니며 '땅'으로 돈의 가치를 추구하는 부동산 장사꾼들은 어떤가?

둘째, 위 이야기에서 누가 옳고 그른지를 제대로 판단할 수 있었던 백성들이야말로 진정 지혜로운 사람들임을 알 수 있다. 따지고 보면 원래의 농부는 거의 '무조건' 장군님을 극진히 모실 정도로 어리석은 면이 있었다. 물론 바보 같은 농부조차 결국은 깨닫게 되겠지만, 이 이야기를 읽는 내내 내 마음은 답답했다. "바보라도 이렇게 바보일 수가 있는가?" 이게 내 속마음이었다. 그러나 이야기 말미에 나오는 백성들을 보면서 마음이 좀 놓였다. 이들이야말로 깨어 있는 사람들로 부패하고 이기적인 무리나 바보스럽게 복종하는 이들을 이길 수 있는 진정한 풀뿌리의 힘이다.

끝으로, 우리는 늙은 농부를 통해 삶의 기술이나 지혜, 자율성을 배운다. 반면 장군님이란 자는 아무것도 할 줄 아는 게 없고 오로지 명령하고 지시하고 남의 피와 땀 위에 자기의 안락만 추구한다. 우리 사회는 일상적인 삶의 지혜나 기술은 무시하고 '전문가'를 너무 중시한 나머지, 오히려 삶의 자율성 측면에서는 불구자를 만들고 만다.

예를 들면, 우리 사회에서 내로라하는 전문가치고 텃밭을 일구고 씨앗을 뿌려 그 채소나 과일을 하나라도 거둬들일 줄 아는 이가 과연 몇이나 있을까? 고급 아파트 같이 편안하고 호화스런 곳에 사는 부자들 중에 지하수 양수기나 의자 등이 고장 났을 때 고칠 수 있는 이가 얼마나 될까? 우리가 날마다 배설하는 똥이나 오줌을 편안히 변기 속으로 흘려보내며 매번 10리터씩의 물을 낭비하는 현실에 가슴 아파하는 이, 그런 똥오줌을 거름으로 만들어 텃밭에 뿌려 '밥이 똥이 되고 똥이 밥이 되는' 건강한 살림살이를 영위하는 이가 몇이나 될까? 이런 점에서 우리는 이 늙은 농부와 같은 어른들이 세상을 떠나기 전에 그 삶의 지혜나 기술을 다양하게 배울 필요가 있다.

결국, 우리가 인간답게 살기 위해 필요한 철학은 생명의 철학, 섬김의 철학, 공생의 철학이지, 결코 자본의 철학, 권력의 철학, 독점의 철학이 아니다. 장군이나 자본은 없어도 삶이 가능하지만 농민이나 노동이 없으면 삶이 불가능하다. 그렇다면 노동을 존중하고 농민을 섬기는 것이 삶의 길이 아닌가? 한 걸음 더 나아가, 자연은 사람이 없어도 존속하지만 사람은 자연 없인 하루도 버티기 힘들다. 그렇다면 자연을 경외하고 생명을 존중하는 것이 삶의 길임이 분명하다. 요컨대 '생명의 철학'이야말로 사람을 구하고 세상을 구하는 근본 토대다. 하루를 살아도 '생명의 철학'으로 살아야 하는 이유이자 가치 너머의 가치관(values beyond value)이 삶의 대안인 까닭이다.

등가 교환이 아니라
존중과 나눔이, 출구다

지난 봄, 새로 이사한 시골 마을 옆집 농사꾼 노부부께 아내랑 과일 조금 들고 인사하러 갔다. "안녕하세요?" 제법 큰 개도 밥값 하듯 사납게 짖는다. "누구신 지…???" 아무도 올 사람 없다는 듯, 70대 노부부는 도대체 우리가 누군지 호기 심 천국이었다. "아, 새로 이사 왔다는 그 …!" "네, 고향 가까운 곳으로 가다가 여기로 왔습니다. 잘 부탁드립니다." 내가 말문을 열었다.

경제 활동 중 농사가 근본이라 믿는 내가 이웃 형님과 친해지는 순간! 우리가 마음의 문을 여니 두 분도 열렸다. 형수님은 형님이 젊었을 때 얼마나 키도 크고 미남이었는지 남대문시장에서도 돋보였다고 자랑했다. 첫 만남인데 체면치레 같 은 것도 없었다. 그렇게 차 한 잔 나누며 우리 두 부부는 이웃사촌이 됐다. 수십 년 농사 인생이 어디 갔냐는 듯 두 분은 건강하고 밝았다. 나올 때 형수님은 언제 땄는지 취나물을 한 다발 안기며 "언제든 오라"했다. 그 뒤 두 분은 차 한 잔 달 라며 종종 왔다. 이런저런 사는 얘기도 나눴다. 우리는 드릴 게 없어 아들이 낸 재 즈피아노 CD나 내 책을 선물했다.

그렇게 이웃사촌이 된 5월 어느 날, 형님이 말했다. "곧 산딸기를 따낼 철인데, 두 사람 일손이 필요해요. 크게 바쁘지 않으면 농장 체험하는 기분으로 도와주면 좋겠소. 일당도 드릴게요." 일자리와 돈이 생기는 일이라 좋아할 수도 있겠다. 그러나 아내랑 나는 굳이 일당을 보고 일할 마음은 없기에 "일은 못 하지만 일손이 급하면 좀 도울게요"라 했다.

첫날 일을 시작하기 전에 형수님은 몇 가지 지침을 주셨다. 크고 색깔 좋은 것 위주로 딸 것, 땅에 떨어진 것은 아무리 아까워도 버릴 것, 약간 무른 것도 과감히 버릴 것, 덜 익은 것은 절대 넣지 말 것 등이었다. 어깨끈 달린 바구니 위에 빈 바구니를 넣는다. 그 빈 바구니에 일 등급 딸기만 담는다. 형님과 우리는 열심히 따서 날랐고, 형수님은 선별 및 담는 일을 했다. 나중에 형님은 포장과 상표를 붙인 뒤 출하 트럭으로 날랐다. 오후 6시 이전에 가져다줘야 오늘 분량이 마감되는 식! 그날은 볕이 따가웠지만 우리 둘은 오후에 세 시간 정도 일했다. 끝나고 돌아갈 무렵 형수님은 한사코 일당을 거부하는 우리에게 "그럼, 일당 대신 딸기나 많이 잡숴요"라며 한가득 담아냈다. 그것도 너무 많아 우리는 집에 와서 바로 뒷집이랑 길 건너 집까지 모두 나눴다.

둘째 날은 구름이 끼어 일이 좀 쉬웠다. 그런데도 어제 일한 게 있어 그런지 몸이 좀 뻐근했다. 반면 손은 좀 숙달된 것 같았다. 처음엔 딸기로 보이던 것들이 보석(루비)처럼 보였다. 대자연과 농민의 땀이 협동한 보석! 맑은 공기 마시며 보석을 따는 기분, 이건 돈으로 살 수 없는 것이다. 물론 그 보석들은 도시의 시장이나 백화점으로 가서 소비자를 만나 화폐로 교환되겠지. 하지만 소비자 시민들은 생산자 농민들의 땀과 눈물을 얼마나 알까? 게다가 소비자들은 크고 좋은 것, 맛있고도 값싼 것을 찾는다. 생산자들은 그런 소비자 취향에 맞추려 안간힘을 쓴다. 그래서 버리고 또 버린다. 돈 될 만한 상품만 남기고 말이다. 따지고 보면, 생산물이 선별 과정에서 상품으로 선택되는 것, 또 상품이 시장에서 화폐로 교환되는 것은 '목숨'을 건 과정이다. 상품이 안 되거나 화폐가 안 되면 버림받는다. 또 그렇게 상품 가치, 화폐 가치로 교환이 안 되면 빚더미에 짓눌린 농민이 목숨까지 버리지 않던가? 그래서 생산자들은 목숨을 건다.

특히 흙과 햇볕, 물과 바람이 길러 올린 기운으로 자라는 딸기의 성숙 과정을 도시 소비자들이 얼마나 느끼랴? 소비자 정체성은 철저히 호모 이코노미쿠스의 비용·효익(가성비) 분석에 기댄다. 내 돈 내고 내가 사 먹는데, 누가 뭐래? 내 돈 가치만큼 내 이익을 찾는 게 뭐 잘못된 건가? 그러나 그 (돈) 가치는 과연 누가 정하나? 그리고 과연 내 이익이란 게 대체 무언가?

셋째 날은 친구 부부를 불러 네 명이 거들었다. 구름이 끼어 일하기 좋았고, 사람이 많아 능률도 올랐다. 서로 얘기 나누며 킬킬거리기도 하고 상품 되기 어려운 딸기를 간식으로 먹으며 일했다. 마감 시간이 왔을 때 형님 내외분은 오늘 작업

자본주의는 세계화, 정보화, 신자유주의, 신국가주의,
민영화, 금융화, 디지털화, 바이오화 등
온갖 이름을 붙이며 새로운 먹거리(이윤)를 찾아
몸부림친다. 하지만 그 속에 사람과 자연이
공생할 여지는 없다.

성과가 좋다며 크게 기뻐했다. 또 우리에게 일당을 쳐 드려야 하지 않느냐 해서 우리 넷은 "그러시려면 앞으로 절대 오지 않을 것"이라며 단호히 거절했다. 이웃 사촌의 일손을 더는 기쁨, 대자연의 선물인 딸기와 노는 재미, 같이 일하는 데서 오는 든든함, 상품이 되지 못한 딸기를 한가득 얻은 풍성함, 이 모든 게 일당 이상의 가치다. 가치 너머의 가치들(values beyond value)!

등가교환의 법칙, 즉 같은 가치량을 가진 상품끼리 교환된다는 원리, 이는 자본주의 경제 활동을 지배하는 기본 법칙이다. 내가 시장에서 1만원을 내고 딸기 1만원어치와 교환하는 것은, 돈 1만원이 그만한 딸기 생산에 들어간 노동 가치와 동일하다고 보기 때문이다. 공장 노동도 마찬가지다. 노동자 임금이 월 200만원이라 하면 그 노동력 상품 가치가 200만원이며, 이는 노동력 상품을 만들어내기 위해 들어간 노동량이 200만원어치란 뜻. 물론 200만원에 노동력 거래를 계약한 기업주는 그 이상의 가치(잉여 가치)를 만들어내도록 관리 통제를 잘해야 임금을 주고도 이윤을 남긴다. 남는 게 없다면 그 누가 사람을 고용해 월급까지 주며 일을 시키겠나? 그 과정에서 (노동 운동과 노동법 준수를 요구하는 노동자와는 달리) 아무 말 없는 자연은 거의 일방적인 착취와 훼손을 당한다. 물론 사람조차 갈수록 잉여가 되고 결국 버림받는다.

여하간 눈만 뜨면 돈벌이를 생각하는 우리네 자본주의 경제 생활은 기본적으로 등가 교환 법칙을 토대로 한다. 상품 가치는 그 생산에 투입된 노동량에 비례한다는 원리, 나아가 상품 교환은 같은 가치끼리 즉 같은 노동 가치량을 가진 상품끼리 이뤄진다는 원리, 이게 가치 법칙이다. 바로 여기서 파생하는 것이 잉여 가치(착취) 법칙, 그리고 갈비의 법칙(아래로 '갈'구고 위로 '비'벼야 생존과 승진이 보장되는 원리)이다. 왜냐하면 자본이란 그냥 가만히 있는 돈이 아니라 부단히 운동하며 자기 몸을 불리려는 가치이기 때문. 투자 대비 이윤(가성비)! 마이너스면 망한다. 그러니 관리 통제도 잘해야 한다. 그래서 갈비의 법칙이 필수다.

그러나 부단히 몸집을 불리려는 가치, 즉 자본은 양면에서 자가당착에 빠진다. 하나는 갈수록 시장이 좁아지거나 원료가 바닥나고 오염, 지진, 기후 위기 등 재앙이 닥친다. 둘째는 경쟁이 격화할수록 기술 혁신이 가속화하는데, 그럴수록 상품 단위 당 노동 가치량이 줄어들어 결국 자본이 갈망하는 이윤이 줄어든다. 산업 혁명 이후 약 250년의 세월이 흐르면서 자본이 겪게 된 파국적 자기 모순! 역사적으로 자본주의는 노예제나 봉건제를 혁파하고 등장한 새로운 체제였다. 그러나 만물이 생로병사(生老病死) 법칙을 거치듯, 자본주의 역시 이 법칙을 따른다. 이제 병(病)과 사(死) 가운데 놓인 자본주의는 세계화, 정보화, 신자유주의, 신국가주의, 민영화, 금융화, 디지털화, 바이오화 등 온갖 이름을 붙이며 새로운 먹거리

(이윤)를 찾아 몸부림친다. 하지만 그 속에 사람과 자연이 공생할 여지는 없다.

이제 우리는 '가치 너머의 가치들(values beyond value)'을 찾아 나서야 한다. 그리 멀리 갈 것도 없다. 잃어버린 우리의 공동체 관계와 대자연의 건강함이 돌파구다. 누구도 잉여가 되지 않으며 어느 것도 버림받지 않는 것, 그리하여 노동, 상품, 화폐, 자본, 이윤의 논리에 저당 잡히지 않은 싱싱한 삶의 관계들, 딸기를 따면서도 품삯이 아니라 대자연의 은혜를 생각하고 농사의 보람과 이웃사촌의 정을 생각하는 것, 이것이 답이다. 등가 교환의 법칙, 가치 법칙을 넘어 존중과 나눔의 원리를 실천하기, 이것이 새로운 삶의 탈출구다.

물론, 당장 먹을 게 없는 이들은 품팔이(노동력 상품화)를 해야 한다. 그러나 그 품팔이의 끝은 어디이며 그 과정에서 우리가 얻는 건 무엇이고 잃는 건 무엇인가? '성찰의 시간'이다.

● ●

인용한 책들

≪무탄트 메시지≫
말로 모건(Marlo Morgan), 류시화 옮김,
정신세계사, 2003

≪소유냐 존재냐≫
에리히 프롬(Erich Fromm), 최혁순 옮김,
범우사, 1999

≪빌헬름 마이스터의 수업 시대≫
요한 볼프강 폰 괴테(Johann Wolfgang
von Goethe), 안삼환 옮김, 민음사, 1999

≪총, 균, 쇠≫
제레드 다이아몬드(Jared Diamond),
김진준 옮김, 문학사상사, 2013

≪지적 행복론≫
리처드 이스털린(Richard A. Easterlin),
안세민 옮김, 윌북, 2022

≪생각하는 백성이라야 산다
(함석헌 전집 3)≫
함석헌, 한길사, 1996

≪중독의 시대≫
강수돌 · 홀거 하이데(Holger Heide),
개마고원, 2018

≪사람은 무엇으로 사는가≫
레프 톨스토이(Lev Nikolayevich Tolstoy),
이순영 옮김, 문예출판사, 2015

≪작은 것이 아름답다≫
에른스트 슈마허(Ernst Friedrich
Schumacher), 김진욱 옮김, 범우사, 1986

≪산에는 꽃이 피네≫
법정 스님, 동쪽나라, 1998

≪4천 년의 농부≫
프랭클린 킹(Franklin Hiram King),
곽민영 옮김, 들녘, 2006

≪육식의 종말≫
제레미 리프킨(Jeremy Rifkin),
신현승 옮김, 시공사, 2002

≪음식 혁명≫
존 로빈스(John Robbins), 안의정 옮김,
시공사, 2011

≪파국이 온다≫
안젤름 야페(Anselm Jappe), 강수돌 옮김,
천년의상상, 2021

≪오래된 미래, 라다크로부터 배운다≫
헬레나 노르베리 호지(Helena Norberg-
Hodge), 김종철 · 김태언 옮김,
녹색평론사, 1996

≪분노하라≫
스테판 에셀(Stephane Hessel),
임희근 옮김, 돌베개, 2011

≪전태일 평전≫
조영래, 돌베개, 2001

≪나무를 심은 사람≫
장 지오노(Jean Giono), 김경온 옮김,
도서출판두레, 2005

≪침묵의 봄≫
레이첼 카슨(Rachel Carson), 김은령 옮김,
에코리브로, 2011

≪장군님과 농부≫
권정생, 창비, 2018

자본 이후를 생각하는 학자
——————— 강수돌

자본과 권력에 굴종하지 말고 '나답게' 살자는 원칙을 가지고 있다. 노동자와 농민, 흔히 말하는 보통사람들이 어떻게 하면 행복하게 살아갈 수 있을까 하는 문제를 연구해 왔다. 탈(脫)자본, 탈경쟁의 교육, 탈성장의 생활, 소박한 필요의 철학을 강조한다. 무엇보다도 사람과 사람, 사람과 자연이 더불어 살아가는 세상에 대해 알리고자 애쓰고 있다.

1961년 경상도 마산시에서 태어났다. 1985년 서울대학교 경영학과를 졸업했고 1994년 독일 브레멘대학교에서 경영학 박사 학위를 받았다. 1997년부터 2021년까지 고려대학교 융합경영학부 교수로 학생들을 가르쳤다. 경영학 분야는 물론, 경제, 정치, 사회, 노동, 심리, 교육, 생태 등 다양한 분야에 관심을 기울이고 있다. 지행합일(知行合一)의 좌우명 아래 공부한 것을 '나부터' 실천하고자 한다. 직접 텃밭을 가꾸고 생태 화장실을 사용하며 세 아이를 키웠다. 교수로 재직할 때 5년 동안 마을의 이장으로 일하기도 했다.

≪강자 동일시≫, ≪경쟁 공화국≫, ≪지구를 구하는 경제책≫, ≪영화관에 간 경영학자≫, ≪중독 공화국≫, ≪나부터 교육 혁명≫, ≪촛불 이후 한국 사회의 행방≫, ≪행복한 살림살이 경제학≫, ≪팔꿈치 사회≫ 등의 책을 썼다. ≪세계화의 덫≫, ≪중독 사회≫, ≪중독 조직≫, ≪더 나은 세상을 여는 대안 경영≫, ≪내 마음의 길잡이, 개와 고양이≫, ≪천장 위의 아이≫ 등의 책을 우리말로 옮겼다.

자본이
사람을
멈추기 전에,

부
디
제
발

발행일	2022년 6월 30일
지은이	강수돌
발행인	이지순
편집	이상영
디자인	BESTSELLER BANANA
마케팅 · 관리	최성임
발행처	뜻있는도서출판
주소	경상남도 창원시 성산구 중앙대로210번길 3 경남신문사 1층
전화	055-282-1457
팩스	055-283-1457
전자메일	ez9305@hanmail.net
등록제	567-2020-000007호
ISBN	979-11-971175-5-8

값 18,000원